汽车故障诊断与检测

主 编 丁在明
副主编 肖 尧 王树梁
       许子阳 戴仲谋
主 审 王福忠

北京理工大学出版社
BEIJING INSTITUTE OF TECHNOLOGY PRESS

内容简介

本书为了适应当前高等职业教育人才培养的需要，结合汽车故障诊断检测技术发展的新趋势和新特点，按照汽车维修技术专业人才培养目标和培养要求，依据大众等相关汽车主机厂的工艺规范和 4S 店汽车维修生产实际而编写的。

本书采取项目式教学，共包含汽车故障诊断与检测基础知识、电控汽油发动机典型故障诊断与检测、汽车底盘典型故障诊断与检测、汽车电器典型故障诊断与检测四个学习单元，在培养学生专业知识和职业素质综合能力的同时，更加注重实践动手能力的培养。全书体系严密完整，资料翔实，涵盖面较广，语言平实流畅，侧重实践应用特别是汽车故障诊断与检测技术的实际操作能力，以便于学生顶岗实习与毕业后的工作岗位零距离对接。

本书可作为高职院校相关专业的教材，也可作为有关工程技术人员自学使用。

为便于学生线上线下学习，本书配备了相关的汽车故障诊断与检测技术教学视频资料，学生可以扫描二维码进行查询。本书还配备了教学课件、学习评价、任务工单等，以便于教学。

版权专有　侵权必究

图书在版编目（CIP）数据

汽车故障诊断与检测 / 丁在明主编．—北京：北京理工大学出版社，2019.2（2023.2重印）
ISBN 978-7-5682-6574-4

Ⅰ．①汽…　Ⅱ．①丁…　Ⅲ．①汽车—故障诊断②汽车—故障检测　Ⅳ．① U472.9

中国版本图书馆 CIP 数据核字 (2018) 第 297818 号

出版发行 /	北京理工大学出版社有限公司
社　　址 /	北京市海淀区中关村南大街 5 号
邮　　编 /	100081
电　　话 /	（010）68914775（总编室）
	（010）82562903（教材售后服务热线）
	（010）68948351（其他图书服务热线）
网　　址 /	http://www.bitpress.com.cn
经　　销 /	全国各地新华书店
印　　刷 /	廊坊市印艺阁数字科技有限公司
开　　本 /	787 毫米 ×1092 毫米　1/16
印　　张 /	18.25
字　　数 /	428 千字
版　　次 /	2019 年 2 月第 1 版　2023 年 2 月第 4 次印刷
定　　价 /	49.00 元

责任编辑 / 多海鹏
文案编辑 / 多海鹏
责任校对 / 周瑞红
责任印制 / 李志强

图书出现印装质量问题，请拨打售后服务热线，本社负责调换

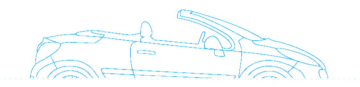

  本书编写模式新颖，采取单元化设计、项目化引领、任务化驱动。以情景导入入手，融通专业理论知识；以典型故障为例，强化专业技能培养。

  本书共包含汽车故障诊断与检测基础知识、电控汽油发动机典型故障诊断与检测、汽车底盘典型故障诊断与检测、汽车电器典型故障诊断与检测四个学习单元。其中，汽车故障诊断与检测基础知识系统地介绍了汽车故障诊断的原则、方法与流程，常用仪器、设备及工具，汽车检测站等，使学生对汽车故障诊断检测的基本知识有所了解和掌握，电控汽油发动机典型故障诊断与检测、汽车底盘典型故障诊断与检测、汽车电器典型故障诊断与检测三个学习单元均配备学习目标、知识准备、诊断思路、典型案例分析以及相应的任务工单和学习考核评价，并配备了相应的教学视频、文字、图片等方面的信息化教学资源。本书在培养学生专业知识及提高其职业素质综合能力的同时，更注重学生实践动手能力的培养。

  本书由山东交通职业学院丁在明担任主编，王福忠担任主审。全书由丁在明负责统稿，本书的编写分工如下：丁在明、肖尧编写学习单元1；肖尧、戴仲谋编写学习单元2；许子阳、王福忠编写学习单元3；王树梁编写学习单元4。

  本书在编写过程中得到了上汽大众培训部乐高隆、山东广潍集团大众汽车服务站栾学良等的大力支持，在此一并表示感谢！

  由于编者水平所限，书中难免有缺点和错误，敬请广大读者给予批评指正！

编 者

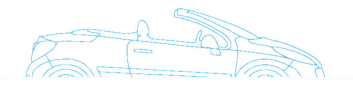

学习单元一　汽车故障诊断与检测基础知识 ······ 1

学习项目一　汽车故障诊断的原则、方法与流程 ······ 1
　　任务一　汽车故障诊断与检测的基本原则和方法 ······ 1
　　任务二　汽车故障诊断的基本流程 ······ 7

学习项目二　汽车检测诊断仪器设备及工具 ······ 10
　　任务一　汽车专用检测诊断仪器设备 ······ 11
　　任务二　汽车常用检测诊断仪器及工具 ······ 14

学习项目三　汽车检测站简介 ······ 20
　　任务一　汽车检测技术的发展 ······ 20
　　任务二　汽车检测站及检测流程 ······ 23

学习单元二　电控汽油发动机典型故障诊断与检测 ······ 31

项目一　电控汽油发动机起动故障诊断与检测 ······ 31
　　任务一　起动机不运转故障诊断与检测 ······ 31
　　任务二　起动机运转但发动机不能起动故障诊断与检测 ······ 42
　　任务三　电控汽油发动机起动困难故障诊断与检测 ······ 50

项目二　电控汽油发动机运转不良故障诊断与检测 ······ 72
　　任务一　电控汽油发动机怠速不稳故障诊断与检测 ······ 72
　　任务二　电控汽油发动机加速不良故障诊断与检测 ······ 83

项目三　电控汽油发动机冷却与润滑系统故障诊断与检测 ······ 94
　　任务一　电控汽油发动机水温过高故障诊断与检测 ······ 94
　　任务二　电控汽油发动机机油油压过低故障诊断与检测 ······ 100

项目四　电控汽油发动机排放控制系统故障诊断与检测 ······ 113
　　任务一　电控汽油机排放指示灯点亮故障诊断与检测 ······ 113

学习单元三　汽车底盘典型故障诊断与检测·······124

项目一　离合器典型故障诊断与检测·······124
　　任务一　离合器打滑故障诊断与检测·······124
　　任务二　离合器分离不彻底故障诊断与检测·······134

项目二　变速器典型故障诊断与检测·······140
　　任务一　手动变速器换挡困难故障诊断与检测·······141
　　任务二　自动变速器换挡冲击故障诊断与检测·······147

项目三　汽车转向及行驶系统故障诊断与检测·······165
　　任务一　汽车转向沉重故障诊断与检测·······166
　　任务二　汽车行驶跑偏故障诊断与检测·······181

项目三　汽车制动系统故障诊断与检测·······188
　　任务一　汽车制动力不足故障诊断与检测·······189
　　任务二　汽车制动跑偏故障诊断与检测·······197
　　任务三　汽车 ESP 系统故障诊断与检测·······200

学习单元四　汽车电器典型故障诊断与检测·······214

项目一　汽车灯光、雨刮故障诊断与检测·······214
　　任务一　汽车前照灯不亮故障诊断与检测·······214
　　任务二　汽车雨刮器不工作故障诊断与检测·······222

项目二　汽车空调系统故障诊断与检测·······230
　　任务一　汽车空调不制冷故障诊断与检测·······230

项目三　汽车车窗、门锁故障诊断与检测·······243
　　任务一　汽车车窗不能升降故障诊断与检测·······243
　　任务二　汽车门锁功能失效故障诊断与检测·······249

项目四　汽车车载网络系统故障诊断与检测·······259
　　任务一　汽车 CAN 总线通信故障诊断与检测·······259

附录1　中华人民共和国国家标准·······268
　　附录 A ·······279
　　附录 B ·······280
　　附录 C ·······281

附录2　上汽大众辉昂网络拓扑图·······283

参考文献·······285

学习单元一
汽车故障诊断与检测基础知识

学习项目一　汽车故障诊断的原则、方法与流程

项目描述

随着汽车技术的不断改进和发展，汽车故障检测诊断技术也在不断发展，但无论如何变化，汽车故障诊断的基本原则和工作流程是不会改变的。因此，无论是电控汽油发动机典型故障诊断与检测、汽车底盘典型故障诊断与检测，还是汽车电器典型故障诊断与检测，其基本方法和原则及汽车检测线的基本要求都必须符合国家规定。本项目在培养学生专业知识及提高其职业素质综合能力的同时，更加注重实践动手能力的培养。

任务一　汽车故障诊断与检测的基本原则和方法

情境导入

客户王先生驾车到上汽大众 4S 店，反映自己的大众 1.6 朗逸轿车在行驶中出现功率不足、排放指示灯亮起现象并要求进行维修。请根据你所了解的知识，描述该车故障诊断与检测的基本原则和方法。

学习目标

通过学习，应能：
1. 掌握汽车故障诊断与检测的原则；
2. 掌握汽车故障诊断与检测的基本方法。

知识准备

1. 汽车故障诊断与检测的基本原则

1) 先思后行

当发动机出现故障时,根据故障现象先进行故障分析,在清楚可能的故障原因后再选择适当的程序和方法进行故障诊断操作,以防止故障诊断操作的盲目性,尤其是对故障原因比较复杂的故障现象,"先思后行"既可避免对无关部位做无效的检查,又不会漏检有关的故障部位,以达到准确、迅速排除故障的目的。

2) 先外后内

在选择故障诊断程序和操作次序时,先对发动机电子控制系统以外的故障进行检查,然后再对电子控制系统进行诊断操作,以避免费时费力去检查发动机电子控制系统,而不能及时找到真正的故障原因。

3) 故障码优先

当故障自诊断系统监测到电子控制系统的故障时,均会以故障码的方式储存故障信息,但并不是所有的故障都会通过发动机故障警告灯报警,因此无论仪表板上的发动机故障警告灯是否亮起报警,在对发动机电子控制系统进行检查以前,均应先进行读取故障码操作,以便充分利用故障自诊断系统迅速而准确地排除故障。

4) 先简后繁

能以简单方法检查的可能故障部位优先检查。直观检查最为简单,一些通过看、摸、听、闻等方法可以确认的故障部位优先检查;需要用仪器、仪表或其他专用工具进行检测的部位,也应将较易检查的安排在前面。这样可使电控发动机的故障诊断变得较为简单。

5) 先熟后生

电控发动机的一些故障现象可能有多个故障原因,不同故障原因出现的概率是不同的,对常见的故障部位先进行检查,往往可迅速确定故障部位,省时省力。

6) 先备后用

电子控制系统元件性能是否良好、电路是否正常,通常以电压或电阻等参数值来判断。没有这些诊断参数,不了解检测的位置,往往会使电子控制系统的故障诊断变得很困难或根本无法进行。所谓先备后用就是在检修前,应准备好有关的诊断参数、检修资料或备件,以保证故障诊断的顺利进行。

2. 汽车故障诊断与检测的方法

汽车的故障诊断就是根据汽车的故障现象,利用各种检查和检测手段,分析、查找故障原因,并准确判断出故障部位。汽车技术状况的诊断是通过检查、测量、分析、判断等一系列活动完成的,常用的故障诊断基本方法如下:

1) 直观诊断法

汽车故障的直观诊断也称人工诊断或经验诊断,其是通过道路试验和

资源 1-1 故障诊断的方法

直观检查的方法来确定汽车的技术状况和故障的。这种诊断方法的优点是不需要专用设备，成本较低；但诊断的速度比较慢，而且不准确，需要经验丰富的技术人员，同时诊断对象仅适于查找比较明显的故障。通常情况下，直观诊断法可以概括为问、看、听、嗅、摸、试六个字。

(1) 问：就是调查。接到故障车后，首先要向驾驶人详细询问车辆的行驶里程、行驶状况、行驶条件、维修情况、故障先兆迹象、故障属突变还是渐变等。即使是具有丰富经验的维修技术人员，不问明情况去盲目诊断，也会影响到诊断速度和质量。

(2) 看：就是通过眼睛对整车或相关部位进行观察，发现汽车比较明显的异常现象。如看排气的颜色、看漏油严重程度、看机油变色情况、看损坏部位等，都能判断出某些故障。

(3) 听：就是听声响，从而确定哪些是异常响声。汽车整车及各总成、各系统在正常工作时，发出的声音一般都是有一定规律的，通过仔细辨别能大致判断出声音是否正常，从而判断异响的部位和故障所在。

(4) 嗅：就是凭借汽车故障部位散发的特殊气味来诊断故障，有些故障出现后，会产生比较特殊的气味，据此可以准确地判断故障部位所在。如电路短路的焦味、制动片的焦味、燃烧不完全的油烟味等。

(5) 摸：就是用手触试。手摸可以直接感觉到故障部位的发热情况、振动情况、漏气及机件灵活程度等，从而判断出部件是否打滑、咬死和烧坏等。

(6) 试：就是试验验证。如诊断人员可亲自试车去体验故障的部件，用单缸断火法断定发动机异响的部位，用更换零件法来证实故障的部位。

以上六个方面，并非每一种故障诊断均需执行，不同的故障可视其具体情况灵活运用。直观诊断方法，要求进行故障诊断操作的人员必须首先掌握被诊断系统的结构和工作原理，对其可能产生故障的现象、原因有一定的了解，并能掌握关键部件的检查方法及出现故障的可能性。直观诊断方法由于受诊断者的经验和对诊断车辆的熟悉程度限制，诊断结果差别较大。经验丰富的诊断专业人员，可以利用直观诊断法诊断出汽车及各总成可能出现的绝大多数故障。在诊断无故障码故障或用检测设备难以诊断的疑难故障方面，直观诊断法具有其他各种诊断法无法比拟的优势。

2) 仪器设备诊断法

指在汽车不解体的情况下，利用汽车品牌专用诊断仪或常用诊断仪读取故障码、数据流及执行器测试、示波器等功能对车载电器件进行实时诊断，对检测的参数、曲线、波形进行分析研究，作为判断故障依据的方法；或者使用常用仪表（有车装仪表、万用表、电压表、真空表、燃油压力表、气缸压力表等）的检测参数作为判断机械故障依据的方法。

3) 征兆模拟法

对于偶发性故障，故障征兆模拟试验是一种行之有效的诊断措施。在故障诊断中常常会遇到偶发性故障，这种故障在平时没有明显的征兆，只有在特殊条件下才偶然出现。因此要对这种类型的故障现象进行诊断，就必须首先模拟出与车辆出现故障时相似的条件和环境，设法使故障特征再现。

技术人员应根据顾客反映的故障症状，通过使用一种方法或综合几种方法来进行再现。具体有：施加振动、加热或致冷、淋水、施加电负荷。

（1）施加振动。

模拟车辆振动，造成发动机倾斜或电气配线被拉的情况，振动传感器和电气配线，以再现故障，包括接触不良。具体检查方法如下：

① 部件和传感器：用手指轻轻拍打可疑的部件或传感器，如图1-1所示。

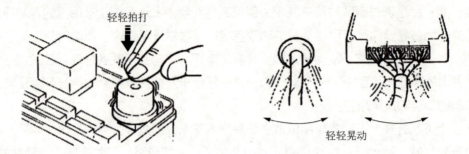

图1-1 振动模拟法检查部件和传感器

注意：太用力振动传感器，会使其断路，以致在其完全无故障时显示传感器有故障。

② 电气配线和接头：轻轻地上下或左右摆动电气配线以检查故障。通常连接器接点及线束穿过车身处是要检查的主要部位，如图1-2所示。

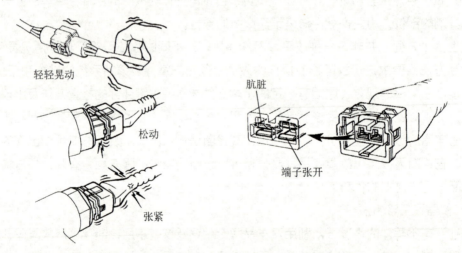

图1-2 摆动模拟法检查电气配线和接头

特别提示

当振动似乎是主要原因时，上下、左右轻轻晃动连接器并拿住轻拉。重点检查连接器是否松动、电线线束松弛度是否足够。要特别注意：连接器端子是否脏污、端子接触是否松动；如果接头中的端子脱开而没有被及时发现，粗心地推入电气配线接上端子，则会使故障不能被再现出来。

(2) 加热或致冷。

造成部件由于温度变化而扩张或收缩的状况,加热或致冷部件,以便再现接触不良或短路状况。

检查方法:用吹风机、小型空调机、冰箱等对部件加热或致冷,以检查是否发生故障,如图 1-3 所示。

> **特别提示**
>
> 加热到技术人员仍可以用手触摸的温度(约 60℃ 或更低);不要打开 ECU 等盖子直接对电子部件加热或致冷。

(3) 淋水。

进水或在接头处水汽冷凝等情况,把水洒到车辆上以再现故障,包括接触不良或短路。

检查方法:把水洒到车辆上,以检查是否发生故障,如图 1-4 所示。

> **特别提示**
>
> 不要直接把水洒到发动机舱上,应把水喷到散热器的前部,以间接地把水气加到车辆上。不要直接把水洒到电子部件上。

> **特别提示**
>
> 如果雨水漏进发动机舱,雨水可能会通过电气配线进入 ECU 或接头。因此,应检查这种情况,尤其是如果车辆有漏水的历史,那就更要加以检查。

(4) 施加电负荷。

蓄电池电压降低或发生波动的状况,加上一个大的电气负荷以再现故障,包括压降或波动。

检查方法:打开所有电气装置,包括加热器鼓风机、大灯、后窗去雾器以检查故障,如图 1-5 所示。

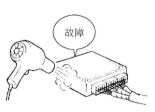
图 1-3 加热法

图 1-4 淋水法

图 1-5 施加电负荷法

4）试验法

试验法是指进行车辆的道路试验和其他一些相关的试验方法。有些故障只有在汽车运行或特定条件下才能显现，维修前进行试验可验证故障现象，找出故障规律；维修后进行试验可验证故障是否予以排除，并检验维修质量和技术水平。

5）换件诊断法

换件诊断法是采用对机械零部件或电器元件进行互换或用已知性能完好的器件进行替换对比的试验方法。当怀疑某个器件发生故障时，可用一个好的器件去替换该器件，然后进行试验，这些器件可以来自车辆本身，也可以来自同型号的其他车辆，也可以来自器件库。替换后若故障消失，证明判断正确，故障部位确实在该处；若故障特征没有变化，证明故障不在此处；若故障有好转但未完全排除，可能除了此处故障外，还存在其他故障点，需进一步查找。换件诊断法是一种行之有效的常用方法，但此方法要求准备较多的备件，而且还必须和原车零部件型号一致，这样做会使库存增加，加大维修成本。

6）故障树分析法

故障树分析法是将系统故障形成的原因由总体至部分按树枝状逐级细化的分析方法，它是汽车故障诊断最常用的分析方法。发动机起动困难诊断树流程如图1-6所示。

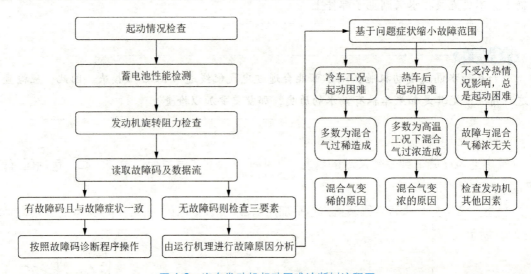

图1-6　汽车发动机起动困难诊断树流程图

7）分段检查诊断法

分段检查诊断法是指按照汽车上的线路、管路和系统的工作路线检查故障的方法。

8）局部拆检诊断法

局部拆检诊断法是在已经判明故障发生在某个总成后，一时还不能准确判断具体故障部位，而按照总成的工作原理进行局部拆装检查的方法。

9）图表分析诊断法

图表分析诊断法是根据故障特征对相关端子在不同的供电条件下实施检测，通过将测量值与标准值列表进行对比与数据分析找出可疑点的方法，见表1-1。

需要说明的是，以上各种诊断方法各有其优缺点，每一种故障诊断方法并不能被其他诊断方法完全取代。在实际应用中，应根据客观条件，灵活运用各种诊断方法，使它们之间互为补充，以提高汽车故障诊断的准确性。

表 1-1 测量值与标准值列表进行对比与数据分析

接线脚	标定值 /V			测量值 /V			故障特征
	断开点火开关	打开点火开关+CC	发动机运转	断开点火开关	打开点火开关+CC	发动机运转	
32 V NR							
A2	0	5	5	0	0	0	
A4	0	4.2	1.4	0	5	5	
B3	0	$0.6 \leq U \leq 4$	0.6	0	$0.4 \leq U \leq 3.6$	0.4	
B4	0	2.46	2.46	0	0	0	
C3							

任务二 汽车故障诊断的基本流程

情境导入

客户王先生驾车到上汽大众 4S 店，反映自己的大众 1.6 朗逸轿车行驶中出现功率不足、排放指示灯亮起现象并要求进行维修。请根据你所了解的知识，制定该故障的检测与诊断流程。

学习目标

通过学习，应能：
1. 了解发动机典型故障的症状；
2. 掌握汽车故障诊断基本流程。

知识准备

汽车故障诊断基本流程是汽车故障诊断中最基础的诊断过程，是对诊断内容最一般的概括和总结，汽车故障诊断基本内容包括从故障症状出发，通过问诊试车（验证故障症状）、分析研究（分析结构原理）、推理假设（推出可能原因）、流程设计（提出诊断步骤）、测试确认（测试确认故障点）、修复验证（排除故障后验证），最后达到发现故障最终原因的目的，如图 1-7 所示。

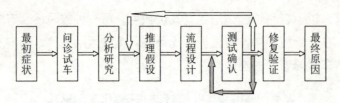

图 1-7 故障诊断基本流程

1. 最初症状

它是故障诊断的出发点。故障症状分为：
(1) 可感觉到的性能和功能发生改变的症状——功能性故障。
(2) 可察觉到的外观和状态发生改变的症状——警示性故障。
(3) 可检测到的参数和指标发生改变的症状——隐蔽（检测）性故障。

2. 问诊试车

问诊是通过对车主的询问了解汽车故障症状的过程；试车则是对汽车故障症状的实际验证，以进一步确认故障症状的过程。

1) 问诊

问诊不仅要达到全面了解故障症状的目的，更重要的是要把握住故障症状发生的前因后果。

2) 试车

试车的目的在于再现车主所述的故障症状，以验证故障症状的真实性，同时试验故障症状再现时的特征、时间、地点、环境、条件和工况等客观状态，也就是说要将问诊中记录的内容逐一验证，以便为进一步分析故障原因做好准备。

3. 分析研究

分析研究是在问诊试车后根据故障症状，对汽车结构和原理进行的深入研究分析，目的在于分析故障生成的机理、故障产生的条件和特点，为下一步推出故障原因做准备。在分析研究阶段一定要认真查找、仔细阅读上述各种技术资料，彻底弄清楚所修系统的结构组成和工作原理，只有在全面掌握结构组成、深刻理解工作原理的基础上，才能为下一步深入判断汽车故障原因奠定坚实的基础。特别是对于电子控制系统软硬件匹配不当的故障，单从硬件电路和元器件出发检查故障是很难发现的，必须深入了解软件的控制过程后才能通过对比分析的方式发现故障的原因所在。

4. 推理假设

推理是根据工作原理和故障症状推出故障原理的过程，在此环节中除了对工作原理的深刻理解之外，还应该注意到故障症状所对应的故障本质，也就是说虽然我们在这个环节还不知道是什么导致故障症状发生，也就是还不知道故障点到底在哪里，但是，此故障发生机理应该已经基本明确。例如，分析导致混合气浓的原因，无非是两个，一个是燃油多；另一个是空气少。因果图分析法在推理假设环节的应用如图 1-8 所示。

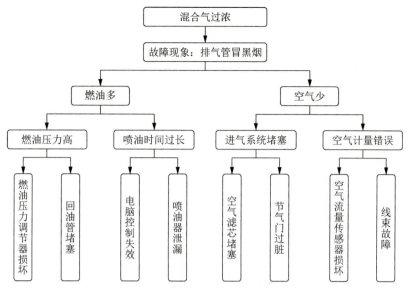

图 1-8 因果分析图

5. 流程设计

流程设计是在推理假设环节之后，根据假设的可能产生的故障原因，设计出实际应用的故障诊断流程图的过程，这个过程包括首先建立以故障症状为顶端事件的故障树，然后根据这个故障树建立故障诊断流程图，并按所给出的具体方法完成故障树和故障诊断流程图设计。

下面以汽车动力不足的故障症状为例说明故障诊断流程图的设计方法和步骤，如图 1-9 所示。

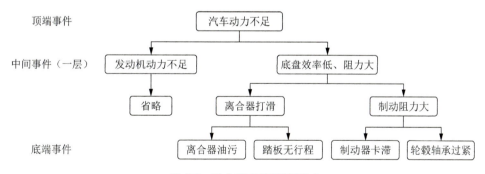

图 1-9 动力不足故障诊断树

6. 测试确认

测试确认是在不解体或只拆卸少数零部件的前提下完成的，它包含检测、试验和确认三个部分。

1）检测

检测即检查与测量，主要包括基本检查和设备仪器测量两个方面。

（1）基本检查：基本检查包括人工直观检查和简单仪表检查两个部分。

人工直观检查：主要是通过人的感官功能对汽车各部分的外观、声响、振动、温度、状态和气味进行的直接观察，包括看、听、摸、闻四个部分。

简单仪表检查：观察汽车驾驶舱内组合仪表信号灯工作状态是否出现异常，并把异常信号作为判断故障部位的依据。

(2) 设备仪器测量：利用故障诊断仪器功能对车载电器件进行诊断，并对检测的参数、曲线、波形进行分析研究；或者利用压力表、真空表、数字万用表等设备仪器测量相关参数，作为判断故障原因的依据。

2) 试验

试验主要指对系统边测试边验证的过程，试验是对经过检测环节后初步判断出来的故障点进行的一边模拟试验、一边动态测量的深入测试，试验方式主要有传感器模拟试验、执行器驱动试验、振动模拟试验、加热模拟试验、加湿模拟试验、加载模拟试验、互换对比（替换法）试验和隔离对比（短路、断路）试验。

3) 确认

确认主要是指对系统测试过后得出的结果进行确认，证明的是中间事件和底端事件是否成立，证明结果只有肯定和否定两个。如果得到的是肯定的结果，则验证了中间事件或底端事件的成立。若中间事件成立，则再按照诊断流程指向下一个中间事件的检测试验环节。若底端事件成立，则说明最小故障点已被发现，即可经过确认证实最小故障点。

7. 修复验证

修复验证是在测试确认最小故障点发生部位后，对故障点进行修复，以及对修复后的结果进行的验证。它分为修复方法的确定和修复后的验证两个部分。

8. 最终原因

汽车故障的最终原因可从内因和外因两方面查找。一般汽车故障发生的外部原因主要是由汽车的使用环境恶劣程度、使用时间或里程的长短、汽车设计制造中的缺陷、使用中的驾驶和操作不当、维修质量欠佳和零配件使用错误等因素导致的；而汽车故障发生的内部原因则主要是由物理、化学或机械的变化因素导致的。要想分析出汽车故障发生的最终原因，并彻底排除故障，既要对最小故障点进行认真的检查分析，还要通过问诊调查以及对上述内外因素的分析进行判断，并针对最终原因采取相应措施，以消除造成故障发生的内外影响因素。

学习项目二　汽车检测诊断仪器设备及工具

客户王先生驾车到上汽大众 4S 店，反映自己的大众 1.6 朗逸轿车行驶中出现加速无力、排放指示灯亮起现象，并要求进行维修。请你根据该车故障症状，制定合理的诊断方案；借助故障诊断仪 KT600 进行诊断，并将诊断数据填写在维修作业单中。

任务一　汽车专用检测诊断仪器设备

客户王先生驾车到上汽大众 4S 店，反映自己的大众 1.6 朗逸轿车行驶中出现功率不足、排放指示灯亮起现象并要求进行维修。请你根据所了解的知识，描述该故障诊断与检测可能需要用到的诊断仪及其使用方法。

通过学习，应能：
1. 了解专用诊断仪和通用诊断仪的使用方法及功能；
2. 正确读取诊断仪的相关参数。

知识准备

1. 上汽大众汽车专用诊断仪

1）6150B 型专用诊断仪（见图 1-10）

随着上汽大众汽车技术的不断发展，VAS 系列诊断仪也在不断更新，自 2015 年 4 月全面切换到 ODIS 诊断程序以来，VAS 系列也已全面切换到 6150 系列，目前经销商在用诊断仪的型号涉及 6150A、6150B、6150C 及 6150D。

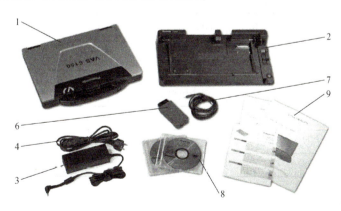

图 1-10　上汽大众 VAS6150B 型专用诊断仪

1—VAS6150（诊断电脑）；2—VAS6150 扩展坞（端口复制器，将电脑上的接口转移到设备上）；3—VAS6150 电源适配器；4—特定电缆（不同国家插头不同）；6—诊断接头 VAS5054；7—VAS5054 的 USB 连接线；8—电脑的系统 CD；9—纸质文档（各种使用手册）

2) 测量设备 VAS6356

VAS6356 是一款最新的测试工具盒，它可以与 VAS6150 系列诊断仪等进行组合，扩大诊断仪的使用范围，并通过车辆引导性故障查询功能执行测量技术作业，如图 1-11 所示。

图 1-11　上汽大众 VAS6356 测试工具盒

工具盒上下表面有一个磁铁标志，它们分别带有磁性，以便于吸附在工具小车上。

工具盒的侧面有电源适配器接口及与大众诊断仪连接的 USB 导线接口。

工具盒的后面有测试导线的插口，插头为彩色，有机械编码，连接时导线套管的颜色同插口颜色相符，如图 1-12 所示。6150B 型专用诊断仪接口及作用见表 1-2。

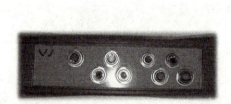

图 1-12　上汽大众 VAS6356 测试工具盒背面

表 1-2　6150B 型专用诊断仪接口及作用

标注	用于插接以下部件的接口	作用
U/R/D/I	U/R/D/I 测量导线	测量电压、电阻、电流及导通
SZ	100A 或 1 800A 电流钳	测量电流
KV	高压钳	触发钳与高压钳结合用来测量次级点火线圈的电压
TZ	触发钳	
DSO1	DSO 测量导线 1	测量电压波形
DSO2	DSO 测量导线 2	测量电压波形
TD-1	温度、压力传感器 1	测量温度及压力
TD-2	温度、压力传感器 2	测量温度及压力

2. 汽车通用诊断仪

1) 博世 FSA740 综合诊断仪

图 1-13 所示为博世 FSA740 综合诊断仪，其功能如下：

(1) 无外载测功功能，即加速测功法。

（2）检测点火系统。初级与次级点火波形的采集与处理，平列波、并列波与重叠角的处理与显示，闭合角和开启角及点火提前角的测定等。

（3）机械和电控喷油过程各参数（压力、波形、喷油、脉宽、喷油提前角等）的测定。

（4）进气歧管真空度波形的测定与分析。

（5）各缸工作均匀性的测定。

（6）起动过程参数（电压、电流、转速）的测定。

（7）各缸压缩压力的判断。

（8）电控供油系统各传感器的参数测定。

（9）万用表功能。

（10）排气分析功能。

图 1-13　博世 FSA740 综合诊断仪

2）金德 KT600 智能诊断仪

金德 KT600 是集多种功能于一体的诊断设备。该设备配用三通道/五通道汽车专用示波器，有纵列、二维、阵列、单缸等多种次级显示方式，并显示点火击穿电压、闭合角、燃烧时间、转速等，可调取各电控系统的故障码及读取数据流，并具备对数据流和波形的显示/存储功能，如图 1-14 所示。

资源 1-2　博世 KT660 汽车诊断仪视频

3. 汽车专用示波器

图 1-15 所示为汽车检测和故障诊断过程中经常使用的汽车专用解码器。汽车专用解码器是一种汽车电控系统故障检测仪，是用来与汽车电控系统的控制模块进行数据交流的专用仪器，也是到目前为止检测汽车电控系统故障最有效的仪器。汽车专用解码器的主要功能如下：

资源 1-3　手持示波器使用

图 1-14　金德 KT600 智能诊断仪

图 1-15　汽车专用解码器

（1）读取电控系统的故障代码，为修理提供帮助。

（2）在故障排除后清除故障代码，使系统恢复正常。

（3）读取电控系统控制模块中的数据流，以便对系统运行有全面的认识。有些汽车专用解码器还可对控制模块中的某些数据进行更改。

(4) 可以进行执行元件的诊断,即通过解码器直接向执行器发出动作指令,以检查执行元件及其电路的工作状况是否正常。

(5) 路试时监测并记录各传感器、执行器的工作参数,以便日后进行分析判断。

(6) 可通过计算机或网络系统机进行资料的更新升级。

(7) 有的汽车专用解码器还具有万用表、示波器、打印机及显示电控系统电路图和维修指导、客户档案管理等功能。

任务二　汽车常用检测诊断仪器及工具

客户王先生驾车到上汽大众 4S 店,反映自己的大众 1.6 朗逸轿车行驶中出现功率不足、排放指示灯亮起现象,并要求进行维修。请你根据所了解的知识,描述该故障检测诊断需要用到的检测设备及仪表。

通过学习,应能:
1. 了解常用诊断维修设备的功能及使用方法;
2. 规范使用常见的诊断设备。

知识准备

1. 汽车尾气分析仪

如图 1-16 和图 1-17 所示,尾气分析仪是一种辅助诊断设备,虽品牌不同,但其作用都是检测发动机在不同工况下尾气中不同成分气体的含量,技术人员通过检测结果的分析,找出引起故障的原因。

资源 1-4　尾气分析仪使用

图 1-16　博世 BEA250 尾气分析仪

图 1-17　LB-506 卧式尾气分析仪

2. 蓄电池性能检测仪

图 1-18 和图 1-19 所示为蓄电池性能检测仪，可以根据维修人员设定的参数，对蓄电池的使用寿命进行检测，并给维修人员提供直观的数据，从而能够对蓄电池进行客观准确的检测。

图 1-18　博世 SAT131 蓄电池性能检测仪　　图 1-19　便携式蓄电池性能检测仪

资源 1-5　蓄电池专用检测仪 Midtronic341_

3. 喷油器性能检测仪

如图 1-20～图 1-22 所示，喷油器性能检测仪的功能如下：

(1) 对喷油器进行清洗；
(2) 对喷油器喷射状态进行检测；
(3) 对喷油器喷油量进行检测。

资源 1-6　喷油器检测仪讲解视频　　资源 1-7　超声波清洗仪使用

图 1-20　控制面板参数设定　　图 1-21　喷油器性能检测　　图 1-22　喷油器清洗

4. 灯光检测仪

图 1-23 所示为前照灯检测仪，用于检测机动车前照灯的发光强度及光束照射位置（即光轴偏移量）。

图 1-23　前照灯检测仪

资源 1-8　SV-D1T 灯光检测仪使用

学习单元一　汽车故障诊断与检测基础知识

5. 数字万用表

图 1-24 所示为数字万用表，是进行常规检测的一种常用工具，用来测量直流电压、交流电压、直流电流、交流电流、电阻、电容、频率、温度、占空比、三极管、二极管及进行通断测试等。

资源 1-9 数字万用表使用方法

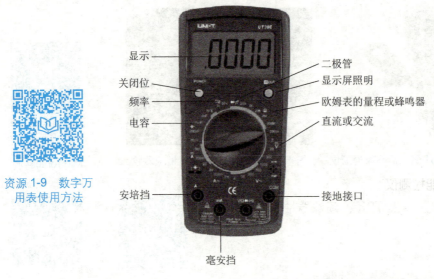

图 1-24 汽车数字万用表

6. 试灯或测电笔

试灯通常分为二极管试灯和灯泡试灯两种。试灯使用简单、方便，所以在汽车诊断与检测中被广泛使用。但注意在检测与汽车电控单元相连接的线路时不能使用灯泡试灯，而只能使用二极管试灯，否则会损坏电子元件。图 1-25 所示为双功能试灯与万用表的应用。

除试灯，在汽车诊断与检测中还常用到二极管测电笔，如图 1-26 所示。

图 1-25 双功能试灯、万用表

图 1-26 二极管测电笔

7. 各种压力表

气缸压力表是检测气缸压缩压力的一种专用压力表，一般由压力表头、导管、单向阀和接头等组成，如图 1-27 所示。

燃油压力表通过测试发动机燃油系统的压力，可以检测燃油供给系统，包括汽油泵、滤清器、燃油压力调节器、喷油器、进油管、回油管等的工

资源 1-10 气缸压力的检测

作是否正常,也可以用来测试特定位置的压力,例如排气管的压力是否符合要求等,如图1-28所示。

真空表可以测试进气歧管的真空度,从而鉴别发动机机械系统(例如进气、排气系统)的工作是否正常,也可以测量特定的、靠真空伺服控制的执行系统工作是否正常,以便于快速排除各种类型的汽车故障,如图1-29所示。

图1-27 气缸压力表　　　　　图1-28 燃油压力表　　　　　图1-29 真空表

8. 听诊器

汽车专用听诊器的作用主要是测量特定部位、特定频率的声音,用来鉴别车辆部件和系统的运行是否正常。根据听诊器的传声原理,可以分为机械式汽车专业听诊器(见图1-30)和电子式汽车专业听诊器(见图1-31)两种。

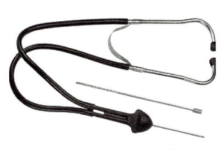 

图1-30 机械式汽车专业听诊器　　　　　图1-31 电子式汽车专业听诊器

9. 四轮定位仪

四轮定位仪用于测试汽车的车轮定位参数,并与原厂的设计参数进行对比,便于指导使用者对车轮定位参数进行相应的调整,使其符合原设计要求,以达到理想的汽车行驶性能;操纵轻便,行驶稳定可靠,并可减少轮胎的偏磨损,如图1-32～图1-34所示。通常情况下,可对汽车的主要四轮定位参数包括车轮外倾角、主销后倾角、主销内倾角、前轮前束等进行测量和调整。

资源1-11 3D四轮定位仪操作

图 1-32 博世 FWA4510 三维四轮定位仪

图 1-33 四轮定位仪传感器

图 1-34 四轮定位仪显示器

（二）应用实例

应用 KT600 诊断仪读取故障码和数据流。

1) 设备、工具及耗材

(1) 上汽大众 1.6 朗逸轿车两辆。

(2) 博世 KT600 汽车故障诊断仪两台。

(3) 汽车专用万用表两只。

(4) 世达工具及常用工具两套。

(5) 叶子板垫布、转向盘套、坐垫套和脚垫各两套。

2) 操作前准备

(1) 上汽大众 1.6 朗逸车型维修手册及发动机控制系统电路图。

(2) 维修单、记录单。

3) 操作步骤

(1) 将 KT600 诊断仪连接到车辆诊断插口（DLC3），如图 1-35 所示。

资源 1-12 KT600 检测仪使用

图 1-35 诊断仪与诊断插座连接

（2）将点火开关置于"ON"位置。

（3）打开诊断仪，如图 1-36 所示。

（4）操作步骤：汽车诊断→选择车型→选择发动机与变速箱→读取故障码→清除故障码→再读取故障码和数据流，如图 1-37 所示。

4）读取故障码

DTC-P0123：节气门/踏板位置传感器/开关"A"电路高压输入。

图 1-36　打开诊断仪

步骤一

步骤二

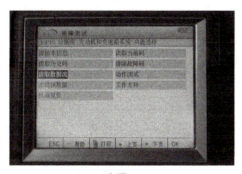

步骤三

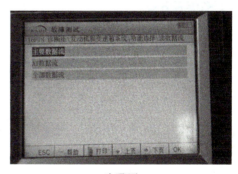

步骤四

步骤五

步骤六

图 1-37　读取故障码流程

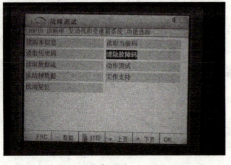
步骤七

步骤八

图 1-37 读取故障码流程（续）

学习项目三　汽车检测站简介

项目描述

汽车在为人类造福的同时，也带来了大气污染、噪声和交通安全等一系列问题。汽车本身是一个复杂的系统，随着行驶里程的增加，其技术状况会不断恶化。因此，在不断研制性能更加优良的汽车的同时，还要借助维护和修理恢复其技术状况。汽车检测技术就是在汽车使用、维护和修理中对汽车的技术状况进行测试和检验的一门技术。

汽车检测站就是对汽车的安全性、动力性、环保性、经济性、可靠性、可操作和行驶稳定性能进行检测的机构。为了保障交通安全，对机动车实施科学有效的监督，提高机动车的安全性和可靠性，国家出台了一系列的法律、法规，要求机动车安全技术检验机构依据标准对机动车进行检验，并要求机动车综合性能检验机构依据标准对从事运营的机动车进行检验。

任务一　汽车检测技术的发展

情境导入

客户王先生的家庭轿车已行驶了 6 年，按照规定需要进行年审，但他不了解汽车年审的具体程序和要求。请你根据所了解的知识，帮助其选择一家较为理想的汽车性能检测站。

通过学习，应能：
1. 了解国外汽车检测技术发展状况。
2. 掌握我国汽车检测技术的发展现状。

知识准备

1. 国外汽车检测技术发展概况

汽车检测技术是从无到有逐步发展起来的。20世纪50年代，一些工业发达国家就形成以故障诊断与性能调试为主的单项检测技术并生产单项检测设备。20世纪60年代初期，美国的发动机分析仪、英国的发动机点火系故障诊断仪和汽车道路试验速度分析仪等汽车检测设备面世；60年代后期，国外汽车检测诊断技术发展很快，并大量应用电子、光学、理化与机械相结合的光机电、理化机电一体化检测技术。例如：非接触式车速仪、前照灯检测仪、车轮定位仪、排气分析仪等都是应用光机电、理化机电一体化技术的检测设备。进入20世纪70年代以来，随着计算机技术的发展，出现了汽车检测诊断、数据采集处理自动化及检测结果直接打印等功能的汽车性能检测仪器和设备。在此基础上，为了加强汽车管理，各工业发达国家相继建立汽车检测站和检测线，使汽车检测制度化。

概括地讲，工业发达国家的汽车检测在管理上已经实现了"制度化"；在检测基础技术方面已经实现了"标准化"；在检测技术上正向"智能化、自动化检测"方向发展。

1）制度化

在德国，汽车的检测工作由交通部门统一领导，在全国各地建有由交通部门认证的汽车检测场（站），负责新车的登记和在用车的安全检测，修理厂维修过的汽车也要经过汽车检测场的检测，以确定其安全性能和排放符合国家标准。

在日本，汽车的检测工作由运输省（相当于交通部）统一领导。运输省在全国设有"国家检测场"和经过批准的"民间检测场"，执行车检工作。其中"国家检测场"主要负责新车登记和在用车安全检测；"民间检测场"通常设在汽车维修厂内，经政府批准并受政府委托对汽车进行安全检测。

2）标准化

工业发达国家的汽车检测有一整套的标准。判断受检汽车技术状况是否良好是以标准中规定的数据为准则，检查结果以数字显示，有量化指标，以避免主观上的误差。国外比较重视安全性能和排放性能的检测，如美国规定，修理过的汽车必须经过严格的排放检测方能出厂。

除对检测结果有严格、完整的标准以外，国外对检测设备也有规定，如检测设备的检测性能、具体结构、检测精度等都有相应标准。除此之外，对检测设备的使用周期、技术更新等也有具体要求。检测制度、技术的标准化，不仅提高了检测效率，也保证了检测质量。

3) 智能、自动化

随着科学技术的进步，国外汽车检测设备在智能化、自动化、精密化、综合化方面都有了新的发展，并应用新技术开拓出了新的检测领域、研制出了新的检测设备。

随着电子技术和计算机技术的发展，出现了汽车检测诊断、控制自动化、数据采集自动化、检测结果直接打印等功能的现代综合性能检测技术和设备。例如：国外生产的汽车制动检测仪、全自动前照灯检测仪、发动机分析仪、发动机诊断仪、四轮定位仪等检测设备，都具有较先进的全自动功能。进入20世纪80年代后，计算机技术在汽车检测技术领域的应用进一步向深度和广度发展，已出现集检测工艺、操作、数据采集和打印、存储、显示等功能于一体的系统软件，使汽车检测线实现了全自动化，这样不仅可避免人为的判断错误，提高检测准确性，还可以把受检汽车的技术状况储存在计算机中，既可供下次检验参考，还可供处理交通事故参考。

2．国内汽车检测技术现状

我国从20世纪60年代开始研究汽车检测技术，为满足汽车维修需要，当时交通部主持了发动机气缸漏气量检测仪、点火正时灯检测仪等的研究和开发。

20世纪70年代，我国大力发展汽车检测技术，汽车不解体检测技术及设备被列为国家科学技术委员会的开发应用项目。由交通部主持研制开发了反力式汽车制动试验台、惯性式汽车制动试验台、发动机综合检测仪和汽车性能综合检验台（具有制动性检测、底盘测功和速度测试等功能）。

进入20世纪80年代，随着国民经济的发展，科学技术的各个领域都有了较快的发展，汽车检测及诊断技术也随之得到快速发展，加之我国汽车制造业和公路交通运输业发展迅猛，对汽车检测诊断技术和设备的需求也与日俱增。我国机动车保有量迅速增加，随之而来的是交通安全和环境保护等社会问题。如何保证车辆快速、经济、灵活，并尽可能不造成社会公害等问题，已逐渐被提到政府有关部门的议事日程，因而促进了汽车诊断和检测技术的发展。交通部主持研制开发了汽车制动试验台、侧滑试验台、轴（轮）重仪、速度试验台、灯光检测仪、发动机综合分析仪、底盘测功机，等等。国家在"六五"期间重点推广了汽车检测和诊断技术。

在单台检测设备研制成功的基础上，为了保证汽车技术状况良好，加强在用汽车的技术管理，充分发挥汽车检测设备的使用，交通部于1980年开始有计划地在全国公路运输和车辆管理系统（交通部当时负责汽车监理）筹建汽车检测站，检测内容以汽车安全性检测为主。

20世纪80年代初，交通部在大连市建立了国内第一个汽车检测站。从工艺上提出将各种单台检测设备安装联线，构成功能齐全的汽车检测线，其检测纲领为30 000辆/年。

继大连检测站之后，作为"六五"科技项目，交通部先后要求10多个省市、自治区交通厅（局）筹建汽车检测站，20世纪80年代中期，汽车监理由公安部主管，公安部在交通部建设汽车检测站的基础上，进行了推广和发展，仅1990年年底统计，全国已有汽车检测站600多个，形成了全国的汽车检测网。

1990年交通部发布第13号令《汽车运输业车辆技术管理规定》和1991年交通部发布第29号部令《汽车运输业车辆综合性能检测站管理办法》以后，全国又掀起了建设汽车综合性能检测站的高潮。到1997年，全国已建立汽车综合性能检测站近千家，其中A级站140多家。"十二五"期间，我国汽车保有量已达1.5亿辆，2015年汽车检测数量已达2 000万辆之多。

与此同时，汽车的检测技术和设备也得到了大力发展。20世纪70年代，国内仅能生产少量简单的检测、诊断设备。目前全国生产汽车综合性能检测设备的厂家已达80多个，除交通部门外，机械、城建、高等院校等部门也进入汽车检测设备研制、开发、生产、销售领域。我国已能自己生产全套汽车检测设备，如大型的、技术复杂的汽车底盘测功机、发动机综合分析仪、四轮定位仪、悬挂检测台、制动检测台、排气分析仪、灯光检测仪，等等。

为了配合汽车检测工作，国内已发布实施了有关汽车检测的国家标准、行业标准、计量检定规程等100多项。从汽车综合性能检测站建站到汽车检测的具体检测项目，都基本做到了有法可依。

任务二　汽车检测站及检测流程

情境导入

客户王先生的自驾车已到了年审的时限，按照规定需要进行年审，但他不了解汽车年审的一些相关的具体内容。请你根据所了解的知识，介绍汽车安全性能检测的有关项目。

学习目标

通过学习，应能：
1. 描述汽车检测站的任务和类型；
2. 掌握汽车检测站的类型、工位设置及工艺流程；
3. 能够正确理解我国汽车检测的管理制度。

知识准备

我国汽车性能检测经历了从无到有、从小到大；从引进技术、引进检测设备，到自主研究开发推广应用；从单一性能检测到综合检测，取得了很大的进步。尤其是检测设备的研制生产得到了快速发展，缩小了与先进国家的差距。如汽车检测中通用的制动试验台、侧滑试验台、底盘测功机等。我们虽然已经取得了很大的进步，但与世界先进水平相比，还有一定的距离。我国汽车检测技术要赶超世界先进水平，还应在汽车检测技术基础、汽车检测设备智能化和汽车检测管理网络化等方面进行研究和发展。

1. 汽车检测站的任务和类型

汽车检测站是综合运用现代检测技术,对汽车实施不解体检测的机构。

1) 检测任务

(1) 对在用运输车辆的技术状况进行检测诊断。

(2) 对汽车维修行业的维修车辆进行质量检测。

(3) 接受委托,对车辆改装、改造、报废及其有关新工艺、新技术、新产品和科研成果等项目进行检测,提供检测结果。

(4) 接受公安、环保、商检、计量和保险等部门的委托,为其进行有关项目的检测,并提供检测结果。

资源 1-13　检测站介绍

2) 检测站的类型

(1) 按服务功能分类。

① 安全检测站:国家执法机构,检测车辆中与安全和环保有关的项目,分合格和不合格。

② 维修检测站:车辆维修前、后的技术状况检测。

③ 综合检测站:安全环保检测、车辆使用和维修企业的技术状况诊断、科研或教学方面的性能试验和参数测试。

(2) 按规模大小分类:大、中、小。

(3) 按自动化程度分类:手动式、半自动式和全自动式。

(4) 按职能分类。

① A 级站:全面承担检测站的任务。

② B 级站:在用车辆技术状况和车辆维修质量的检测。

③ C 级站:在用车辆技术状况的检测。

2. 汽车检测站的组成与检测项目

1) 各类汽车检测站的组成

主要由一条至数条检测线组成,分停车场、清洗站、维修车间、办公区和生活区。

安全检测站:由一条至数条安全环保检测线组成。

维修检测站:由一条至数条综合检测线组成。

综合检测站:由安全环保检测线和综合检测线组成。

2) 汽车检测线的工位及检测项目

资源 1-14　汽车外观检验　　资源 1-15　制动性能检测　　资源 1-16　制动性能检测　　资源 1-17　车速表检测　　资源 1-18　前照灯检测　　资源 1-19　喇叭声级检测

全自动安全环保检测线一般可由三工位、四工位或五工位组成，主要包括外观检查（人工检查）工位、侧滑制动车速表工位和灯光尾气工位等。

五工位一般是指汽车资料输入及安全装置检查工位、侧滑制动车速表工位、灯光尾气工位、车底检查工位、综合判定及主控制室工位，如图1-38和图1-39所示。

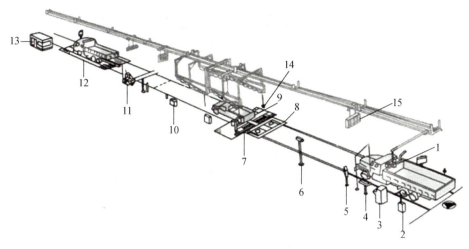

图1-38 全自动安全环保检测线平面布置示意图

1—进线指示灯；2—烟度计；3—资料登录计算机；4—安全装置检查不合格项目输入键盘；5—烟度计检验程序指示器；6—电视摄像机；7—制动试验台；8—侧滑试验台；9—车速表试验台；10—废气分析仪；11—前照灯检测仪；12—车底检查工位；13—主控制室；14—车速表检测申报开关；15—检验程序指示器

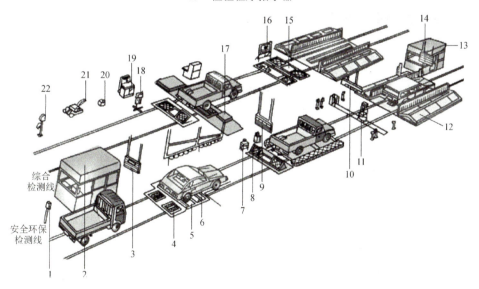

图1-39 检测线各工位组成示意图

1—进线指示灯；2—进线控制室；3—L工位检验程序指示器；4，15—侧滑试验台；5—制动试验台；6—车速表试验台；7—烟度计；8—排气分析仪；9—ABS工位检验程序指示器；10—HX工位检验程序指示器；11—前照灯检测仪；12—地沟系统；13—主控制室；14—P工位检验程序指示器；16—前轮定位检测仪；17—底盘测功工位；18，19—发动机综合性能分析仪；20—机油清净性分析仪；21—就车式车轮平衡仪；22—轮胎自动充气机

3. 汽车检测站的工艺路线流程（见图1-40）

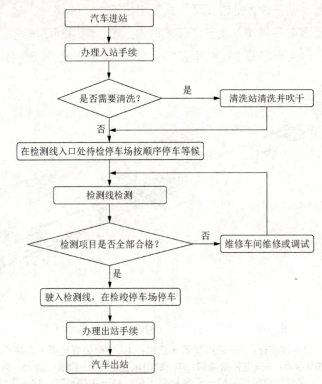

图1-40 汽车检测站的工艺路线流程

4. 全能综合检测线工艺路线流程（见图1-41）

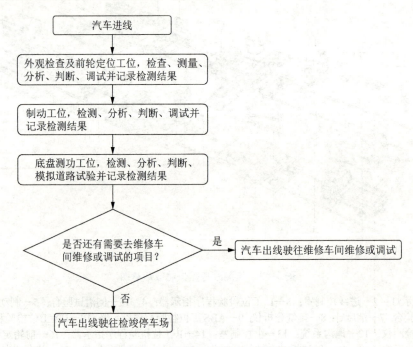

图1-41 全能综合检测线工艺路线流程

考核与评价

(一) 理论考核

1. 单选题

1) 汽车故障检测诊断的基本原则是（　　）。
   A. 先行后思　　　　B. 先内后外　　　　C. 先繁后简　　　　D. 故障码优先

2) 在不解体（或仅拆卸个别小件）的条件下，确定汽车技术状况或查明故障部位、故障原因，进行的检测、分析和判断是（　　）。
   A. 汽车检测　　　　B. 汽车诊断　　　　C. 汽车维护　　　　D. 以上均是

3) 获得最佳诊断周期必须考虑（　　）。
   A. 汽车技术状况　　B. 汽车使用条件　　C. 经济性　　　　　D. 以上均是

4) 关于直观诊断法的正确描述是（　　）。
   A. 诊断速度快、准确性高　　　　　　　B. 不需要有丰富的经验
   C. 必须用专用设备　　　　　　　　　　D. 该方法适应于比较明显的故障

5) 关于仪器诊断法的描述错误的是（　　）。
   A. 不是所有故障都可以使用仪器诊断法
   B. 在不解体的情况下仍可使用仪器诊断法
   C. 故障诊断仪检测的故障肯定是该车故障
   D. 气缸压力检测属于仪器诊断法

6) 以下不是症状模拟法的是（　　）。
   A. 施加振动　　　　B. 更换部件　　　　C. 加热或致冷　　　D. 施加电负荷

7) 以下说法正确的是（　　）。
   A. 对于诊断某一故障的方法是唯一的
   B. 应根据故障客观条件灵活运用诊断方法
   C. 诊断仪能够诊断所有故障
   D. 没有故障码说明该车没有故障

8) 关于问诊、试车描述正确的是（　　）。
   A. 客户反映的故障肯定是该车故障　　　B. 客户反映的故障未必是该车故障
   C. 故障诊断无须有问诊环节　　　　　　D. 诊断故障前无须对故障现象确认

9) 以下不属于汽车检测站检测任务的是（　　）。
   A. 对在用运输车辆的技术状况进行检测和诊断
   B. 对汽车维修行业的维修车辆进行质量检测
   C. 对在用车辆实施维护
   D. 接受公安、环保、商检、计量和保险等部门的委托，为其进行有关项目的检测并提供检测结果

10)（　　）的目的在于再现车主所述的故障症状，以验证故障症状的真实性。
   A. 问诊　　　　　B. 试车　　　　　C. 推理　　　　　D. 假设

2. 判断题

1) 汽车故障诊断基本流程是汽车故障诊断中最基础的诊断过程，是对诊断内容最一般的概括和总结。（　　）
2) 汽车检测是指为确定汽车技术状况或工作能力而进行的检查和测量。（　　）
3) 汽车诊断是指在不解体（或仅拆卸个别小件）的条件下，为确定汽车技术状况或查明故障部位、故障原因而进行的检测、分析和判断。（　　）
4) 综合性能检测的目的是建立安全和公害监控体系，确保车辆具有符合要求的外观容貌、良好的安全性能和符合规定的尾气排放物，在安全、高效和低污染环境下运行。（　　）
5) 汽车故障诊断的基本思路是从试车入手的。（　　）
6) 问诊是通过对车主的询问来了解汽车故障症状的过程。（　　）
7) 客户反映的故障是真实的，无须验证，只需诊断、修复即可。（　　）
8) 分析研究的目的在于分析故障生成的机理、故障产生的条件和特点，为下一步推出故障原因做准备。（　　）
9) 无论故障诊断仪读取的故障码与故障症状是否一致，必须严格按照故障码诊断程序实施故障诊断。（　　）
10) 故障诊断仪必须处于在线状态下才能实施故障诊断。（　　）

3. 简答题

1) 汽车故障检测诊断的方法有哪些？

2) 汽车检测站的主要任务是什么？

3) 按不同的分类方法，汽车检测站可分为哪几种类型？

4）叙述汽车检测站工艺路线流程和检测线工艺路线流程。

5）汽车外观检测一般有哪两种方法？

（二）技能考核

1．应用汽车检测诊断仪器 KT600 读取故障码和数据流作业评分表（见表1-3）

表 1-3　应用汽车检测诊断仪器 KT600 读取故障码和数据流作业评分表

基本信息	姓 名		学号		班级		组别	
	规定时间	50min	完成时间		考核日期		总评成绩	
任务工单	序号	步骤	评分标准				标准分	得分
	1	前期准备	叶子板布、三件套、尾排、挡位等，缺少一项扣1分				5	
	2	诊断仪连接	正确连接 KT600 诊断仪诊断线，操作错误扣5分				5	
	3	界面进入	不打开点火开关扣5分，不能打开诊断仪并进入工作界面扣5分				10	
	4	选择与车型相匹配的电喷版本	不能正确选择发动机版本而进入界面扣5分				10	
	5	读取故障码	直接读取故障码扣10分				10	
	6	清除故障码后再读取	不清除故障码后再读取扣10分				10	
	7	读取与故障相关的参数（数据流）	不能正确选择与故障相关的数据流每项扣5分				20	
	8	执行器测试	发动机不熄火扣5分，不能正确选择相关动作器每项扣5分				20	
安全操作	1．着工装4分，衣服和工作鞋各占2分； 2．工具落地每次扣1分，扣完为止； 3．操作过程中出现人身伤害或工具损坏扣5分						10	
评语：								

2. 汽车安全性能检测站工作流程作业评分表（见表1-4）

表1-4 汽车安全性能检测站工作流程作业评分表

基本信息	姓名		学号		班级		组别	
	规定时间	50min	完成时间		考核日期		总评成绩	
	序号	步骤	评分标准				标准分	得分
任务工单	1	登记信息	检查行驶证、驾驶证、交强险、身份证等证件并登记信息，缺一项扣2分；登记VIN、发动机型号、代码等车辆信息，缺一项扣3分				10	
	2	汽车外检	前后风挡玻璃、车窗、外观无损伤，损伤一处扣2分；前后灯光、信号、牌照等每缺一项扣2分；随车工具：三角牌、千斤顶、备胎每缺一项扣3分				10	
	3	底盘检查	驶入工位位置错误扣5分，底盘检查每漏一项扣3分				10	
	4	侧滑检测	驶入工位位置错误扣5分，不能正确查看、打印测量结果和分析结果每项扣5分				10	
	5	制动检测	驶入工位位置错误扣5分，不能正确查看、打印测量结果和分析结果每项扣5分				10	
	6	灯光检测	驶入工位位置错误扣5分，不能正确查看、打印测量结果和分析结果每项扣5分				10	
	7	噪声检测	驶入工位位置错误扣5分，不能正确查看、打印测量结果和分析结果每项扣5分				10	
	8	环保检测	驶入工位位置错误扣5分，安装装备错误扣5分，不能正确查看、打印测量结果每项扣5分				10	
	9	检测结果综合分析	按照国家检测标准对车辆检测结果综合分析并打印结果，操作、分析错误每项扣5分				10	
安全操作			1. 着工装4分，衣服和工作鞋各占2分； 2. 违反操作规范每次扣1分，扣完为止； 3. 操作过程中出现人身伤害或工具损坏扣5分				10	
评语：								

学习单元二
电控汽油发动机典型故障诊断与检测

项目一 电控汽油发动机起动故障诊断与检测

该项目围绕实际生产中经常发生的电控发动机起动典型故障案例展开学习,三个案例分别是起动机不运转故障、起动机运转但发动机不能起动故障、发动机起动困难故障。本项目通过知识准备、诊断思路、案例分析、故障排除等诊断流程,真实地反映实际工作过程,进一步理顺典型故障诊断思路,提高学生的思维能力和综合分析能力,同时提高学生的职业素养,并通过课前知识探索、课中导学、课后知识拓展的学习过程,加深对故障生成机理的理解。

任务一 起动机不运转故障诊断与检测

一辆2015款帕萨特轿车装有1.4T发动机,行驶里程为69 580公里,客户王先生的车辆在行驶途中突然熄火,再次起动车辆时起动机不运转,要求4S店维修技师前来救援。作为一名维修技师,请根据所学专业知识和技能完成此任务。

通过学习,应能
1. 准确判断发动机不能起动的故障症状;
2. 正确使用诊断设备及相关工具;
3. 熟练查找维修手册及电路图;

4. 正确理解起动控制系统的工作原理；

5. 正确按照诊断流程和诊断方法操作；

6. 具备良好的职业素养。

(一) 知识准备

电控发动机不能起动的原因有很多，但起动机不运转故障往往发生在起动控制线路。因此，分析起动控制线路的工作原理尤为重要。老车型的起动控制系统较为简单，通过点火开关直接控制起动继电器至起动机吸拉开关使起动机工作，而现代新车型的起动控制系统发生了很大的变化，尤其是无钥匙进入、无钥匙起动车型的起动控制系统，多数是点火开关发出起动信号，由电脑控制起动继电器。为此，故障诊断中首先要了解其起动控制系统的工作原理，并对起动控制系统的工作原理和电路图进行分析。

1. 起动机不运转故障原因

(1) 蓄电池损坏、电量不足和连接不良等。

(2) 起动控制系统电路故障，如：起动信号故障、起动控制线路故障、网络故障、发动机 ECU 故障、起动继电器故障和保险丝故障等。

(3) 起动机本身故障。

2. 可查找的故障症状（见表 2-1）

表 2-1 故障症状

故障症状	可疑部位
发动机不能起动（起动不运转）	蓄电池亏电或损坏
	起动机控制电路故障
	起动机本身故障

> 优先考虑与故障症状有关的故障码，并根据对应故障症状表查找相关选项。

3. 起动机常见故障原因及诊断过程

1) 起动机不运转的原因及诊断过程

(1) 起动机不运转的原因。

① 蓄电池亏电，或导线断路、接头松脱。

② 起动继电器触点严重烧蚀或线圈断路。

③ 起动机电磁开关触点严重烧蚀或吸拉线圈断路。

④ 起动机内部线圈绕组断路或短路。

⑤ 换向器严重烧蚀、电刷磨损过多，电刷受热使刷架变形而卡住电刷。

(2) 起动机不运转的诊断过程。

① 打开点火开关，起动挡位，用万用表电压挡测量端子 50 电压应为蓄电池电压，说明

资源 2-1 起动机不工作故障

起动机控制系统良好，故障应在起动机本身；若为 0V，则应检查起动控制线路。

② 若端子 50 有蓄电池电压，使用跨接线跨接端子 30 与端子 C，若起动机运转，则说明吸拉开关有故障，应检查吸拉开关。

③ 若吸拉开关有吸合动作，但起动机电枢绕组不运转，则应检查电枢绕组。

2）起动无力原因及故障诊断过程

（1）故障现象。

点火起动时，发动机可起动，但转动缓慢无力，带不动发动机。

（2）起动无力的原因。

① 蓄电池存电不足或起动电路导线接头松动或接触不良。

② 电刷与换向器接触不良，电动机绕组局部短路。

（3）故障诊断过程。

① 起动能力检测：蓄电池起动电压 ≥ 8.5V，起动电流 ≤ 380A。

② 若起动电压太低或起动电流太大，则应使用蓄电池检测仪检测蓄电池的工作状态，并检测其端电压是否过低。

③ 若蓄电池良好，则应检测起动机换向器片间是否断路、起动机电枢是否卡滞、起动机电枢绕组是否短路。

④ 若起动机本身良好，则应检测发动机运转阻力是否过大。

3）起动机空转原因及故障诊断过程

（1）故障现象。

接通点火开关，起动机高速运转，但不能带动发动机运转。

（2）起动机空转故障原因。

① 单向离合器打滑或损坏。

② 起动机驱动齿轮轴头污垢严重，齿轮卡死不能自由滑动。

（3）故障诊断过程。

① 起动机空转转速高，可听到"嗡嗡"旋转声，一般为单向离合器打滑或损坏，可先正反向旋转驱动齿轮，若均能松旷转动，证明离合器失效。

② 检查驱动齿轮是否卡死，从而导致驱动齿轮不能进行啮合而空转。

4）起动机运转不停原因及故障诊断过程

（1）故障现象。

发动机起动后，关闭点火开关，起动机仍不停止运转，并发出尖叫声。

（2）故障原因。

① 点火开关失效。

② 继电器触点或电磁开关触点烧结焊死。

（3）故障诊断过程。

① 立即切断电源，否则会损害起动机。

② 断电熄火后，检查点火开关是否失效。

5）起动机异响原因及故障诊断过程

（1）故障现象。

起动机在起动瞬间及起动后出现异常响声。

（2）故障原因。

① 起动机驱动齿轮轴头有污垢，造成齿轮回复慢而反拖异响。

② 起动机安装不当，齿侧间隙太小。

（3）故障诊断过程。

① 检查起动机固定螺栓是否松动（看接通起动机开关时起动机壳体是否振抖）。

② 检查驱动齿轮回复是否正常。

4. 起动控制系统电路分析

以上汽大众帕萨特 1.4T 车型起动控制系统电路为例。

1）起动准备阶段

资源2-2　帕萨特1.4t发动机

如图 2-1 所示，当把点火开关 D 置于点火挡位时，点火开关位置信息通过转向柱电子控制单元 J527 传给车载网络控制单元 J519，车载网络控制单元 J519 通过 T52b/12 至端子 15 供电继电器 J329 控制线路接通。此时，15 供电继电器 J329 触点接通，由 B 保险丝架（SB25-40A 保险）给汽车车身电器供电，线路具备供电条件，但车载网络控制单元 J519 没有收到点火开关起动信号，不会对起动继电器 J682 发出控制指令，起动继电器 J682 暂不工作。

2）起动阶段

如图 2-2 所示，当把点火开关 D 置于起动挡起动车辆时，起动信号首先传给转向柱电子控制单元 J527，再通过转向柱电子控制单元 J527 端子 T16r/14 至 J519 端子 T52c/31 之间的信号线传给 J519 控制单元。J519 控制单元控制起动继电器 J682 线圈通电，起动继电器触点闭合，由 B 保险丝架（SB25-40A 保险）给起动机 50 端子供电，起动机吸拉线圈吸合，起动机齿轮与发动机飞轮啮合从而起动车辆。

5. 起动控制系统诊断过程

1）问诊试车

通过询问客户故障，了解了故障发生的环境、条件，并通过试车进一步确认故障症状与客户反映故障一致，初步断定为起动机本身故障或起动控制电路故障。

> **特别提示**
>
> 问诊试车环节非常重要，有利于全面了解故障发生的时间、地点、环境、条件、工况等客观状态，为进一步分析故障原因做准备。

2）蓄电池性能检测

检查蓄电池外壳是否破损、漏液，若漏液应更换蓄电池。检查蓄电池正负极接线柱是否牢固、是否有腐蚀。用蓄电池检测仪对蓄电池性能进行检测，并打印结果。若蓄电池性能不符合要求，应及时更换。

> **特别提示**
>
> 用万用表测量蓄电池电压高于 12.5V 并不能说明蓄电池有良好的起动性能。若检查到蓄电池漏液应及时更换蓄电池，重点检查蓄电池极柱连接是否牢固。

资源 2-3　蓄电池检测

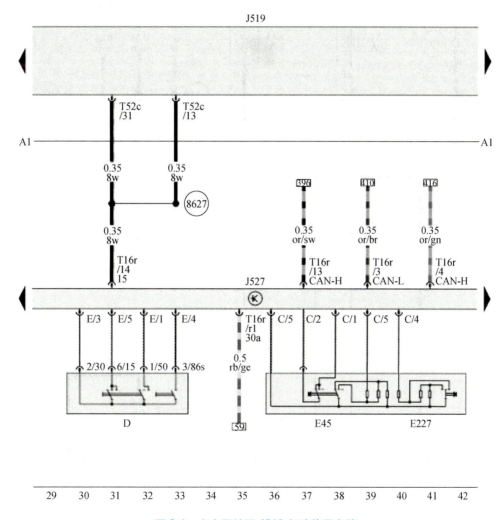

图 2-1　点火开关至 J519 起动信号电路

D—点火开关；J527—转向柱电子控制单元；J519—车载网络控制单元；
T16r—16 插头连接；T52c—52 芯插头连接；B627—正极连接 3（15）主线束

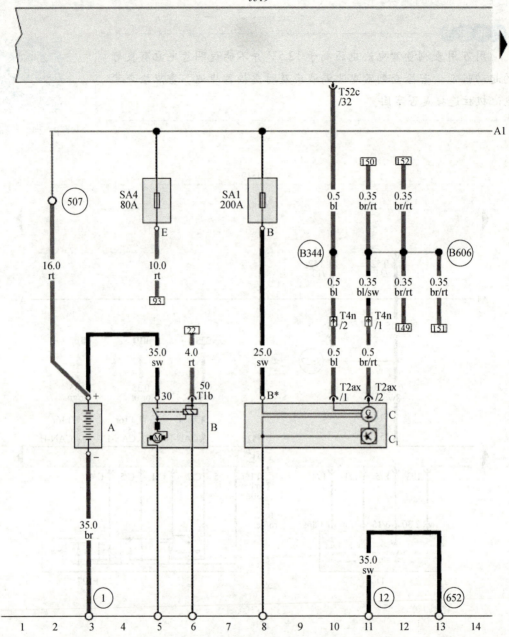

图 2-2 上汽大众帕萨特 1.4T 起动控制系统电路

A—蓄电池；B—起动机；C—发电机；J519—车载网络控制单元

3）用诊断仪读取故障码

(1) 将诊断仪插入车辆诊断插口。

(2) 将点火开关置于"ON"位置。

(3) 打开诊断仪界面。

(4) 操作步骤：汽车诊断→选择车型→选择发动机与变速箱→读取故障码→清除故障

码→再读取故障码。

> **特别提示**
> 若有故障码，应按照故障码优先原则，遵循故障码诊断程序进行诊断；若无故障码，则按照发动机不能起动诊断思路实施诊断。

4）起动机吸拉线圈控制线检测

用万用表电压挡检测端子 50 电压，若测量值为蓄电池电压，说明控制系统正常，故障应在起动机本身；若测量值为 0V，则说明起动控制系统有故障。

> **特别提示**
> 用万用表检测端子 50 电压时，不能断开起动机插接器，并应将点火开关到起动挡位。

5）起动信号检测

用诊断仪读取起动信号信息，若有信号，说明点火开关至 J519 的起动信号线路良好；若无信号，则检测点火开关至转向柱电子控制单元 J527 之间的信号线路，然后再检测转向柱电子控制单元 J527 端子 T16r/14 至 J519 端子 T52c/31 之间的信号线路。

> **特别提示**
> 用万用表欧姆挡检测信号线路导电性时，务必断开蓄电池负极。

6）检查起动继电器 J682 及其控制电路

（1）关闭点火开关，拔出继电器 J682，用万用表欧姆挡检测端子 1/86 与 2/85 之间的阻值应为标定值。若为无穷大，则说明线圈断路。

（2）用跨接线将 1/86 端子跨接蓄电池正极、2/85 端子跨接负极，再用万用表欧姆挡检测继电器端子 3/30 与继电器端子 5/87 之间是否导通。若导通说明继电器良好；若不导通说明触点损坏。

> **特别提示**
> 若起动继电器 J682 良好，应先检测 J682 起动继电器控制线路和供电线路，以上都没有问题再检测端子 15 供电继电器 J329 及其控制线路、供电线路，重点检测 SC 保险丝座 SC14 保险丝及插接器。

7）挡位信号检测

用诊断仪读取挡位信息，若无挡位信息，则应检测挡位开关或相关电路。

> **特别提示**
> 对于自动变速箱车型，挡位开关信息是车辆起动的必要条件，若没有挡位开关信息，则车辆无法起动。

8）网络通信检测

部分新车型控制单元之间通过网络通信传输相关信息，故动力网络网线出现故障也是导致发动机不能起动的原因之一。检测方法参考网络故障内容。

（二）诊断思路

起动机不运转故障诊断思路如图 2-3 所示。

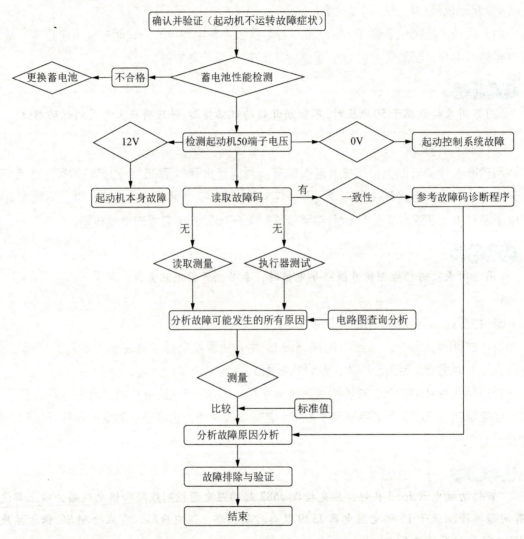

图 2-3　起动机不运转故障诊断思路

（三）案例分析

1. 情景回顾

根据情境导入中的案例：一辆 2015 款帕萨特轿车装有 1.4T 发动机，行驶里程为 69 580 公里，客户王先生的车辆在行驶途中突然熄火，再次起动车辆时起动机不运转。

2. 故障现象确认

客户王先生反映的故障症状是起动时起动机不运转，通过向客户问诊，了解了故障发生的环境、条件，并通过试车进一步确认故障症状与客户反映的故障一致，初步断定为起动机本身故障或起动控制电路故障。

3. 故障诊断排除

根据起动机不运转故障诊断思路，首先用蓄电池检测仪对蓄电池性能进行检测，检测结果为蓄电池状态良好；用跨接蓄电池端子50与端子30的方法测试，起动机运转，说明起动机是好的，故障可能在起动控制电路。连接诊断仪插头，打开诊断页面，读取故障码为起动继电器故障，读取数据流，如图2-4所示。

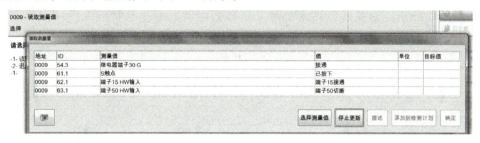

图2-4 故障排除前信号状态

取下起动继电器J682，继电器位置如图2-5所示。用万用表欧姆挡检测线圈阻值为70Ω，符合标准，说明线圈是好的；再给线圈供电（1/86端子接蓄电池正极，2/85端子搭铁），听到有"嗒嗒"的吸合声，但用万用表欧姆挡检测J682起动继电器端子3/30与端子5/87之间的阻值为无穷大，说明继电器触点烧蚀，如图2-6所示。

图2-5 继电器位置

图2-6 起动机继电器触点烧蚀

更换起动继电器J682后车辆起动正常。连接诊断仪再次读取数据时，端子50处于接通状态，如图2-7所示。交车后回访客户，没有再次发生故障。

图2-7 故障排除后信号状态

4. 故障分析

车辆故障排除后，对故障排除过程进行分析，该车的故障是典型的起动控制系统故障，在实际生产过程中经常出现，故障原因为起动继电器 J682 触点烧蚀或接触不良，对起动继电器进行检测时，往往采用给线圈供电的方法，通过检测继电器是否有吸合动作（"嗒嗒"声音）来判断继电器的好坏，这其实是一个误区，即当触点烧蚀或接触不良时，不能给起动机吸拉开关端子 50 供电。

遇到此类故障，不能盲目拆卸，应遵循由简到繁、由外向内的诊断原则，通过读取数据、查找电路图弄清故障发生的机理。

如图 2-4 所示，首先读取技术参数，从参数中可以看出 S 触点为已按下状态、端子 15HW 输入已接通，说明端子 15 供电继电器 J329 工作良好，而端子 50HW 处于切断状态。

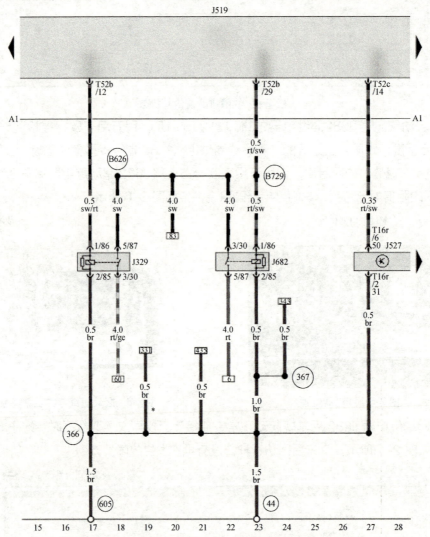

图 2-8　起动继电器 J682 控制电路

J329—端子 15 供电继电器；J519—车载网络控制单元；J527—转向柱电子控制单元；
J682—供电继电器总线端 50；T52b—52 芯插头连接

有可能为起动继电器 J682 或控制线路故障，应按照故障码诊断程序进行操作，因起动继电器为易损件，故为首先排除对象。图 2-8 所示为起动继电器 J682 控制电路，在起动继电器常规检测中，由于对控制原理理解有误区，往往会误判。本案例中技师所采用的换件法也是实际生产中经常用到的诊断方法。

(四) 任务工单（见表 2-2）

表 2-2　起动控制系统故障诊断作业工单

姓名		班级		学号		组别	
车型		发动机类型		作业单号		日期	
故障现象描述							
诊断仪操作记录	读取故障码						
	测量值读取 1						
	测量值读取 2						
	测量值读取 3						
	测量值读取 4						
	作动器诊断结果记录						
故障原因分析							
检测结果记录	检测项目		标准值		测量值		
故障点及故障原因							
故障排除及验证结果							
评语							

任务二　起动机运转但发动机不能起动故障诊断与检测

情境导入

一辆上汽大众帕萨特 1.4T 轿车，行驶 68 998 公里。客户王先生反映途中车辆突然熄火，再次起动车辆发现起动机运转正常，但发动机瞬间起动并马上熄火。多次尝试都是该现象，要求 4S 店维修技师前往救援。作为一名合格的维修技师，请根据所学的专业知识和技能对该车故障进行诊断并修复。

学习目标

通过学习，应能：

1. 准确判断发动机不能起动的故障症状；
2. 正确使用诊断设备及相关工具；
3. 熟练查找维修手册及电路图；
4. 分析故障产生的原因及诊断思路；
5. 正确按照诊断流程和诊断方法操作。

（一）知识准备

1. 燃油供给系统的构成及工作原理

1）燃油供给系统的作用

燃油供给系统的作用是向气缸供给燃烧时所需的燃油。

2）燃油供给系统的组成

燃油供给系统是由燃油箱、电动燃油泵、进油管、燃油滤清器、燃油压力调节器、燃油分配管、喷油器和回油管等组成的。燃油供给系统的结构及工作原理如图 2-9 所示。

资源 2-4　燃油供给系统工作原理

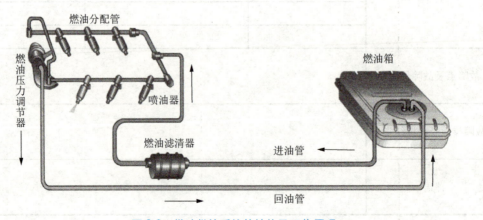

图 2-9　燃油供给系统的结构及工作原理

3）燃油供给系统的工作原理

发动机工作时，电动燃油泵将燃油从油箱里泵出，经燃油滤清器除去杂质及水分后通过进油管进入燃油分配管，分配到各缸喷油器。当喷油器接收到电控单元 ECU 发出的喷油指令时，电磁线圈通电开始喷油，并与空气供给系统提供的空气混合形成雾化良好的可燃混合气。当进气门打开时，混合气被吸入气缸燃烧做功。

当燃油泵泵入供油系统的燃油增多或油路中的油压升高时，燃油压力调节器将自动调节燃油压力，保证供给喷油器的油压基本不变。供油系统过剩的燃油由回油管流回油箱，回油路径为：油箱→燃油泵→输油管→燃油滤清器→燃油分配管→燃油压力调节器→回油管→燃油箱，如图 2-9 所示。

（1）电动燃油泵。

电子控制燃油喷射系统的电动燃油泵安装在油箱内，其功用是向喷油器提供油压高于进气歧管压力 250～300kPa 的燃油。燃油泵设计供油量大于发动机耗油量的目的有两个：一是防止发动机供油不足；二是燃油流动量增大可以散发供油系统的热量，从而防止油路产生气阻。

资源 2-5　燃油泵组成及控制原理

燃油喷射系统要求燃油泵供给比发动机最大喷油量还要多的燃油，因而燃油泵的最大工作压力比实际需求值大得多，但喷射系统中油压不能过高，故在燃油泵中设有安全阀（或称泄压阀）。当燃油泵工作压力升高到 600kPa 时，安全阀打开，燃油泵出油腔与吸油腔相通，燃油在泵内循环，以避免供油压力过高。

为防止发动机停转时系统中的燃油倒流，造成下一次起动困难，在燃油泵出油口安装了出油阀（单向阀）。当发动机熄火时，燃油泵停止转动，单向阀关闭，这样在供油系统中仍有残余压力。油路中残余压力的存在有利于发动机二次起动，并能避免高温时气阻现象的发生。内置燃油箱的涡轮式电动燃油泵的结构组成和外观分别如图 2-10 和图 2-11 所示。

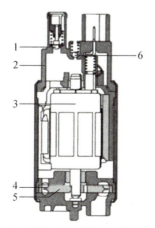

图 2-10　涡轮式电动燃油泵的结构组成

图 2-11　涡轮式电动燃油泵的外观

1—出油阀；2—油泵端盖；3—电枢；4—油道；
5—叶轮；6—卸压阀

(2) 电动燃油泵控制电路。

如图 2-12 所示，预供给燃油控制电路分析如下：为了确保驾驶人上车后能够顺利起动车辆或确保二次起动，在驾驶人打开车门后，J519 立刻通过其与 J538 燃油控制单元 T10o 之间的控制线路发出预供油信息，J538 控制单元控制油泵工作，建立燃油供油压力，确保车辆顺利起动。

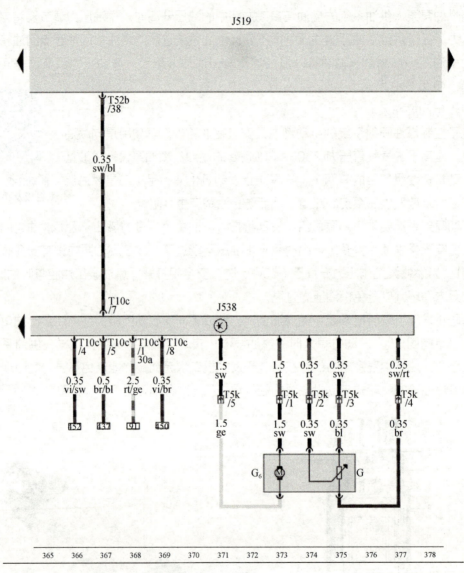

图 2-12 预供给燃油泵控制电路

J538—燃油泵控制单元；J623—发动机控制单元；T52b—52 芯插头连接；T10o—10 芯插头连接；
G6—预供给燃油泵；G—燃油存量传感器；T5k—5 芯插头连接

如图 2-13 所示，当把点火开关打到起动挡位起动车辆，J623 发动机控制单元收到发动机转速信息时，即通过 T94a 端子与 J538 燃油泵控制单元的 T10o 端子之间的控制线路发出供油信息，J538 燃油控制单元控制燃油泵正常工作，此时，燃油泵会根据不同工况持续不断地给燃油供给系统提供所需的燃油压力和流量，以满足不同工况下喷油量的要求。

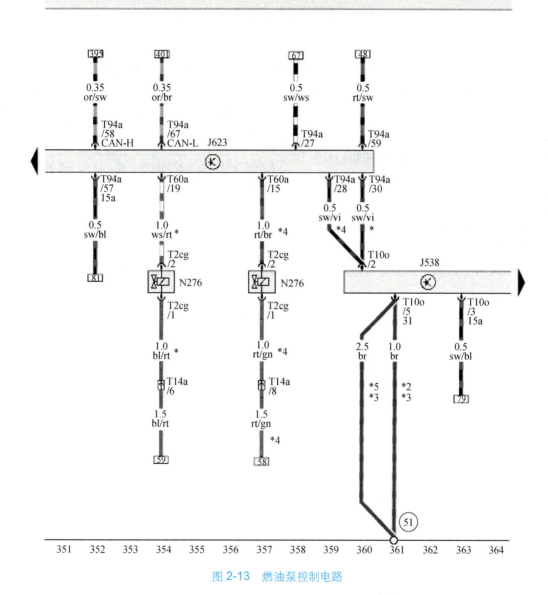

图 2-13 燃油泵控制电路

J538—燃油泵控制单元；J623—发动机控制单元；T94a—94 芯插头连接；T10o—10 芯插头连接

2. 点火系统构成及工作原理

参考本学习单元项目二任务一的（一）中"2. 发动机电控点火控制工作原理"。

3. 起动机运转但发动机不能起动故障原因

（1）燃油供给系统故障：如燃油泵损坏、燃油压力调节器损坏、燃油继电器和保险丝损坏、燃油控制系统线路故障、喷油器堵塞等。

（2）点火供给系统故障：如点火控制线路断路或短路、点火线圈烧毁、火花塞损坏等。

（3）发动机ECU故障。

（4）相关电器元件故障：如曲轴位置传感器损坏。

资源2-6 燃油供给系统故障诊断与检修

4. 与故障现象相对应的故障症状（见表2-3）

表2-3 故障症状

故障症状	可疑部位
起动机运转但发动机不能起动且无着火症状	起动能力不足
	燃油供给系统故障：燃油泵故障、喷油器控制线路故障、燃油泵损坏、燃油压力调节器损坏等
	点火系统故障：点火控制线路故障、点火线圈损坏等
	配气相位、点火正时故障
	相关电器件故障，如曲轴位置传感器故障等

> **特别提示**
>
> 优先考虑与故障症状有关的故障码，根据对应故障症状表查找相关选项。

5. 起动机运转但发动机不能起动故障诊断过程

1）问诊试车

通过询问客户故障，全面了解故障发生的时间、地点和环境等情况，并通过试车进一步确认故障症状与客户反映故障是否一致，做一个初步故障定性。

2）用诊断仪读取故障码和数据流

（1）读取故障码并将与故障症状相关的故障码作为重点排查对象。

（2）读取与故障症状相关的数据流。

（3）利用相关诊断仪执行器进行测试，如对燃油泵、燃油泵继电器和喷油器等进行测试。

3）燃油供给系统检查

（1）燃油泵检查。

① 检查燃油泵工作状态，提前打开驾驶舱后座椅后，将点火开关置于"ON"位置（点火位置），在2s内耳听或观察燃油泵是否工作，或者使用诊断仪执行器测试功能进行测试，如果燃油泵工作有响声，说明燃油泵工作正常，无响声则说明燃油泵不工作。

② 燃油泵端子测量。

关闭点火开关，断开燃油泵端子后，再次打开点火开关，用万用表电压挡测量燃油泵供电端子，若电压为蓄电池电压则正常，若电压为0V则说明控制线路有故障。

> **特别提示**
>
> 断开插接器所测得的电压并非供电电压,其只可作为判断控制电路好坏的依据。

4)点火控制系统及点火线圈检测

参考本学习单元项目二任务一的(一)中"3.发动机电控点火系统的检测"。

(二)诊断思路

起动机运转但发动机不能起动故障诊断思路,如图 2-14 所示。

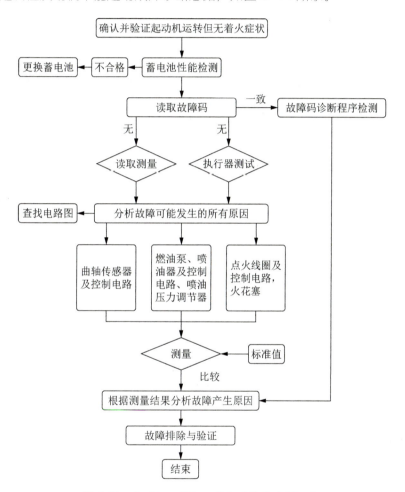

图 2-14 起动机运转但不能起动故障诊断思路

> **特别提示**
>
> 起动机运转但发动机不能起动故障,首先要观察起动过程中有无着火征兆,准确判断故障症状是故障诊断的基础,对于无着火征兆的故障原因有很多,有电器故障也有机械故障,根据故障码优先的原则可优先排除电器故障,然后再考虑机械故障。

（三）案例分析

1. 情景回顾

根据情境导入中的案例来看，客户王先生的帕萨特 1.4T 轿车，行驶 68 998 公里在途中突然熄火，再次起动车辆发现起动机运转正常，但发动机瞬间起动并马上熄火。多次尝试都是该现象。根据该故障症状，初步判断起动机本身及起动控制电路无故障，可以定性为起动机运转而发动机不能起动故障。

2. 故障现象确认

根据客户反映故障症状并结合试车，确认客户反映的情况属实。由于起动机能够运转，所以初步判断起动机本身及起动控制电路无故障，故障可能是电喷控制系统某部件或电喷线路出现故障。

诊断仪测试故障数据：使用诊断仪诊断，发动机系统存在故障代码"00135"，即燃油导轨/系统压力过低。该故障码与故障现象存在一致性，应按照故障码诊断程序实施，初步确认为燃油供给系统引起的发动机不能起动故障。

3. 故障排除

（1）读取故障码为 00135。

（2）在低压管检测接口上安装燃油压力表，起动车辆发现车辆能够瞬间起动，压力从 6bar[①] 瞬间降到 0bar，发动机瞬间熄火。说明燃油供给系统的确存在问题。

（3）提前打开驾驶舱后座椅，将点火开关置于"ON"位置（点火位置），在 2s 内能够听到燃油泵工作的声音，说明燃油泵本身是正常的。又对燃油管路进行检查，并不存在泄漏现象，更换了汽油滤芯后故障依旧。

（4）此时怀疑燃油压力调节器损坏，更换新的燃油压力调节器后故障依旧（此时处于困境）。

（5）燃油泵控制线路检查：燃油泵控制线有两根，一根控制预供油，另一根控制正常运行供油。在排查这两根控制线时，发现有一根线断路，用导线将发动机控制单元 J623 端子 T94a 与 J538 燃油泵控制单元端子 T10o 跨接，再次起动车辆，发动机正常运行，反复起动车辆都没有出现瞬间熄火状况，车辆起动正常，故障消除。经几次回访，客户反馈良好。

4. 故障分析

帕萨特 1.4T 车型采用的是高压燃油系统，燃油由低压燃油泵经过燃油滤芯到达高压燃油泵，再由高压燃油泵增压，进入喷油嘴直接喷入燃烧室燃烧。可能的故障原因：高压燃油泵自身故障、低压燃油泵压力不够、燃油滤芯堵塞、高压燃油泵线路故障、燃油泵控制单元故障。

因为该车故障是无法起动，而高压燃油泵出现问题车辆是可以起动的，所以应把诊断思路放在燃油低压端。在诊断过程中，先排查平时容易出现的燃油泵故障、燃油管路故障、燃油压力调节器故障，然后再排查燃油泵控制电路。因为该故障现象是瞬间能够起动，但起动后马上熄火，说明预供油燃油泵控制线路是好的，重点排查燃油泵主控制线路。由于线路在总线束中不易排查，故先检查相关插接器（见图 2-15），再采用跨接的方式找出故障之所在。基本确

---

① 1bar=100kPa。

定故障原因后,通过仔细观察发现,驾驶员侧座椅下通向油泵的线束有破损痕迹,有一根线直接断开,原因是驾驶员频繁调整座椅导致控制线路损坏,控制线束断开位置如图 2-16 所示。

图 2-15　燃油泵插接器位置

图 2-16　燃油泵线束损坏点

(四) 任务工单 (见表 2-4)

表 2-4　起动机运转但不能起动故障作业工单

姓名		班级		学号		组别	
车型		发动机类型		作业单号		日期	
故障现象描述							
诊断仪操作记录	读取故障码						
	测量值读取 1						
	测量值读取 2						
	测量值读取 3						
	测量值读取 4						
	作动器诊断结果记录						
故障原因分析							
检测结果记录	检测项目		标准值		测量值		
故障排除及验证结果							
评语							

任务三　电控汽油发动机起动困难故障诊断与检测

情境导入

客户王先生驾驶一辆帕萨特 1.4T 轿车，行驶里程 98 900 公里。2017 年 12 月 1 日来上汽大众 4S 店做保养时反映自己轿车每天早上起动时起动困难，需要多次起动才能着火，但热车后恢复正常，要求 4S 店技师找出故障原因并维修。作为一名维修技师，请根据所学专业知识和技能完成该项任务。

学习目标

通过学习，应能：

1. 准确判断电控汽油发动机起动困难故障症状；
2. 正确使用诊断设备及相关工具；
3. 熟练查找维修手册及电路图；
4. 弄清故障发生的机理及诊断思路；
5. 灵活运用诊断方法。

（一）知识准备

1. 冷却液温度传感器组成、工作原理及检测方法

（1）冷却液温度传感器的组成，如图 2-17 所示。

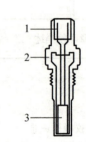

图 2-17　冷却液温度传感器的组成

1—电器接头；2—壳体；3—NTC 电阻

（2）冷却液温度传感器的工作原理。

资源 2-7　冷却液温度传感器组成及检测方法动画

发动机冷却液温度传感器用于检测发动机冷却液的温度，并将温度信号转变成电信号输送给发动机控制模块，作为汽油喷射、点火正时、怠速和尾气排放控制的主要修正信号。按照温度传感器电阻与温度的对应关系（见图 2-18），对于负热敏系数的温度传感器来说，随着温度的上升，传感器的电阻值将下降，传感器两端的电压值也将下降，发动机控制模块就是根据该电压的变化来识别发动机冷却液的温度的。

（3）冷却液温度传感器的控制电路，如图 2-19 所示。

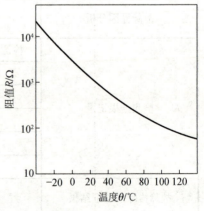

图 2-18　温度与电阻值的对应关系

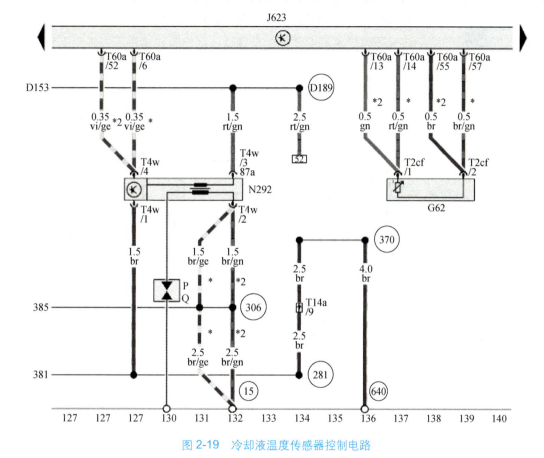

图 2-19 冷却液温度传感器控制电路

G62—冷却液温度传感器；J623—发动机控制单元；T2cf—2 芯插头连接；T60a—60 芯插头连接

(4) 冷却液温度传感器的检测方法。

从发动机上拆卸冷却液温度传感器，选择数字万用表欧姆挡，两表笔分别接传感器 T2cf-1、T2cf-2 针脚，20℃时额定电阻为 2.5×（1±5%）kΩ，其他可由图形特征曲线量出。测量时也可用模拟的方法，即把传感器工作区域放进开水里（注意浸泡的时间要充分），观察传感器电阻的变化，此时电阻值应下降到 300～400Ω（具体数值视开水的温度）。

(5) 冷却液温度传感器在不同状态下的技术标准见表 2-5。

表 2-5 冷却液温度传感器在不同状态下的技术标准

显示的温度	故障
-40℃（-40 ℉）	断路
140℃（280 ℉）或更高	短路
温度在 80℃～100℃（176 ℉～212 ℉）	正常

2. 进气压力传感器的组成、作用及检测方法

进气压力传感器主要包括半导体压敏电阻式进气压力传感器和电容式进气压力传感器两种，本部分主要介绍上汽大众帕萨特 1.4T 发动机半导体压敏电阻式进气压力传感器。

资源 2-8 进气系统工作原理

1) 进气压力传感器的组成（见图 2-20）

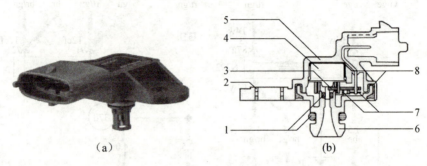

图 2-20 进气压力传感器的组成

（a）实物图； （b）剖面图

1—密封圈；2—不锈钢衬套；3—PCB 板；4—传感元件；5—壳体；6—压力支架；
7—焊接连接；8—黏结剂连接

2) 进气压力传感器的作用

进气压力传感器的作用是检测进气歧管的真空度，并将压力信号转变成电压信号输送给发动机控制模块，作为控制喷油脉冲宽度和点火正时的主要参考信号。

3) 进气压力传感器的控制电路（见图 2-21）

4) 进气压力传感器的检测方法

（1）进气压力传感器信号检测。

测试时，将示波器（或汽车专用万用表）的正极检测探针连接到传感器的信号输出线上，将示波器（或汽车专用万用表）的负极检测探针连接到传感器的搭铁线或发动机的缸体上，如图 2-22 所示。

资源 2-9 空燃比控制方法

利用汽车专用示波器进行动态测试，在不同的发动机转速和负荷条件下，测量传感器的输出电压，观察传感器的信号波形是否满足要求：随着进气歧管压力的上升，传感器的输出电压也越来越高，基本上成线性增长的关系。在通常情况下，传感器的信号电压范围应该从怠速运转时的约 1.25 V，平稳上升到节气门全开时的约 5 V。图 2-23 所示为进气歧管压力传感器的信号波形。

（2）进气压力传感器和发动机控制模块之间的连接电路导通性检测，如图2-24所示。

> **特别提示**
> 当使用万用表欧姆挡测试导线导通性时，必须切断电源。

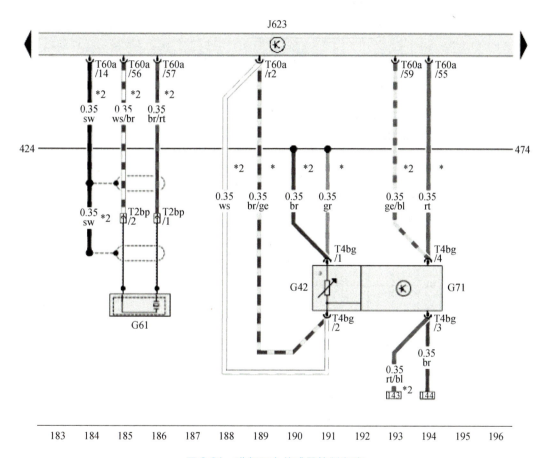

图 2-21　进气压力传感器控制电路

G71—进气管压力传感器；G42—进气温度传感器；J623—发动机控制单元；
T60a—60芯插头连接；T4bg—4芯插头连接

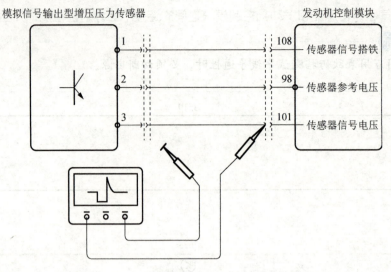

图 2-22　用示波器检测进气压力传感器信号线

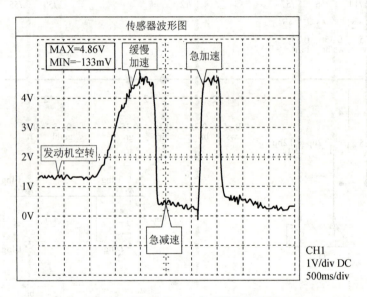

图 2-23　进气歧管压力传感器的信号波形

(3) 进气压力传感器管脚电压检测。

① 在任何工况条件下，该端子电压均应为 0 V，否则进一步检查相关电路或更换发动机控制模块，如图 2-25 所示。

② 在打开点火开关或发动机运转过程中，该端子电压应为 5 V，否则进一步检查相关电路或更换发动机控制模块，如图 2-26 所示。

> **特别提示**
>
> 当使用万用表电压挡测试电路电压时，必须切断电源。

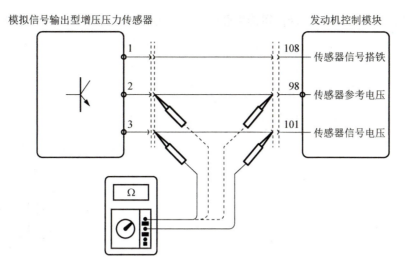

图 2-24 进气压力传感器和发动机控制模块之间的连接电路导通性检测

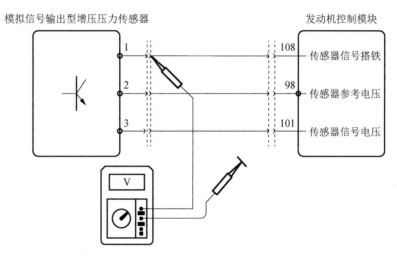

图 2-25 进气压力传感器搭铁线检测

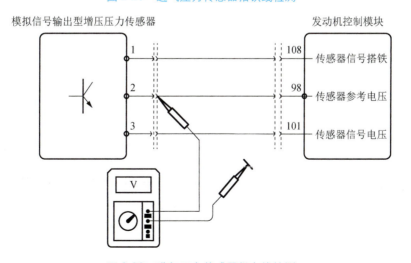

图 2-26 进气压力传感器供电线检测

3. 曲轴位置传感器的组成、作用、工作原理、控制电路及检测方法

大众汽车一般采用磁感应式曲轴位置传感器，安装在曲轴箱内靠近离合器一侧的缸体上，以获得发动机转速信号和曲轴转角位置信号，并将其作为发动机点火和喷油的判缸信号之一。

资源 2-10 转速传感器

1）曲轴位置传感器的组成

由一个磁铁芯和一个线圈组成，如图 2-27 所示。

2）曲轴位置传感器的作用

测量发动机的转速，以及 1、4 缸活塞上止点信号。

3）曲轴位置传感器的工作原理

当曲轴位置传感器随曲轴旋转时，信号转子每转过一个凸齿，传感线圈中就会产生一个周期的交变电动势（即电动势出现一次最大值和一次最小值），传感线圈相应地输出一个交变电压信号。因为信号转子上有一个产生基准信号的大齿缺，所以当大齿缺转过磁头时，其输出信号所占时间较长，即输出信号为一宽脉冲信号，该信号对应于 1 缸或 4 缸压缩上止点前一定角度。传感器产生的信号电压将通过线束直接输入电控单元 ECU，如图 2-28 所示。

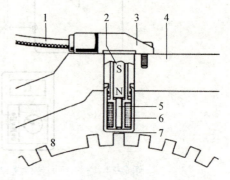

图 2-27 曲轴位置传感器的组成

1—屏蔽的电缆；2—永磁铁；3—传感器外壳；
4—安装支架；5—软磁铁芯；6—线圈；
7—空气间隙；8—带参考记号的齿环

当 ECU 接收到大齿缺信号（即宽脉冲）时，只知道是 1 缸或 4 缸活塞即将到达上止点位置，至于即将到达上止点的是 1 缸活塞还是 4 缸活塞，还要根据凸轮轴位置传感器输入的气缸识别信号进行判定。

在信号转子上有 58 个凸齿，信号转子每转一转（即发动机曲轴每转一圈），传感线圈就会输出 58 个交变电压信号。因此，ECU 内部计数电路每接收到 58 个信号，即可判定发动机曲轴旋转了一转。ECU 根据接收曲轴位置传感器脉冲信号的数量，便能计算出发动机曲轴旋转的转速。

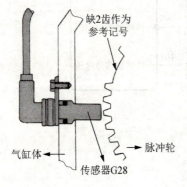
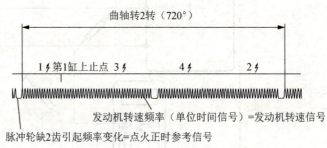

图 2-28 磁感应式曲轴位置传感器的工作原理

发动机转速和进气量信号是燃油喷射控制系统最重要、最基本的控制信号，ECU 根据这两个信号就能计算出基本喷油提前角（喷油时间）、基本点火提前角（点火时间）和点火导通角（点火线圈初级电流接通时间）三个基本控制参数。

曲轴位置传感器信号中断将出现发动机不能起动、发动机熄火及转速表不显示转速等故障。

4) 曲轴位置传感器的控制电路（见图 2-29）

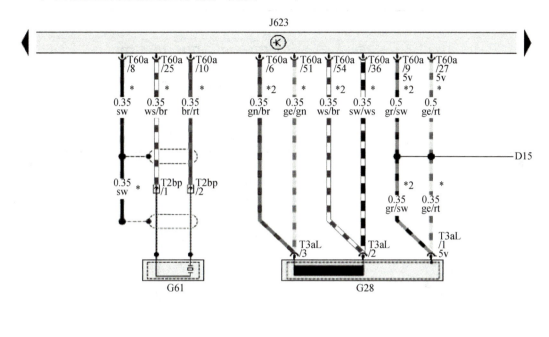

图 2-29　曲轴位置传感器控制电路

G28—曲轴位置传感器；G61—爆震传感器；J519—车载网络控制单元；J623—发动机控制单元；T3aL—3 芯插头连接；T60a—60 芯插头连接

5) 曲轴位置传感器的检测方法

(1) 连接诊断仪，打开点火开关，读取数据流，查看转速信息，若没有转速信息，说明曲轴位置传感器不工作，发动机 ECU 不能确定点火时刻，更不能确定喷油器喷油时刻。

(2) 拆卸曲轴位置传感器，用万用表欧姆挡检查曲轴位置传感器阻值应为标准值，若为无穷大说明曲轴位置传感器损坏。

4. 凸轮轴位置传感器的工作原理、控制电路及检测方法

1) 凸轮轴位置传感器的工作原理

采集配气凸轮轴的位置信号，并输入 ECU，以便 ECU 识别 1 缸活塞的压缩上止点，从而进行顺序喷油控制、点火时刻控制和爆燃控制。此外，凸轮轴位置信号还用于发动机起动时识别出第一次点火时刻。因为凸轮轴位置传感器能够识别哪一个气缸活塞即将到达上止点，所以又称为气缸识别传感器。

2）凸轮轴位置传感器的控制电路（见图2-30）

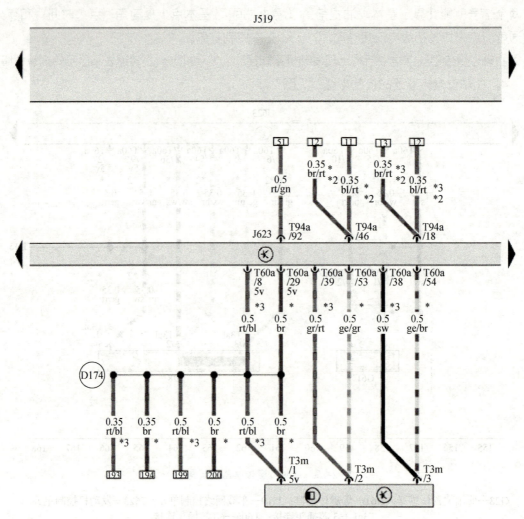

图2-30 凸轮轴位置传感器控制电路

J40—凸轮轴位置传感器；J519—车载网络控制单元；J623—发动机控制单元；
T3m—3芯插头连接；T60a—60芯插头连接

资源2-11 霍尔效应传感器原理

3）凸轮轴位置传感器的检测方法

本部分主要介绍上海大众霍尔效应式凸轮轴位置传感器的检测方法。

（1）凸轮轴位置传感器信号线检测。

把示波器的负极检测探针连接到传感器的搭铁线、发动机缸体或蓄电池的负极接线柱上，把示波器的正极检测探针连接到传感器通往发动机控制模块的信号输出线上，如图2-31所示。

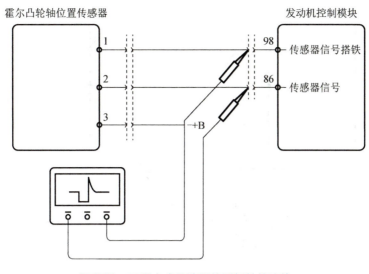

图 2-31 万用表或示波器检测探针的连接

起动发动机,在不同的转速条件下运行发动机,测试传感器的输出信号是否符合技术要求:随着发动机转速的上升,传感器输出信号的频率将越来越大,但信号的振幅基本不变。图 2-32 所示为霍尔式凸轮轴位置传感器的信号波形。

(2) 凸轮轴位置传感器与发动机控制模块之间连接电路的导通性检测如图 2-33 所示。

(3) 凸轮轴位置传感器管脚电压的测试。

① 凸轮轴位置传感器搭铁线检测:在任何工况条件下,该端子电压均为 0V,否则进一步检查相关电路或更换发动机控制模块,如图 2-34 所示。

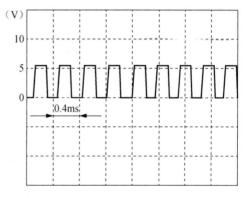

图 2-32 霍尔式凸轮轴位置传感器的信号波形

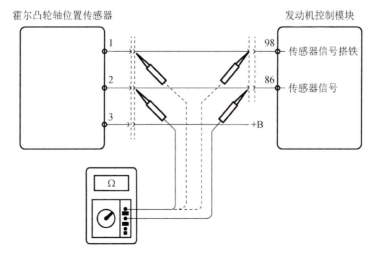

图 2-33 凸轮轴位置传感器与发动机控制模块之间连接电路的导通性检测

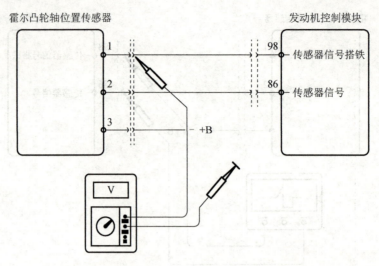

图 2-34 搭铁线检测连接

② 凸轮轴位置传感器搭铁线检测：在打开点火开关或发动机运转过程中，该端子电压应为蓄电池电压，否则进一步检查相关电路，如图 2-35 所示。

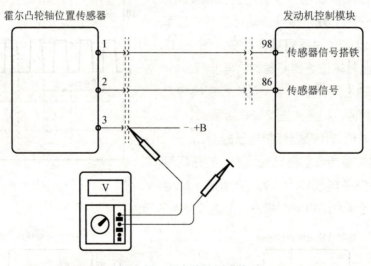

图 2-35 供电线检测连接

5. 气缸压力检测方法及结果分析

1）气缸压力检测方法

（1）检测蓄电池电压及起动机运转正常，发动机运行到正常温度后，关闭点火开关。

（2）切断油泵继电器保险丝，令起动机运转 3～5 次，卸掉燃油管路油压。

（3）拆卸空气滤清器，用火花塞专用工具拆卸全部火花塞，并断开点火控制电路。

（4）把气缸压力表接到火花塞孔上，确保密封。

（5）完全打开节气门。

（6）用起动机带动发动机运转 3～5s，发动机转速应不低于 250r/min，此时若压力表指示值为最大值，则为该缸的压缩压力。

(7) 取下气缸压力表，读数，压力表指针回零。

按上述方法依次测量各缸压力，每缸测量不少于两次。

2) 测量结果分析

(1) 按照 GB 18565—2015《营运车辆综合性能要求和检验方法》的规定，在用汽车发动机各气缸压力应不小于原设计值的 85%，每缸压力与各缸平均压力的差：汽油机应不大于 8%。

(2) 若测量值高于标准值，则说明气缸内积炭过多或者发动机机械部件型号错误造成燃烧室容积发生变化。

(3) 如果测量值低于标准值，则说明气缸密封性下降。

6. 电控发动机起动困难的原因

(1) 蓄电池损坏、电量不足、连接不良等。

(2) 燃油供给系统故障，如燃油压力低、喷油器堵塞等。

(3) 空气供给系统故障，如进气支管漏气等。

(4) 点火系统故障，如点火能力不足等。

(5) 相关电器件损坏，如冷却液温度传感器损坏、空气流量（进气压力）传感器计量错误等。

(6) 配气相位错误，如皮带安装错位等。

(7) 气缸密封不严，压力低，如气缸磨损、气门座磨损和气缸垫破损等。

7. 与故障现象相对应的故障症状（见表 2-6）

表 2-6　起动困难故障症状

故障症状	引起故障部位
发动机运转正常但起动困难	燃油泵本身或其控制电路
	燃油压力调节器
	发动机冷却液温度传感器
	点火系统
	喷油器或喷油器控制线路
	气缸
	进气系统（节气门体）

8. 电控发动机起动困难诊断过程

1) 问诊与试车

向客户王先生询问故障症状，并作记录。进入驾驶舱，打开点火开关并起动车辆，反复起动多次才能着火，跟客户反映故障症状一致，初步确诊为起动困难故障。

2) 蓄电池性能检测、起动机起动能力检测

> **特别提示**
>
> 起动机能力不足是起动困难故障原因之一，通过读取数据流查看发动机转速信息是一个简单有效的方法，通过测试，发动机起动转速为250r/min左右为正常。

3）用诊断仪读取故障码和数据流

（1）读取故障码：若读取的故障码与故障症状相关，应优先考虑按照故障码诊断程序实施。

（2）读取相关数据流：选取相关参数作为参考，对比数据流标准值，查看在不同工况下的参数值是否相符。

（3）执行器测试：对怀疑与症状相关的执行器进行测试，观察其工作情况。

4）起动困难原因分析

确认属于哪种情况：一是冷车起动困难；二是热车后起动困难；三是不受冷热条件影响（任何情况下）起动困难。分析引起起动困难的机理是混合气过稀还是过浓，过稀是哪些因素引起的，过浓又是哪些因素引起的。也可以通过逆向思维，假如某部件损坏或工作不良，可能引起什么故障症状。按照图2-36所示诊断流程实施诊断，基于故障症状和诊断流程逐渐缩小范围。

（1）冷车起动困难。

应重点排查冷却液温度传感器。因为在冷起动工况，冷却液温度传感器所提供的参数是ECU计算喷油量的重要信息。可参考本任务"（一）知识准备"的"1"中"（4）冷却液温度传感器的检测方法"，具体方法略。

（2）热车后起动困难。

热车后起动困难往往是由于某些传感器、执行器损坏或工作不良引起的。

① 进气压力传感器及其控制电路（可参考本任务"（一）知识储备"的"2"中"4）进气压力传感器的检测方法"，具体方法略）。

② 凸轮轴位置传感器及其控制电路（可参考本任务"（一）知识准备"的"4"中"3）凸轮轴位置传感器的检测方法"，具体方法略）。

③ 曲轴位置传感器及其控制电路（可参考本任务"（一）知识准备"的"3"中"5）曲轴位置传感器的检测方法"，具体方法略）。

④ 燃油供给系统检测：燃油压力过高或过低、喷油器堵塞、油泵工作不良等。

⑤ 点火供给系统检测：点火线圈工作不良、火花塞烧蚀或间隙过小等。

⑥ 空气供给系统检测：进气管路漏气、堵塞或空气滤芯过脏等。

（3）不受冷热条件影响起动困难。

应检测气缸压力（参考气缸压力检测方法）、点火正时、发动机控制单元等。

5）故障点确认与验证

（二）诊断思路

首先，准确判断故障症状是汽车故障诊断的基础技能，电控发动机起动困难一般分三种类型，一是发动机在冷车时起动困难；二是在冷车时起动良好，但在热车后起动困难；三是不受冷热情况影响，总是起动困难。以上三种情况有着共同点，即发动机起动时都有着火症状，但需要进行多次发动机才能起动。所以，要充分考虑到发动机起动时的工作环境，并弄清其运行机理。

电控发动机在起动瞬间的喷油控制策略是同时喷油（4个喷油器同时喷油），而当发动机起动后，4个喷油器以顺序喷油方式喷油。起动工况下的喷射量将以发动机的温度、进气管的进气压力为主要参数。因此，发动机在冷车起动困难时，首先要检查冷却液温度传感器及控制线路，若此信息错误，则会影响发动机 ECU 计量喷油量，如喷油量减少将使可燃混合气过稀从而造成冷起动困难；其次冷态下发动机机油流动性差、机油不能迅速供给到气缸表面、气缸密封性变差、起动机起动转速低等原因都会造成冷车起动困难。

发动机起动困难故障诊断思路如图 2-36 所示。

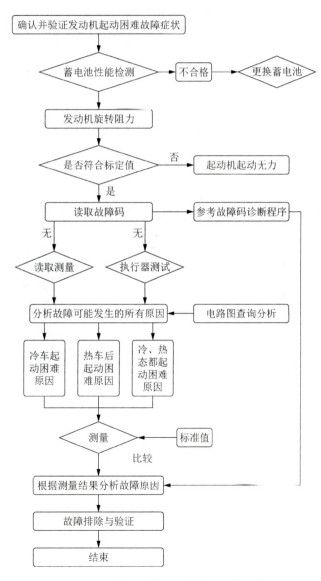

图 2-36　发动机起动困难故障诊断思路

（三）案例分析

1. 情景回顾

客户王先生驾驶一辆帕萨特 1.4T 轿车，行驶里程 98 900 公里。2017 年 12 月 1 日来上汽大众 4S 店做保养时反映自己的轿车每天早上起动困难，需要多次起动才能着火，但热车后恢复正常。

2. 故障现象确认

根据情境导入中的案例来看，客户王先生反映的故障症状是在早上车辆起动困难，并且故障发生的时间是冬季，是典型的冷车起动困难故障。

3. 故障诊断排除

1) 问诊与试车

向客户王先生询问故障症状，进一步了解故障发生的环境、时间、地点等。故障发生时间为 2017 年 12 月，并且是早上起动车辆时起动困难，需要多次起动才能着火，但热车后恢复正常。通过试车验证，故障跟客户反映一致，初步确诊为冷车起动困难故障。

2) 用诊断仪读取故障码

用诊断仪读取故障码为 P0115，即发动机冷却液温度电路故障和氧传感器故障，其中冷却液温度电路故障与故障症状有关，而氧传感器此时处于不工作状态，故暂时不作为排查对象。

读取数据流：诊断仪显示为 –40℃（–40 ℉），如图 2-37 所示。

图 2-37　读取与故障相关数据流

3) 冷却液温度传感器及其控制电路检测

冷却液温度传感器本身检测，经检测，冷却液温度传感器符合其工作特性，正常（参考冷却液温度传感器检测方法）。

冷却液温度传感器控制电路检测：

（1）用诊断仪检测发动机冷却液温度传感器与 J623 之间线束是否短路。

① 断开发动机冷却液温度传感器 G62 连接器，连接发动机冷却液温度传感器端子 T2cf-1 和 T2cf-2。

② 将点火开关置于"ON"位置并开启诊断仪，进入菜单选项，读取诊断仪显示值，在

140℃（284 ℉）或更高为正常。

（2）用诊断仪对 J623 与冷却液温度传感器线束短路故障进行检查。

① 断开发动机冷却液温度传感器插接器。

② 将点火开关置于"ON"位置并开启诊断仪，进入菜单选项，读取诊断仪显示值，在 −40℃（−40 ℉）为正常。

（3）冷却液温度传感器搭铁线检查。

① 分别断开冷却液温度传感器插接器和 J623 插接器。

② 用万用表检测冷却液温度传感器端子 T2cf-2 或 J623 的 T60/57 与车身搭铁间的阻值应为 10Ω 或更大为正常，如图 2-38 所示。

（4）用万用表检测冷却液温度传感器与 J623 之间线束的阻值。

① 分别断开冷却液温度传感器插接器和 J623 插接器。

② 用万用表检测冷却液温度传感器 T2cf-2 与 J623 的 T60/57 端子的阻值应小于 1Ω，如图 2-39 所示。

③ 用万用表检测冷却液温度传感器 T2cf-1 与 J623 的 T60/14 端子的阻值应小于 1Ω，但实测结果冷却液温度传感器 T2cf-1 与 J623 的 T60/14 端子的阻值为无穷大，说明故障点为此线路断路。

④ 重新安装冷却液温度传感器插接器和 J623 插接器，用备用导线跨接冷却液温度传感器端子 T2cf-1 与 J623 的 T60/14 端子。打开点火开关，开启诊断仪并进入选项菜单，清除故障码，再读取，发现没有故障码。

⑤ 试车：起动车辆正常，故障已排除。

图 2-38　冷却液温度传感器与 J623 插接器搭铁检查

图 2-39　冷却液温度传感器与 J623 之间阻值的检测

4. 故障分析（见表 2-7）

表 2-7　故障分析

端子定义	标定值		测量值		故障特征
工作状态	断开点火开关	打开点火开关至点火挡位	断开点火开关	打开点火开关至点火挡位	
温度传感器阻值（20℃）	20℃		20℃		正常

续表

端子定义	标定值		测量值		故障特征
工作状态	断开点火开关	打开点火开关至点火挡位	断开点火开关	打开点火开关至点火挡位	
T2cf-2 搭铁	10Ω		10Ω		正常
T2cf-2 与 J623 的 T60/57 端阻值	<1Ω		<1Ω		正常
T2cf-1 与 J623 的 T60/14 端阻值	<1Ω		无穷大		不正常

参考表 2-7 的检测数据分析如下：该案例故障症状为发动机冷车起动困难，读取故障码与数据流显示该车起动能力良好，但诊断仪显示的故障码为 P0115、数据流为 -40℃（-40°F），与故障症状表有一致性，说明有可能为冷却液温度传感器电路故障，根据故障码优先的原则应按照诊断程序检测。分别对传感器本身、传感器控制线路进行检测，经过对测量参数的分析，T2cf-1 与 J623 的 T60/14 端阻值的测量值为无穷大，与标准值不符，说明该线路有故障，通过将线路跨接，故障码消失。

（四）任务工单（见表 2-8）

表 2-8 电控发动机起动困难故障检测与诊断作业工单

姓名		班级		学号		组别	
车型		发动机类型		作业单号		日期	
故障现象描述							
诊断仪操作记录		读取故障码					
		测量值读取 1					
		测量值读取 2					
		测量值读取 3					
		测量值读取 4					
		作动器诊断结果记录					
故障原因分析							
检测结果记录		检测项目		标准值		测量值	
故障排除及验证结果							
评语							

考核与评价

(一) 理论考核

1. 单选题

1) 蓄电池壳体破损、漏液应（　　）。
   A. 添加后继续使用　　　　　　　　B. 更换新蓄电池
   C. 无关紧要，继续使用

2) 发动机不能起动、起动机不运转，可能的原因是（　　）。
   A. 点火系统故障　　　　　　　　B. 曲轴位置传感器损坏
   C. 起动信号线断开

3) 电控发动机不能起动、起动机不运转的原因不包括（　　）。
   A. 起动机本身故障　　　　　　　　B. 控制线路断路故障
   C. 曲轴位置传感器故障

4) 在燃油泵中用于维持残余压力的装置是（　　）。
   A. 安全阀　　　　　　　　　　　　B. 单向阀（止回阀）
   C. 燃油压力调节器

5) 以下不是影响发动机起动系统性能好坏的因素的是（　　）。
   A. 起动电流和起动转速　　　　　　B. 蓄电池起动电压
   C. 发动机动力不足

6) 在发动机控制系统中，用于判断1缸压缩上止点位置的传感器是（　　）。
   A. 氧传感器　　　　　　　　　　　B. 空气流量传感器
   C. 凸轮轴位置传感器

7) 关于电控发动机起动困难的原因，以下说法正确的是（　　）。
   A. 水温传感器故障　　　　　　　　B. 进气压力传感器故障
   C. 都有可能

8) 当检测电控发动机的供油系统时，发现油压偏低，以下不会导致这个问题的是（　　）。
   A. 燃油泵电压低　　　　　　　　　B. 燃油滤清器堵塞
   C. 油压调节器真空管路漏气

9) 汽油发动机的基本喷油量主要是根据下列哪些信号确定的？（　　）
   A. 水温传感器　　　　　　　　　　B. 节气门位置传感器
   C. 空气流量计

10) 曲轴皮带轮信号齿轮的缺齿位置可以起到什么作用？（　　）
    A. 提供曲轴转角信号　　　　　　　B. 提供凸轮轴位置传感器信号
    C. 提供1缸上止点信号

2. 判断题

1）发动机起动系统性能的好坏，主要取决于起动电流、蓄电池起动电压及起动系统其他零部件的技术状态，与起动转速关系不大。（　）

2）起动不运转的故障原因有可能是起动继电器损坏。（　）

3）曲轴位置传感器有确定 1 缸压缩上止点位置的作用。（　）

4）燃油泵的泵油量不足会影响发动机的起动性能。（　）

5）燃油泵止回阀泄漏会导致发动机燃油喷射系统运行时燃油压力过低。（　）

6）电控发动机氧传感器损坏，将造成起动困难。（　）

7）点火系统性能不良会造成起动困难。（　）

8）发动机起动时，发动机 ECU 按其存储的初始点火提前角对点火提前角进行控制。（　）

9）如果某个缸的气缸压力不足、喷油雾化不良或点火不良等，都将导致发动机失火。（　）

10）凸轮轴位置传感器可作为判缸信号传感器。（　）

3. 简答题

1）简述发动机不能起动、起动机不运转的故障原因及诊断思路。

2）简述发动机起动困难的原因及诊断思路。

（二）技能考核

1. 起动控制系统故障诊断作业评分表（见表 2-9）

表 2-9　起动控制系统故障诊断作业评分表

基本信息	姓名		学号		班级		组别	
	规定时间	50min	完成时间		考核日期		总评成绩	

	序号	步骤	评分标准	标准分	得分
任务工单	1	前期准备	叶子板布、三件套、尾排等防护措施，每缺少一项扣1分	5	
	2	读取故障码	不打开点火开关扣 5 分；连接诊断仪诊断线操作错误扣 5 分；进入路径选择错误扣 5 分；未执行删除再读取故障码扣 5 分；不能正确选择与故障现象相关的故障码扣 5 分	15	
	3	读取数据流	不打开点火开关扣 5 分；不能正确选择相关数据流每项扣 5 分；数据流读取错误扣 5 分	15	
	4	端子 50 测量	不打开点火开关扣 5 分；测量方法每错一次扣 5 分	10	
	5	电路图分析	不能准确识读电路图，每错一处扣 5 分；分析原理错误每处扣 5 分	15	
	6	起动继电器检测	检测方法错误每次扣 5 分	10	
	7	继电器控制电路检测	控制线路导通性检查及供电、接地线检测，每次错误扣 5 分	15	
	8	故障验证与恢复	未实施故障验证扣 5 分；验证错误扣 5 分；故障未恢复扣 5 分；故障点确认错误扣 5 分	5	
安全操作			1. 着工装 2 分，衣服和工作鞋各占 2 分； 2. 违反操作规程每次扣 4 分，扣完为止； 3. 操作过程中出现人身伤害或工具损坏扣 5 分	10	

评语：

2. 起动机运转但发动机不能起动故障诊断作业评分表（见表2-10）

表2-10　起动机运转但发动机不能起动故障诊断作业评分表

基本信息	姓名		学号		班级		组别	
	规定时间	50min	完成时间		考核日期		总评成绩	
	序号	步骤	评分标准				标准分	得分
任务工单	1	操作前准备	叶子板布、三件套、尾排等防护措施，每缺少一项扣1分				5	
	2	读取故障码	不打开点火开关扣5分；连接诊断仪诊断线操作错误扣5分；进入路径选择错误扣5分；未执行删除再读取故障码扣5分；不能正确选择与故障现象相关的故障码扣5分				15	
	3	读取数据流	不打开点火开关扣5分；不能正确选择相关数据流每项扣5分；数据流读取错误扣5分				15	
	4	执行器测试	不打开点火开关扣5分；测量方法每错一次扣5分；每漏掉一项扣5分				10	
	5	电路图分析	不能准确识读电路图，每错一次扣5分；分析原理错误每处扣5分				15	
	6	燃油供给系统检测	燃油压力、燃油泵及控制电路检测，缺少一项扣5分；检测方法错误每次扣5分				10	
	7	点火系统检测	点火线圈检测、控制线路检测及供电和接地线检测，每次错误扣5分				10	
	8	故障验证与恢复	未实施故障验证扣5分；验证错误扣5分；故障未恢复扣5分；故障点确认错误扣5分				10	
安全操作			1. 着工装2分，衣服和工作鞋各占2分； 2. 违反操作规程每次扣4分，扣完为止； 3. 操作过程中出现人身伤害或工具损坏扣5分				10	

评语：

3．电控发动机起动困难故障诊断技能考核评价表（见表 2-11）

表 2-11　电控发动机起动困难故障诊断技能考核评价表

基本信息	姓名		学号		班级		组别	
	规定时间	50min	完成时间		考核日期		总评成绩	
任务工单	序号	步骤	评分标准				标准分	得分
	1	操作前准备	叶子板布、三件套、尾排等防护措施每缺少一项扣 1 分				5	
	2	读取故障码、数据流	不打开点火开关扣 5 分；连接诊断仪诊断线操作错误扣 5 分；进入路径选择错误扣 5 分；未执行删除再读取故障码扣 5 分；不能正确选择与故障现象相关的故障码扣 5 分；数据流读取错误扣 5 分				20	
	3	电路图分析	不能准确识读电路图，每错一次扣 5 分；分析原理错误每处扣 5 分				15	
	4	燃油供给系统检测	燃油压力、燃油泵及控制电路检测，缺少一项扣 5 分；检测方法错误每次扣 5 分				10	
	5	点火系统检测	点火线圈及控制电路检测、火花塞检测、控制线路导通性检测、供电和接地线检测，每次错误扣 5 分				10	
	6	相关传感器	传感器及其控制电路，检测方法错误每次扣 5 分				15	
	7	故障验证与恢复	未实施故障验证扣 5 分；验证错误扣 5 分；故障未恢复扣 5 分；故障点确认错误扣 5 分				15	
安全操作			1. 着工装 2 分，衣服和工作鞋各占 2 分； 2. 违反操作规程每次扣 4 分，扣完为止； 3. 操作过程中出现人身伤害或工具损坏扣 5 分				10	
评语：								

项目二　电控汽油发动机运转不良故障诊断与检测

对于电控发动机而言，运转不良是常见的一类故障，主要包括怠速不良和加速不良两种，发动机运转不良故障将严重影响汽车的使用体验和使用性能。因此，掌握发动机运转不良故障的检修方法是每个维修人员的必备技能。下面就以怠速不稳和加速不良两个典型故障为例解析发动机运转不良故障的诊断流程。

任务一　电控汽油发动机怠速不稳故障诊断与检测

一辆 2012 年新帕萨特轿车装备 1.4L CFB 增压发动机，行驶里程为 62 165 公里，车主反映车辆的故障为怠速不稳，开空调后故障现象更加严重。用诊断仪对车辆进行诊断，发现 3 缸有不发火记录。

通过学习，应能：
1. 结合实车状况，判断车辆的怠速控制是否正常；
2. 说出电控汽油机怠速控制的基本原理；
3. 合理地选用检测设备与方法制订发动机怠速不良故障的检测计划；
4. 正确地记录与分析各种检测结果并做出故障判断。

（一）知识准备

怠速是指发动机在无负荷状态下的最低稳定转速。怠速不良是发动机的最常见故障之一，故障形式一般有以下几种，怠速过低、怠速不稳并且抖动、怠速过高等。

导致发动机怠速不稳的原因有很多，大致可分为以下几种情况：
（1）怠速控制不良（电子节气门及线路故障或节气门过脏）。
（2）点火系统工作不良（个别缸不点火或点火不良、点火正时不正确）。
（3）喷油器工作不良（个别缸不喷油或喷油不良）。
（4）相关传感器或控制单元工作不良。

(5) 发动机机械故障（各缸压力不均匀、配气正时不正确）。

(6) 进气歧管漏气（真空管漏气及EGR、燃油蒸发排放控制系统工作不正常）。

(7) 其他（燃油质量差、进气不畅等）。

要解决案例中新帕萨特轿车怠速不稳的问题，首先来了解一下电控汽油机怠速控制系统以及点火系统的工作原理。

1. 发动机怠速控制原理

怠速控制主要是通过控制怠速时发动机的进气量来实现的。怠速控制系统主要由各种传感器、信号开关、ECU以及怠速控制电动机等组成，通常有旁通道式怠速控制系统与节气门直动式怠速控制系统两种。目前主要采用的是节气门直动式怠速控制系统（见图2-40），即ECU通过接收各种传感器、开关的输入信号控制节气门开度步进电动机直接改变节气门开度来实现怠速转速的控制。

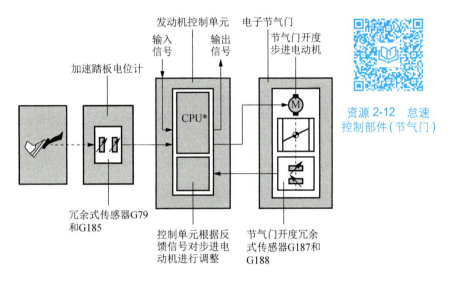

图2-40 节气门直动式怠速控制系统

当怠速负荷增大时，ECU控制节气门开度增大，从而提高怠速转速，防止发动机运转不稳或者熄火；当怠速负荷减小时，ECU控制节气门开度减小，以避免怠速转速过高。

目标怠速转速的控制主要由下列因素决定：

(1) 节气门位置传感器的信号，主要判断是否处于怠速控制位置。

(2) 冷却液温度传感器的信号，在发动机暖机工况实行怠速过渡缓冲控制。

(3) 在怠速工况下收到空挡开关、空调开关以及动力转向开关的信号，需要实行额外负荷控制。

(4) 目标怠速转速同时还会受到蓄电池电压、车速和发动机进气量等方面的影响。

怠速转速的控制过程如图2-41所示。

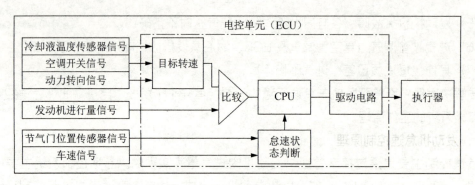

图 2-41 怠速转速控制过程

2. 发动机电控点火系统工作原理

新帕萨特车型采用的是无分电器式单缸独立电控点火系统,下面我们来了解一下该点火系统的工作原理。

1) 点火系统介绍

汽油机在压缩接近上止点时,可燃混合气是由火花塞点燃的,从而燃烧对外做功。为此,汽油机的燃烧室中都装有火花塞。能够在火花塞两电极间产生电火花的全部设备称为发动机点火系统。因为柴油机为压燃式,所以在柴油机上并无点火系统。

点火系统的功用就是按照气缸的工作顺序定时地在火花塞两电极间产生足够能量的电火花。

点火系统的工作要求:

(1) 在火花塞两电极间产生足够高的次级电压。

(2) 火花应具有一定的能量。

(3) 在任何工况下,均能获得最佳点火提前角。

汽车发动机的点火系统同汽车上的其他电器设备一样采用单线制连接,即一端搭铁。无论是正极搭铁还是负极搭铁,均应保证点火瞬间火花塞中心电极为负,因为热的金属表面比冷的金属表面容易发射电子。发动机工作时,火花塞的中心电极较侧电极温度高,而电子是由负极向正极移动的。

2) 点火系统的工作原理

如图 2-42 所示,发动机电脑控制的点火系统由发动机电脑中的微处理器根据曲轴转角传感器的信号确定点火时刻,因而它没有断电器,只有分电器,即根据发动机电脑送来的信号直接控制点火线圈初级电路的通断。

无分电器点火系统是当前最先进的点火系统,曲轴传感器送来的不仅有点火时刻信号,而且还有气缸识别信号,从而使点火系统能向指定的气缸在指定的时刻送去点火信号,这就要求每缸都配有独立的点火线圈。

无触点点火系统能使用低阻抗电感线圈,从而大幅度提高初级电流,使次级电压高达 30kV 以上,增强点火能量,以提高点燃稀混合气的能力,在改善燃料经济性的同时也降低了排气污染。无分电器点火系统完全是电子器件而无机械运动部件，彻底解决了凸轮和轴承磨损以及触点烧蚀间隙失调而引起的一系列故障。

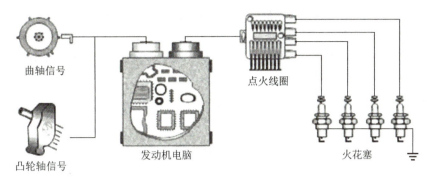

图 2-42　点火系统的原理

新帕萨特轿车采用的是单缸独立点火系统，控制电路如图 2-43 所示：每个缸有一个独立的点火线圈与火花塞相连，点火线圈插头共有四个端子，分别是次级线圈的搭铁端子以及初级线圈的供电、搭铁、信号端子；由发动机控制单元直接控制单个点火线圈的工作，从而控制点火。

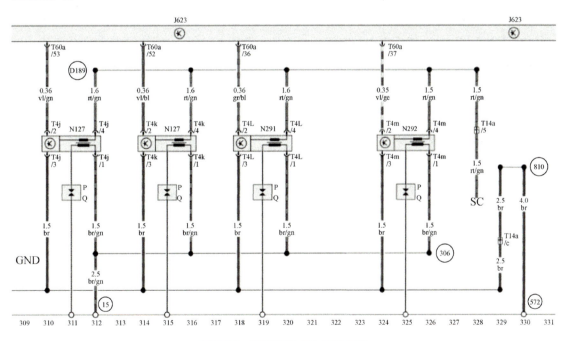

图 2-43　新帕萨特点火系统电路

3. 发动机电控点火系统的检测

下面我们来详细了解点火系统的诊断与检测方法。

1）电控点火系统故障诊断基本程序

（1）问询。

向车主询问故障发生的时间、征兆、条件、过程

资源 2-13　点火系统的检测 1

资源 2-14　点火系统的检测 2

及是否已检修过、动过什么部位等。

(2) 外部检查。

系统各部机件是否齐全，线路连接器及配线是否有松动、脱接，电线有无接错。

(3) 起动机转速正常。

按常见故障的诊断方法来诊断是低压电路故障、高压电路故障还是点火正时失准。

2）汽油机电控点火系统检修注意事项

(1) 在发动机起动和运转时，不要用手触摸点火线圈以及高压导线、分电器等，以免被高压电电击。

(2) 在高压试火时，应用绝缘橡胶夹夹住高压线，不要直接用手接触高压导线，否则易造成电击。

(3) 当用逐缸断火法来检验各缸的工作情况时，应先将断火缸高压线端搭铁，即用短路法而不是用开路法断火，否则会产生次级高电压而烧坏电路。

(4) 点火正时对发动机工作正常与否影响很大，因此，发动机工作不良，或发动机拆修后，不要忽视对点火正时的检查。

(5) 在检查点火信号发生器（曲轴位置传感器）时应注意以下几点：对于磁感应式点火信号发生器，在打开分电器盖时，注意不要让垫片、螺钉之类的金属掉入其内；检查导磁转子与定子之间气隙时，要用无磁性塞规，并注意不要硬塞强拉；对于光电式点火信号发生器（传感器），不要轻易打开分电器盖，在确定需要打开检查时，要防止尘土进入其内。

(6) 当采用蓄电池模拟点火信号检查电子点火器时，测量动作要快，蓄电池连接的持续时间一般不要超过 5s。

(7) 拆卸或安装电路部件之前，应先关闭点火开关或拆下蓄电池的负极搭铁线。

(8) 在车上进行电焊作业时，应先拆去蓄电池的搭铁线和电控单元的连接器。

(9) 使用快速充电设备对蓄电池进行充电时，必须从汽车上拆下蓄电池上的 "+" "-" 接线柱电缆。

(10) 清洗发动机时，必须关闭点火开关。

3）点火电压的检查

(1) 如图 2-44 所示，用示波器测试次级电路的波形，波形中的最高线电压值即为火花塞的点火电压。火花塞的点火电压直接影响到发动机的工作状况，点火电压的高低与火花塞或次级电路的状况、发动机温度、可燃混合气状况及气缸压缩压力等很多因素有关。在测试和检查火花塞的点火电压时，要求：

① 点火电压的大小应该为 7～13kV。

② 各个气缸火花塞的点火电压之间的差值不超过 3kV。

(2) 如果一个或者多个气缸的点火电压不一致，偏低或者偏高，可参考表 2-12，找出可能的原因和修理方法。

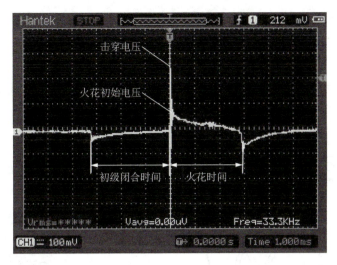

图 2-44 点火电压

表 2-12 点火电压不正常故障的原因和修理方法

故障现象	可能原因	修理方法
各缸点火电压相同但高于正常值	点火正时延迟	保持正确的点火正时
	混合气太稀	检查进气歧管是否有泄漏
	点火线圈的电阻小	更换点火线圈导线
各缸点火电压相同但低于正常值	混合气太浓	检查空气滤清器是否堵塞
	点火线圈或导线裂纹引起电弧	更换点火线圈或导线
	点火线圈输出电压低	更换点火线圈
	发动机气缸压缩压力低	确定原因并修复
个别缸的点火电压高	火花塞导线的电阻大	更换火花塞导线
	进气歧管有泄漏	修理泄漏
	火花塞间隙过大	调整间隙或更换火花塞

4) 点火正时的检查

(1) 检测点火正时的仪器。

① 点火正时仪,如图 2-45 所示。

② 发动机综合测试仪,如图 2-46 所示。

(2) 利用点火正时仪测量点火提前角,如图 2-47 所示。

(3) 点火正时仪的使用方法。

① 擦拭飞轮或曲轴传动带盘上 1 缸压缩终了上止点标记,用粉笔或油漆将标记描白。

② 接上正时仪(灯)电源,再将传感器夹持在 1 缸高压线或信号线上。

③ 使发动机在怠速下稳定运转,打开正时灯并对准飞轮壳或机体前端面上的固定指针标记。

④ 调正时灯电位器，使飞轮或曲轴传动带盘上的标记逐渐与固定指针对齐，此时表头的读数即为发动机怠速运转时的点火提前角。

用同样的方法可分别测出不同工况时的点火提前角。

若测出的点火提前角符合规定，则说明初始点火提前角正确。不同类型的发动机有不同的点火提前角。

图 2-45　点火正时仪　　　　　　　图 2-46　发动机综合测试仪

1—正时仪；2—点火脉冲传感器；3—电源夹；4—电位器旋钮

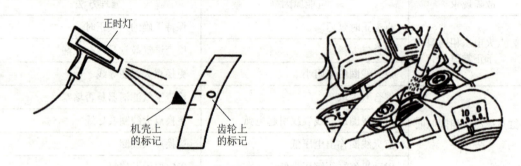

图 2-47　利用点火正时仪测量点火提前角

(4) 利用汽车故障诊断仪读取点火提前角，如图 2-48 所示。

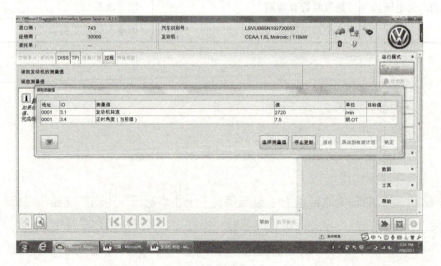

图 2-48　用诊断仪读取点火提前角

（二）诊断思路

根据汽车故障诊断与检测原则，确定发动机怠速不稳的故障诊断流程，如图 2-49 所示。

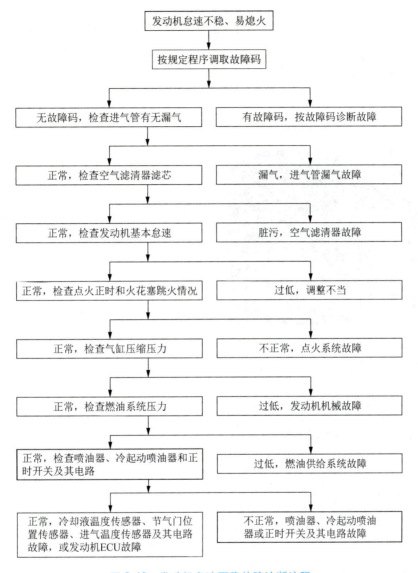

图 2-49　发动机怠速不稳故障诊断流程

（三）案例分析

1. 情境回顾

一辆 2012 年新帕萨特车装备 1.4L CFB 增压发动机，行驶里程为 62 165 公里，车主反映车辆的故障为怠速不稳，开空调后故障现象更加严重。车主将车开到 4S 店，服务顾问初步判断为部分气缸工作不良故障，请你作进一步的故障确认并排除故障。

2. 故障现象确认

起动发动机，怠速抖动，开启空调后抖动更加严重，发动机转速高于 2 500r/min 时恢复正常。使用诊断仪读取车辆的故障码，系统内存储有 3 缸失火的故障码。

3. 故障诊断排除

确定故障现象后按照图2-50的流程检查诊断。因系统内存储有3缸失火的故障码，故首先怀疑是由于点火系统工作不良导致的怠速抖动。

首先通过诊断仪读取点火正时的相关数据流。点火提前角的控制值没有问题，可以随发动机转速和负荷的变化改变。然后对火花塞进行拆检，如图2-50所示，发现3缸火花塞与其他缸比较有更多的积炭。

更换火花塞并将各缸的点火线圈调换，清除故障码后试车，发现怠速抖动的现象有所改善，但故障码并没有转移，仍然报3缸失火。

图2-50　3缸火花塞燃烧情况

考虑到失火故障码的生成机理并非一定是点火系统的故障，于是决定测量四个缸的气缸压力，查看是否是因为气缸压力不足导致的失火。如图2-51所示，通过查阅维修手册，发现测得的气缸压力都在正常范围内，气缸之间的压力差值也在正常范围内，故排除气缸压力的原因。通过诊断仪读取怠速时高压燃油压力的数据流，油压为32.7bar，也正常。

下一步仍然将检查重点放到点火系统上，如图2-52所示，对3缸点火线圈的接线进行检查。

拔下3缸点火线圈的插头后，发现线束端插头的端子1触点有氧化的情况（见图2-52圆圈所圈处）。对氧化端子处理后装复，清除故障码后试车，发现故障排除，一周后对客户进行回访，故障没有再次出现。

4. 故障分析

此故障是典型的由于单缸点火不良导致的怠速不稳，故障点比较特殊，是点火线圈线束端的搭铁端子氧化导致的点火线圈搭铁不良，从而引起的单缸点火不良。在处理此种故障时，可先根据故障码或采用单缸断火法判断做功不良的气缸，然后从点火、供油、气缸压力等方面入手。在对点火系统进行检查时，可将火花塞与点火线圈在不同气缸间互换，看故障码是否转移，从而进一步确定故障部件。

图2-51　气缸压力测量结果

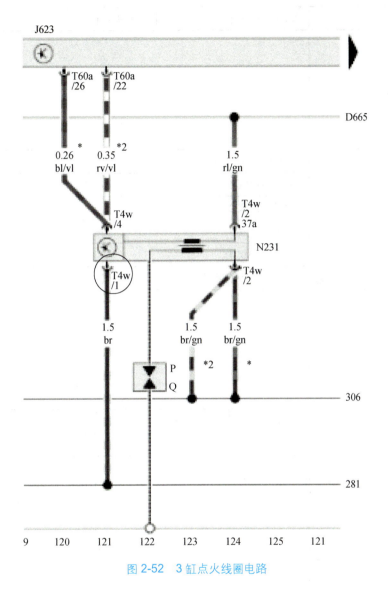

图 2-52 3 缸点火线圈电路

(四)任务工单(见表2-13)

表2-13 发动机怠速不稳故障检修工单

姓名		班级		学号		组别	
车型		发动机类型		作业单号		日期	
故障现象描述							
诊断仪操作记录	读取故障码						
	测量值读取1						
	测量值读取2						
	测量值读取3						
	测量值读取4						
	作动器诊断结果记录						
故障原因分析							
检测结果记录	检测项目		标准值		测量值		
故障排除及验证结果							

任务二　电控汽油发动机加速不良故障诊断与检测

一辆 2013 年新帕萨特轿车，装备 1.4L CFB 涡轮增压发动机，行驶里程为 58 732 公里，车主反映车辆在行驶时，加速不畅，动力不足，跑不了高速；油耗增加，发动机声音变大，发动机故障灯亮。接车后用诊断仪对车辆进行诊断，故障码为：00564，即增压压力控制超出控制极限 / 静态。

通过学习，应能：

1. 结合实车状况，验证车辆的动力性是否正常；
2. 说出电控汽油机涡轮增压系统的基本原理；
3. 合理地选用检测设备与方法制订发动机加速不良故障的检测计划；
4. 正确地记录与分析各种检测结果并做出故障判断。

（一）知识准备

加速性能是评价发动机动力性能最重要的指标，加速不良是发动机的常见故障之一。加速不良指发动机加不上油，故障现象是踩下加速踏板后，发动机转速不能马上升高，有迟滞现象，有时加速会引起发动机抖动、"回火"和"放炮"，甚至熄火等现象。造成发动机加速不良的原因主要有：

（1）高压火花过弱或点火不准时。包括中央高压线跳火过弱、高压分线火花过弱、点火线圈或点火器工作不良、点火提前角过大、点火提前角过小等。

（2）可燃混合气不符合要求。包括可燃混合气过稀、可燃混合气过浓、喷油雾化不良、进入气缸的可燃混合气数量不足、可燃混合气燃烧不正常。

（3）气缸压力不足。

（4）真空管道泄漏。

（5）排气管堵塞。

（6）配气相位异常。

（7）发动机自身的机械损失过大。例如活塞与气缸配合过紧、曲轴箱机油过稠及进气门积炭、漏气等。

（8）废气再循环阀不能关闭或不能正常工作。

（9）增压发动机的增压器工作不正常导致进气压力不够。

（10）发动机电控系统的相关传感器故障，导致控制单元收到错误信号。

结合案例中帕萨特轿车的故障情况，首先了解一下汽车加速以及涡轮增压的工作原理。

1. 发动机加速的原理

图2-53所示为发动机加速的原理,加速踏板接收到驾驶员的加速意愿,加速踏板位置传感器将加速信号传给发动机ECU,发动机ECU控制电子节气门打开更大的开度,通过节气门进入更多的新鲜空气,空气流量计检测到更多的空气流量,将进气信号发送给ECU,ECU喷入更多的燃油,组成更浓的混合气,发动机做功增加,转速上升,而气缸产生更大的真空度,吸入更多的空气,反复如此,发动机转速不断提高,产生加速度。

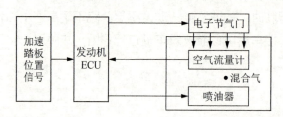

图2-53 发动机加速的原理

2. 涡轮增压系统工作原理

新帕萨特1.4T车型采用的是涡轮增压发动机,下面我们来了解一下涡轮增压系统的工作原理。

废气涡轮增压器是增压空气系统的重要部件,其主要由涡轮机和压气机等构成,如图2-54所示。其功用是将发动机排出的废气引入涡轮机,利用废气的能量推动涡轮机旋转,由此驱动与涡轮同轴的压气机实现增压。涡轮机进气口与发动机排气歧管相连,排气口则接在排气管上;压气机进气口与空气滤清器相连,排气口则接在进气歧管上。

资源2-15 涡轮增压系统

资源2-16 增压控制电磁阀

图2-54 涡轮增压器结构

1—用于限制增压压力的电磁阀N75;2—增压机的循环空气阀N249;3—谐振消声器;4—压力箱

排气歧管和涡轮增压器组成一个单元,维修非常方便,它通过一个夹紧法兰被安装在气缸盖上。

涡轮增压器是用水进行冷却及用油进行润滑的。增压机包括电磁阀门N75，它是用来限制增压压力的，还有相应的过压阀以及循环空气阀N249。它拥有一个装在增压器压力接管出口处的谐振消声器，谐振消声器的存在能够减小由于压力脉冲而产生的噪声。

从发动机排气歧管排出的是高温高压的废气，具有一定的能量。在自然吸气发动机中，这部分能量往往随着废气的排放而白白浪费，而废气涡轮增压器的动力来源主要就是这些废气。涡轮机叶轮与压气机叶轮通过增压器轴刚性连接，这部分称作增压器转子。增压器转子通过浮动轴承（转子高速旋转时可保证摩擦阻力矩较小）固定在增压器中。发动机工作时，排出的废气以一定角度高速冲击涡轮机叶轮，使增压器转子高速旋转（最高可达20 000r/min）。压气机叶轮的高速旋转使得发动机进气歧管内的气压升高，达到增压效果。如此，在进气过程中，空气会受到较大的压力，从而使更多的、密度更大的空气进入气缸，其工作原理如图2-55所示。这样，燃油就可以更加充分的燃烧，以提高了发动机的动力性。

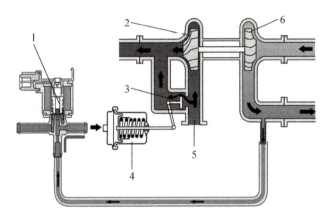

图2-55 涡轮增压器工作原理

1—电磁阀N75；2—涡轮转子；3—旁通阀；
4—压力调节单元；5—废气；6—压气机叶轮

增压压力限制电磁阀（N75）上有3个管口A、B、C，通过橡胶软管分别与增压器压气机出口、增压压力调节单元及低压进气管（压气机入口）相连接。发动机控制单元根据需要以占空比方式给增压压力限制电磁阀通电，改变加在增压压力调节单元膜片阀上的气压，以调节增压压力。在中低速、小负荷时，增压压力限制电磁阀的A端与B端连通，允许增压压力调节单元自动调节增压压力；在加速或高速、大负荷时，该电磁阀由发动机控制单元以占空比的方式供电，低压通气端与另两端连通，使加在增压压力调节单元膜片阀上的压力下降，废气旁通阀开度减小，增压压力提高，且占空比越大，增压压力越高。

（二）诊断思路

根据汽车故障诊断与检测原则，确定发动机加速不良的故障诊断流程，如图2-56所示。

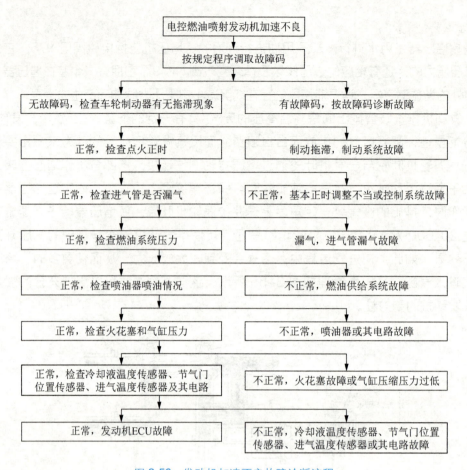

图 2-56　发动机加速不良故障诊断流程

（三）案例分析

1. 情景回顾

一辆 2013 年新帕萨特轿车，装备 1.4L CFB 涡轮增压发动机，行驶里程为 58 732 公里，车主反映车辆在行驶时，加速不畅，动力不足，跑不了高速；油耗增加，发动机声音变大，发动机故障灯亮。

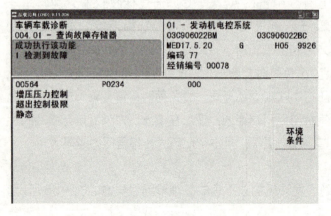

图 2-57　诊断故障码

2. 故障确认

起动发动机，怠速正常，空踩加速踏板，转速上升正常，路试时发现车辆加速无力，有顿挫，最高车速只能达到 80km/h。使用诊断仪读取车辆的故障码，如图 2-57 所示，故障码为：00564，即增压压力控制超出控制极限 / 静态。

3. 故障诊断排除

确定故障现象后按照图 2-56 所

示的流程检查诊断。从故障码内容分析，该车应该是增压压力出了问题，有可能由以下的一些因素引起：

（1）增压器自身故障。

（2）压力传感器故障。

（3）增压压力限制电磁阀 N75 自身故障。

（4）真空管路故障（漏气）。

（5）相关线路故障。

（6）发动机控制单元故障。

对于涡轮增压系统的诊断，我们主要从两个方面来进行，一是从外围对可能的故障部位目测检查，查看真空管路及测量相关的线路及插头；二是利用诊断仪读取发动机数据组，对故障进行分析。

目测外围真空管路及线路正常，用诊断仪读取相关的数据组。

如图 2-58 所示，发动机怠速运转，利用检测仪读取发动机系统 115 组数据，查看第四区域，即实际的增压压力值，原地加速，该数值可以上升至 1.4～1.5bar，基本可以排除增压器本身故障。

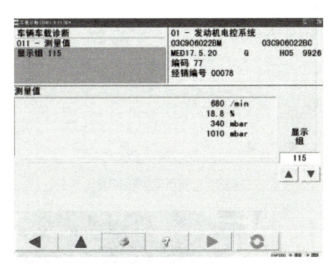

图 2-58　原地加速增压值数据

路试，挂入 D 挡急加速，如图 2-59 所示，读取 115 组数据，从数据上可以看到第四区域的数据远远高于第三区域数据的理论值，第四区域最高可以达到 2.3bar，也远远高于增压压力的最大值 1.8bar，当增压压力过高时，发动机就会出现加不上速、提速无力等症状。同时 115 组数据显示增压压力基本恢复正常（见图 2-60），此时是发动机控制单元控制了增压压力，以防止部件损坏。

综合分析，该车的故障应该是由于发动机控制单元得到了一个较高的压力信号，为了防止其他部件损坏，限制了增压压力，从而引起车辆动力下降。如图 2-61 所示，故障点锁定在增压压力限制电磁阀 N75，不对增压压力进行调节。

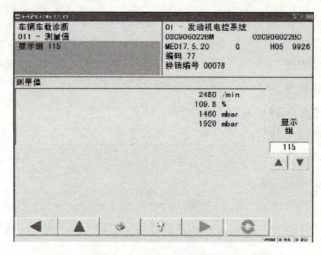

图 2-59　D 挡急加速增压值数据

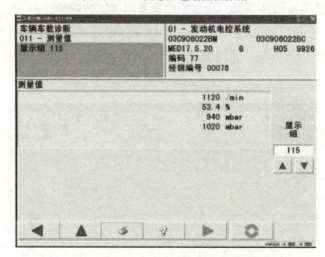

图 2-60　增压压力限制数据

图 2-61　N75 增压压力限制电磁阀

检查增压压力限制电磁阀 N75 的控制真空管路，没有发现异常，测量 N75 的线路，也没有发现明显的短路及接触不良的情况；更换增压压力限制电磁阀 N75，清除故障存储内容，路试正常，再次读取发动机系统 115 组数据，查看第四区域，增压压力实际值也符合规定，最高可以达到近 1.8bar。

更换增压压力限制电磁阀 N75，清除故障码后试车，确认故障已排除。

4. 故障分析

车辆故障排除后，对故障排除过程做了分析，该车的故障是因为 N75 对增压压力不再调节，引起增压压力过高，发动机控制单元限制了压力的输出，而造成动力不足。

遇到车辆故障时，不要盲目地先更换东西，应该结合故障信息及相关的数据进行分析，充分地了解部件的工作原理，综合梳理，以对故障点做出准确的判断。

（四）任务工单（见表 2-14）

表 2-14　发动机加速不良故障检修工单

姓名		班级		学号		组别	
车型		发动机类型		作业单号		日期	
故障现象描述							
诊断仪操作记录	读取故障码						
	测量值读取 1						
	测量值读取 2						
	测量值读取 3						
	测量值读取 4						
	作动器诊断结果记录						
故障原因分析							
检测结果记录	检测项目		标准值			测量值	
故障点及故障原因							
故障排除及验证结果							

考核与评价

（一）理论考核

1. 单选题

1) 传统点火系统与电子点火系统最大的区别是（　　）。
   A. 点火能量的提高　　　　　　　　B. 断电器触点被点火控制器取代
   C. 曲轴位置传感器的应用　　　　　D. 点火线圈的改进

2) 电子控制点火系统由（　　）直接驱动点火线圈进行点火。
   A. ECU　　　　B. 点火控制器　　C. 分电器　　　D. 转速信号

3) 下列说法正确的是（　　）。
   A. 在怠速稳定修正中，ECU根据目标转速修正点火提前角
   B. 辛烷值较低的汽油，抗爆性差，点火提前角应减小
   C. 初级电路被断开的瞬间，初级电流所能达到的值与初级电路接通时间长短无关
   D. 随着发动机转速的提高和电源电压的下降，闭合角增大

4) 下列不是怠速稳定修正控制信号的是（　　）。
   A. 车速传感器信号　　　　　　　　B. 空调开关信号
   C. 冷却水温度信号　　　　　　　　D. 节气门位置传感器信号

5) ECU根据（　　）信号对点火提前角实行反馈控制。
   A. 水温传感器　　　　　　　　　　B. 曲轴位置传感器
   C. 爆燃传感器　　　　　　　　　　D. 车速传感器

6) 最小点火提前角为（　　）。
   A. −10°～0°　　B. 0°～10°　　C. −10°～10°　　D. 10°～20°

7) 电喷发动机在运转过程中出现加速无力、进气管回火的现象。甲说：可能是空气流量计后面的进气管有漏气；乙说：可能是曲轴位置传感器有故障。谁说的对？（　　）。
   A. 只有甲对　　　　　　　　　　　B. 只有乙对
   C. 甲和乙都对　　　　　　　　　　D. 甲和乙都不对

8) 对某台动力不足的发动机进行燃油压力检查时，断开汽油压力调节器真空软管，急加速时燃油压力有所下降。故障可能是（　　）。
   A. 燃油泵出油阀有泄漏　　　　　　B. 汽油压力调节器有泄漏
   C. 喷油器有泄漏　　　　　　　　　D. 燃油滤清器有堵塞

9) 安装有涡轮增压器的发动机动力不足、加速反应迟钝，可能的原因是（　　）。
   A. 进气管凹瘪　　　　　　　　　　B. 气门间隙过大
   C. 机油压力过低　　　　　　　　　D. 进气管漏气

10) 下列不会导致汽车加速无力的是（　　）。
    A. 气缸压力低　　B. 排气管泄漏　　C. 进气管泄漏　　D. 燃油压力低

11）在讨论涡轮增压系统出现故障可能会造成的问题时，技师甲说，会导致发动机功率不足，排气管冒蓝烟或黑烟，机油消耗过大；技师乙说，涡轮增压会有噪声，压气机或涡轮密封润滑油泄漏。请问谁的说法正确？（　　）

  A. 只有甲对　　　　　　　　　　B. 只有乙对
  C. 甲和乙都对　　　　　　　　　D. 甲和乙都不对

2. 判断题

1）为了稳定发动机转速，点火提前角需根据喷油量的变化进行修正。（　　）

2）最佳点火提前角是随转速、负荷和汽油辛烷值等因素的改变而变化的。（　　）

3）最理想的点火时机应该是将点火正时控制在爆震即将发生而尚未发生的时刻。（　　）

4）电控汽油发动机在冷车时怠速不稳，可能是由氧传感器失效引起的。（　　）

5）发动机负荷增大，最佳点火提前角也应增大。（　　）

6）当爆震传感器控制系统出现故障时，无论是否产生爆震，点火提前角都不能由爆震控制系统来控制。（　　）

7）在无分电器点火系统（一个点火线圈驱动二个火花塞）中，如果其中一个气缸的火花塞无间隙短路，那么相应的另一缸火花塞也将无法跳火。（　　）

8）不同的发动机控制系统中，对点火提前角的修正项目和修正方法都是相同的。（　　）

9）发动机点火系统工作不良不会导致汽车加速无力。（　　）

10）涡轮增压发动机增压压力限制电磁阀 N75 断路会导致增压压力过高。（　　）

3. 简答题

1）简述发动机怠速不稳故障的诊断思路。

2）简要说明发动机电控点火系统的检修注意事项。

3）简述发动机加速不良故障的诊断思路。

（二）技能考核

任务1. 发动机怠速不稳故障作业评分表（见表 2-15）

表 2-15 发动机怠速不稳故障作业评分表

基本信息	姓 名		学 号		班 级		组 别	
	规定时间	30min	完成时间		考核日期		总评成绩	
任务工单	序号	步骤		完成情况		标准分	评分
				完成	未完成		
	1	考核准备： 材料： 工具： 设备：				10	
	2	发动机及点火系统清洁				5	
	3	蓄电池电压检查				5	
	4	连接汽车故障诊断仪				5	
	5	读取故障码				5	
	6	曲轴位置与发动机转速传感器检修				15	
	7	点火线圈端子4的供电电压检查				5	
	8	初级绕组检查				10	
	9	次级绕组检查				10	
	10	分析与处理				10	
安全						5	
5S						5	
团队协作						5	
沟通表达						5	
工单填写						5	

任务 2. 发动机加速不良故障作业评分表（见表 2-16）

表 2-16　发动机加速不良故障作业评分表

基本信息	姓 名		学号		班级		组别	
	规定时间	30min	完成时间		考核日期		总评成绩	

	序号	步骤	完成情况		标准分	评分
			完成	未完成		
任务工单	1	考核准备： 材料： 工具： 设备：			10	
	2	车辆安全检查			5	
	3	发动机舱清洁			5	
	4	连接汽车故障诊断仪			5	
	5	读取故障码			5	
	6	读取怠速时相关的数据组			10	
	7	读取急加速时相关的数据组			10	
	8	相关管路、线路的检查			10	
	9	相关电路的测量			10	
	10	分析与处理			5	
安全					5	
5S					5	
团队协作					5	
沟通表达					5	
工单填写					5	

项目三 电控汽油发动机冷却与润滑系统故障诊断与检测

项目描述

电控发动机的冷却系统与润滑系统对发动机有重要作用,会直接影响发动机的工作性能。在日常维修过程中,冷却与润滑系统的故障较为常见,故掌握发动机运转不良故障的检修方法是每个维修人员的必备技能。本项目中我们将以发动机过热与发动机机油压力报警两个典型故障为例解析发动机冷却与润滑系统故障的诊断流程。

任务一 电控汽油发动机水温过高故障诊断与检测

情境导入

一辆 2012 年新帕萨特轿车,装备 1.8L 涡轮增压发动机,行驶里程为 121 387 公里,车主反映车辆的故障为水温偏高,高速行驶时尤其严重。初步检查冷却液液位正常。

学习目标

通过学习,应能:
1. 结合实车状况,判断车辆的冷却液温度是否正常;
2. 说出电控汽油机冷却循环的基本原理;
3. 合理地选用检测设备与方法制订发动机水温过高故障的检测计划;
4. 正确地记录与分析各种检测结果并做出故障判断。

(一)知识准备

冷却系统的功用是根据发动机负荷的大小和水温的高低来改变水的循环流动路线,调节冷却系统的冷却强度,保证发动机在适宜的温度下工作,以减少燃料消耗和机件的磨损。

要保证发动机在最适宜的温度下工作,不出现过热过冷现象,就必须能根据使用条件的变化自动调节发动机的冷却强度。当外界气温高且发动机在低速大负荷情况下工作时,要求冷却强度要强,否则发动机易于过热;而当外界气温低且发动机负荷又不大时,其冷却强度应弱些,否则发动机易于过冷。

冷却系统常见的故障类型有发动机过热、过冷、冷却液消耗过多等。要解决案例中帕萨特车型发动机过热的故障，首先来了解一下冷却系统的基本原理。

1. 发动机冷却系统的基本原理

按照冷却介质的不同，发动机的冷却系统有冷却液冷却系统和风冷却系统两种。现代汽车发动机普遍采用冷却液冷却系统。

如图 2-62 所示，目前汽车发动机上主要采用强制循环式冷却液冷却系统，其主要由风扇（有的装风扇离合器）、水泵、水套（在气缸盖或气缸体上制出的夹层空间）、散热器、节温器、冷却液温度表和水温传感器等组成。

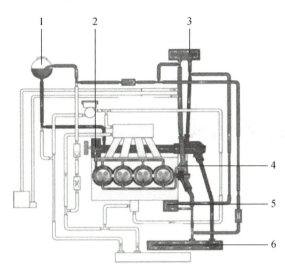

图 2-62 强制水冷式冷却系统

1—膨胀壶；2—冷却液泵；3—热交换器；4—节温器；5—机油冷却器；6—散热器

(1) 水泵的作用是对冷却液加压，强制冷却液在冷却系统中循环流动。

(2) 节温器安装在冷却液循环通路中（一般安装在气缸盖的出水口或散热器出水口），汽车发动机广泛采用蜡式节温器。其主要作用是根据水温的高低接通或者关闭通往主散热器的冷却通路，即实现冷却系统的大小循环。

(3) 风扇的主要作用是提高流经散热器的空气流速和流量，以增强散热器的散热能力，并冷却发动机附件。轿车多采用电动冷却风扇系统，电动冷却风扇系统一般由电动冷却风扇温度感应器、风扇、电动机及风扇和电动机控制开关组成。

(4) 散热器将冷却液从受热零件吸收的热量传给空气，并散到大气中去，以降低冷却液的温度，并保持发动机的正常工作温度。

2. 发动机过热故障的主要原因

发动机过热的原因如下：

(1) 散热器表面脏污。

(2) 风扇皮带打滑。

(3) 散热器出水胶管老化吸瘪或内壁脱层堵塞。

(4) 冷却风扇装反、扇叶角度变小或新换的风扇规格不符合要求。

(5) 电动风扇不转或转速过低。

(6) 节温器失效。

(7) 水套内水垢过多,或分水管堵塞,分水不畅。

(8) 散热器内芯管堵塞或散热片倾倒过多。

(9) 水泵损坏。

(10) 气缸垫烧穿,使相邻两缸串通,或缸体、缸盖出现裂缝,使高温高压的气体进入冷却系统。

(11) 点火时间过迟。

(12) 混合气过稀或过浓。

(13) 燃烧室积炭过多。

(14) 车辆长时间大负荷工作。

3. 发动机冷却系统主要部件的检修

1) 水泵的检修

检查泵壳和带轮有无损伤。检查水泵轴有无弯曲、轴端螺纹有无损坏及轴颈的磨损程度。检查水泵叶轮的叶片有无破损、叶轮上的轴孔与轴的配合是否松旷。水泵叶轮与泵壳间隙一般为 0.8～2.2mm,如图 2-63 所示。水泵装合后,首先用手转动带轮,泵轴转动应无卡滞现象,叶轮与泵壳应无碰擦感觉。

2) 电动风扇的检修

当风扇叶片出现破损、弯曲、变形后,应及时更换。由于风扇连接板强度不足或其他原因使风扇叶片弯曲或扭曲变形,破坏了风扇叶片原设计的角度,使其丧失平衡性能,不但会影响通过散热器的空气流速和流量,降低散热器的冷却能力,甚至会损坏散热器,加速水泵轴承和水封的损坏,还会大幅度地增加风扇的噪声。

图 2-63 水泵叶轮的检查

双速式电动风扇的检测内容主要为低、高速时的打开及切断温度是否符合要求。低速挡的切断温度为 357～366K（84℃～93℃）。在发动机熄火后,如散热器的温度仍高于切断温度,风扇还继续运转是正常的;如果温度低于 357K（84℃）,风扇还在运转是不正常的,应先检查温控开关。高速挡的切断温度为 366～71K（93℃～98℃）。通过直接连接温控开关接插件内的 12V 电源线和电动机两接线,可判断出温控开关的好坏。若将这两接线头连接后风扇便开始运转,而在高温时接上温控开关接插件后风扇却不转,则为温控开关损坏,应换用新件;若将这两接线头连接后风扇仍不转,应检查散热风扇电动机及其熔断丝等。

3) 散热器与散热器盖的检修

用水冲洗散热器芯，清除其表面的灰尘，如有油污，应用汽油洗净。

从外部检查散热器上下液室及散热器芯，不得有渗漏现象，散热器框架不得有断裂和脱焊现象。散热器芯上如果嵌有杂物，可用细钢丝进行清理；如果散热片有倒伏现象，应予以扶正；散热器如有扭斜、变形，应压校平整。

资源 2-17　散热器与散热器盖的检查

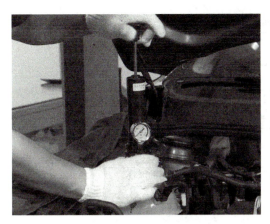

图 2-64　散热器密封性检查

当发动机停止运转时，在散热器注入口装上散热器压力检测器，如图 2-64 所示。在散热器内充入 0.1MPa 以上压力的压缩空气，观察压力检测器的压力下降值，若 2min 内压力下降超过 0.015MPa，则散热器有泄漏。如图 2-65 所示，用同样的方法检查散热器盖，蒸汽阀的开启压力应为 0.073～0.103MPa，空气阀的开启压力应为 0.009 8～0.011 8MPa。

图 2-65　散热器盖压力检查

4) 节温器的检查

将拆下的节温器放在盛有冷水的容器中，然后加热，如图 2-66 所示。记录节温器开始工作的温度以及阀门全开时的温度，并与标准值比较，以此判断节温器的性能是否正常。若不符合规定值，则应更换节温器。

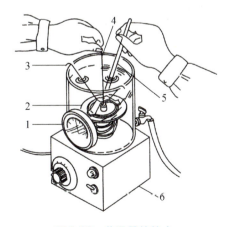

图 2-66　节温器的检查

1—温度计；2—节温器；3—金属挂钩；4—牵线；5—搅拌棒；6—加热器

(二) 诊断思路

根据汽车故障诊断与检测原则，确定发动机过热故障诊断流程，如图 2-67 所示。

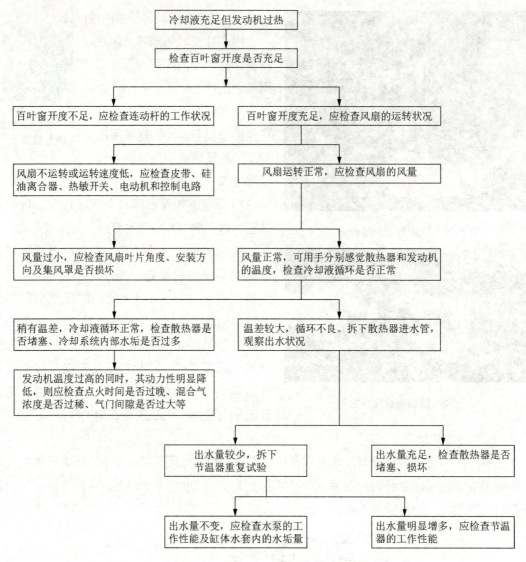

图 2-67　冷却液充足时发动机过热故障诊断流程

(三) 案例分析

1. 情境回顾

一辆 2012 年新帕萨特轿车装备 1.8L 涡轮增压发动机，行驶里程为 121 387 公里，车主反映车辆的故障为水温偏高，高速行驶时尤其严重。

2. 故障现象确认

维修人员用诊断仪器 VAS6150 读取故障码，发现无相关故障码，进入发动机控制单元读取数据流，发现冷却液温度传感器的温度为 95℃，仪表板中冷却液温度显示在中间区域，属正常现象。将发动机怠速提高到 2 500r/min，不到 2min 温度便升至 110℃，如图 2-68 所示。

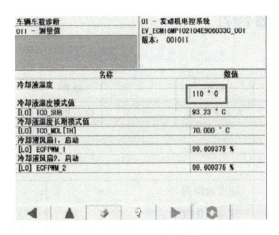

图 2-68 温度过高数据

3. 故障诊断与排除

确定故障现象后按照图 2-67 的流程诊断。用手触摸发动机散热器，发现其中部温度偏低，说明经过散热器的冷却液流量不足。检查节温器，发现节温器工作正常。进一步检查发现，在发动机高速运转时，散热器上下水管温度十分接近，只是散热器中间部位温度偏低。分析认为，散热器与下水管之间存在温差，这充分表明冷却液循环不良。

如图 2-69 所示，拆卸水泵进行检查，发现一只手抓住水泵驱动轮，另一只手抓叶轮稍一用力，两个轮就向相反方向转动，即叶轮与驱动轴之间出现滑移，说明该车的问题就出在水泵上。

图 2-69 损坏的水泵

4. 故障分析

分析认为，由于叶轮与驱动轴的过盈配合出现松动，发动机转速较高时，在水流阻力作用下叶轮打滑加剧，使冷却液循环无法满足散热系统的需求。更换水泵后试车，当冷却液温度上升到 105℃时冷却风扇开始运转，从仪表盘上看水温稳定在 90℃，故障排除。

(四)任务工单（见表2-17）

表 2-17　发动机过热故障检修工单

姓名		班级		学号		组别	
车型		发动机类型		作业单号		日期	
故障现象描述							
诊断仪操作记录	读取故障码						
	测量值读取1						
	测量值读取2						
	测量值读取3						
	测量值读取4						
	作动器诊断结果记录						
故障原因分析							
检测结果记录	检测项目		标准值		测量值		
故障点及故障原因							
故障排除及验证结果							

任务二　电控汽油发动机机油油压过低故障诊断与检测

一辆 2012 年新帕萨特轿车，装备 1.8TSI 涡轮增压直喷发动机，行驶里程为 92 335 公里，车辆在行驶时机油油压突然报警，提示关闭发动机。

通过学习，应能：

1. 结合实车状况，进行机油油压报警故障的应急处理；
2. 说出电控汽油机润滑系统的基本原理；
3. 合理地选用检测设备与方法制订机油油压报警故障的检测计划；
4. 正确地记录与分析各种检测结果并做出故障判断。

（一）知识准备

造成机油油压报警器报警的故障有很多，初步可以判断为润滑系统出现了问题，可分别从机械部分与电路部分进行分析和诊断。造成机油油压报警器报警的常见故障有机油黏度过低、机油黏度过高、机油压力传感器故障、机油油道堵塞、机油滤清器堵塞、机油泵损坏和仪表盘损坏等，可以根据车主描述，进行诊断和排除。要解决这个故障，我们首先来了解一下润滑系统的基本原理。

1. 发动机润滑系统的基本原理

汽车发动机润滑系统的组成如图 2-70 所示，为了保证发动机得到正常的润滑，该系统主要包括以下部件：

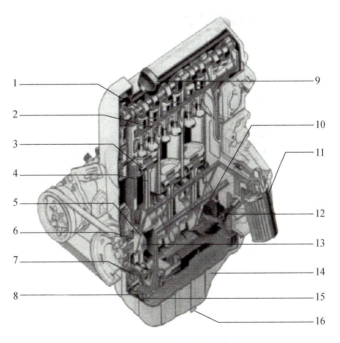

图 2-70　润滑系统结构

1—凸轮轴轴颈；2—气缸盖主油道；3—活塞销；4—连杆油道；5—曲轴油道；
6—曲轴链轮；7—机油泵；8—机油泵链轮；9—加机油口盖；10—曲轴销轴颈；
11—机油滤清器；12—机油压力调节阀；13—曲轴主轴颈；14—油底壳；
15—机油泵传动链条；16—油底壳放油螺栓

(1) 油底壳。用于储存机油,通过螺栓固定在气缸体底面上。为确保密封,在油底壳与气缸体底面之间需加装密封垫。

(2) 机油泵。机油泵将机油从油底壳中抽出加压后,源源不断地输送到各零件表面进行润滑,维持机油在润滑系统中的循环。机油泵大多装于曲轴箱内,由曲轴或凸轮轴驱动。

(3) 机油滤清器。用来滤清机油中的金属磨屑、机械杂质、水分及机油本身氧化生成的胶质等杂物,防止进入主油道而导致油路堵塞。机油滤清器按过滤能力分为集滤器、机油粗滤器和机油细滤器3种,设于润滑系统的不同部位。

(4) 限压阀及旁通阀。限压阀用来限制油路中的最高油压;旁通阀用来避免因机油粗滤器堵塞而造成主油道供油中断。

(5) 机油压力表、温度表和机油标尺。用来帮助驾驶员随时掌握润滑系统的工作状况。

此外,发动机润滑系统还包括油管、油道等组成的机油引导、输送和分配装置。某些热负荷较大的发动机还设有机油散热器,用来加强机油的冷却,使机油温度保持在正常工作范围内。

不同发动机机油油路有所不同,但基本原理相同。对于工作负荷较大的曲轴主轴颈、连杆轴颈、凸轮轴颈等均采用压力润滑,其余部分则采用飞溅润滑或润滑脂润滑。图2-71所示为大众EA113发动机润滑系统油路。

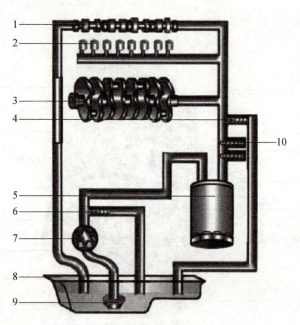

图 2-71 大众 EA113 发动机润滑系统油路

1—配气凸轮轴;2—液压挺柱;3—曲轴;4,6—限压阀;5—机油滤清器;
7—机油泵;8—油底壳;9—集滤器;10—油压开关

当发动机工作时,机油从油底壳经集滤器被机油泵送入机油滤清器。全部机油经滤清器滤清之后进入发动机主油道,再经气缸体上的纵向油道分别润滑5个主轴承。然后,机油经曲轴上的斜油道,从主轴承流向连杆轴承润滑连杆轴颈。同时通过主油道和安装在机油滤清器支架上的两个油压开关（0.03MPa油压开关和0.18MPa油压开关）的通断来起到监控机油压力的作用。当发动机起动之后，机油压力较低，低压报警开关触点闭合，机油报警灯亮。当机油压力超过0.03MPa时，低压报警开关触点断开，机油报警灯熄灭。当发动机转速超过2 150r/min时，机油压力若低于0.18MPa，这时高压报警开关触点闭合，机油报警灯闪亮，同时蜂鸣器报警。

2. 发动机机油压力过低的故障原因

发动机在正常工作温度和转速下运转时，仪表盘上机油压力警报灯闪烁，机油警报蜂鸣。其原因可能是：

（1）油量不足或机油黏度太低。

（2）机油粗滤器堵塞且旁通阀打不开，机油无法进入主油道。

（3）机油泵齿轮磨损、泵盖磨损或泵盖衬垫太厚，使供油压力过低，或机油泵外壳裂缝漏油，机油泵轴与连接键销断裂。

（4）集滤器滤网堵塞，使机油泵吸油量不足。

（5）油底壳中的机油吸油管螺母未拧紧或发生裂纹而漏气，使机油泵工作时吸入空气导致机油压力不足。

（6）机油滤清器上的回油阀开启压力调整过低，导致回油过多，使整个润滑系统的机油压力偏低。

（7）内、外管路或放油螺塞处漏油。

（8）曲轴主轴承、连杆轴承或凸轮轴轴承间隙过大。

（9）机油限压阀调整不当、关闭不严或其弹簧折断。

（10）燃油泵膜片破裂使燃油漏入油池或燃烧室内未燃的气体漏入油池，使机油的黏度下降。

（11）气缸垫或气缸体损坏，使冷却液漏入油底壳，将机油稀释。

（12）机油压力表或其传感器连接导线断路或接触不良。

3. 发动机润滑系统的检修

（1）机油压力的检测。

发动机工作时，其润滑系统内必须保持正常的机油压力。机油压力过高或过低都会对发动机造成危害。因此，在检修发动机时，经常对润滑系统的机油压力进行检测，以确定机油压力是否正常。

资源2-18　润滑系统检修

发动机上一般设有专门的机油压力测量孔，或者利用发动机缸体上的机油压力开关螺孔测量机油压力。

检测方法：

① 拔下机油压力传感器的线束插头，拆下机油压力传感器。

② 将机油压力表的软管接头拧入安装机油压力传感器的螺纹孔内，并拧紧接头，如图2-72

图 2-72 机油压力的检测

所示。

③ 将机油压力表放置在不会接触到发动机旋转部件及高温部件的地方。

④ 起动发动机,检查机油压力表接头处有无漏油,如有漏油,应熄火后并重新拧紧接头。

⑤ 运转发动机使之达到正常的工作温度,分别在怠速和 2 000r/min 时检查机油压力表的读数,并与标准压力值进行比较。

一般发动机的机油压力应保持在 0.2～0.5MPa,怠速时最低的机油压力应不小于 0.15MPa,高速时最高的机油压力应不大于 0.6MPa。

(2) 拔出油尺,检查机油油量及品质。

若机油液面在"MIN"或"L"线以下,说明机油油量不足,应及时添加;若机油颜色无变化,而黏度降低,且有燃油味,说明机油中渗入了燃油;若机油呈乳浊状并有泡沫,说明机油中渗入了水分,应查明漏水部位并修复,再更换机油。

(3) 检查机油压力开关的工作状况,并检查连线是否松脱。

若连接良好,则应将开关端导线拆下,并将之搭铁,接通点火开关,观察机油压力指示灯的状态。

在仪表指示正常的条件下,检查开关工作是否良好。测量传感器的电阻值,其值应符合要求。

若上述检查正常,则应拧松油压传感器,起动发动机,观察在连接螺纹孔处机油流出的情况。若机油流出有力,则应进一步检查机油压力的示值是否准确;若机油流出无力,则应检查润滑系统工作部件的工作状况。

(4) 检查限压阀状况。若机油限压阀安装在发动机缸体的外部,可停熄发动机,拆卸并检查限压阀状况。检查限压阀的调整弹簧是否太软、折断或调整不当;检查限压阀柱塞磨损是否过甚、钢球密封是否不严。

(5) 检查机油滤清器的滤芯是否堵塞、旁通阀是否卡滞或堵塞。

拆下油底壳,检查机油滤清器滤网是否过脏、各连接管路是否漏油、机油泵的工作性能是否良好及机油泵限压阀是否卡滞等。

(6) 检查轴承间隙。若发动机已接近或超过大修间隔里程,则应检查曲轴主轴承、连杆轴承、凸轮轴轴承间隙是否过大,并检查其他压力润滑部位的配合间隙。

(二) 诊断思路

根据汽车故障诊断与检测原则,确定发动机机油压力过低故障诊断流程,如图 2-73 所示。

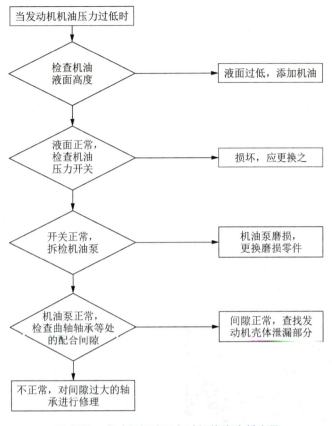

图 2-73 发动机机油压力过低故障诊断流程

（三）案例分析

1. 情境回顾

一辆 2012 年新帕萨特轿车，装备 1.8TSI 涡轮增压直喷发动机，行驶里程为 92 335 公里，车辆在行驶时机油压力突然报警，提示关闭发动机。

2. 故障现象确认

打开点火开关，发动机未起动，组合仪表进入自检状态，3～4s 后各指示灯熄灭，机油压力指示灯没有闪亮，这说明机油压力开关 F378、F22 未接合且相关线路未对地短路。起动发动机，几秒钟之后，红色压力灯闪烁并蜂鸣报警，如图 2-74 所示。

3. 故障诊断排除

检查机油液位，机油液位正常。接下来使用车辆诊断仪 VAS6150 进入网关安装列表进行检查，发现发动机电子设备存在故障。查找发动机电子设备检查故障码及含义，发现存在一个故障码——05709，含义为：用于降低机油压力的机油压力开关故障（静态）。初步分析造成该故障的原因可能是机油压力不足、机油压力开关损坏、开关连接

图 2-74 机油压力报警

发动机控制单元的线束存在断路等。

根据故障码的提示，首先检查机油压力及机油压力开关的工作情况。如图 2-75 所示，新帕萨特 1.8TSI 发动机配置了机油压力防降开关 F378 与机油压力开关 F22，均为常开型开关，F378 在 0.055～0.085MPa（0.55～0.85bar）时闭合，F22 在 0.215～0.295MPa（2.15～2.95bar）时闭合。F378 与发动机控制单元 J623 连接，F22 则与仪表相连。

如图 2-76 所示，使用大众专用机油压力及开关测量设备 V.A.G 1342 对该车的机油压力及压力开关的状态进行检测。

通过查阅维修手册，拆下 F378 开关并连接机油压力表，起动发动机，然后踩下加速踏板将转速提高到约 2 000r/min 并保持住，观察表上指示的压力为 2.2bar，维修手册中的规定值为 1.6～2.1bar，在规定范围内。再将发动机转速提高到约 3 500r/min，观察表上的机油压力为 3.2bar，维修手册中的规定值为 3.0～4.0bar，在规定范围内。经过以上检查可知，机油压力符合维修手册中的规定值。

图 2-75　机油压力开关 F378 与 F22

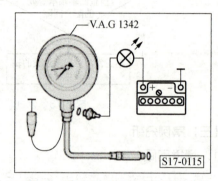

图 2-76　VAG1342 机油压力测量设备

检查机油压力开关是否正常，首先检查 F378 开关：拆下 F378 开关并将开关装到压力表上，使用专用连接线将开关的针脚与试灯的一端连接，试灯的另一端与蓄电池正极连接，如图 2-76 所示。连接完成后试灯应不能亮起，如果试灯亮起则更换开关；起动发动机后压力在 0.55～0.85bar 时试灯应亮起，如果不亮，则更换开关。连接后试灯没有亮起，起动发动机后缓慢踩下加速踏板，约 0.6bar 时试灯亮起，说明 F378 开关正常。

检查 F22 开关是否正常的步骤：拆下 F22 开关并将开关装到压力表上，使用专用连接线将开关的针脚与试灯的一端连接，试灯的另一端与蓄电池正极连接。连接完成后试灯应不能亮起，如果试灯亮起则更换开关；起动发动机后压力在 2.15～2.95bar 时试灯应亮起，如果不亮，则更换开关。连接后试灯没有亮起，起动发动机后缓慢踩下加速踏板，约 2.9bar 时试灯亮起，说明蓝色开关正常。

至此已经排除了由于机油压力不足以及机油压力开关至控制单元线路导致的故障，怀疑是控制单元设置不当或控制单元内部故障导致的报警。经询问车主得知，车辆之前曾经进行过仪表控制单元的匹配。现先对仪表控制单元的匹配进行检查。

如图 2-77 所示，利用大众专用诊断仪，进入"17-仪表板"，选择"012-匹配"功能，选择"扩展的保养间隔：编码维修间隔延长"选项，单击向下按键。

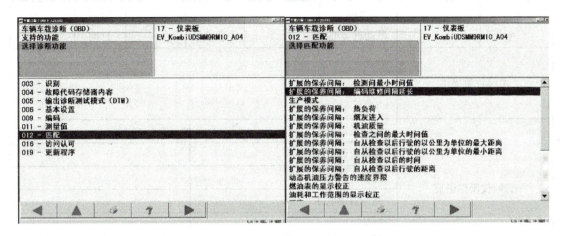

图 2-77　选择匹配功能

如图 2-78 所示，选择"机油压力"选项，把显示的"静态机油压力"改为"动态机油压力"。匹配完成后清除故障码重新试车，发现故障排除。

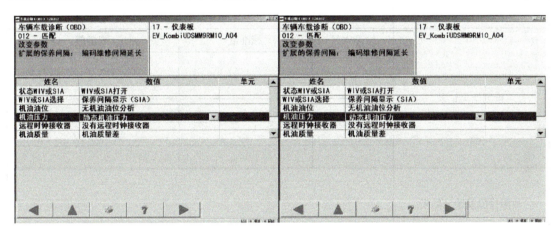

图 2-78　更改机油压力状态

4. 故障分析

故障排除后，对故障排除过程进行分析，如果遇到该车型 1.8/2.0TSI 发动机机油红灯报警，建议先读取发动机电子设备的故障码，发现存在故障码 05709 时应先拔出机油尺检查机油液面，必要时更换机油。如果机油液面正常，则应拆下 F378 机油压力开关检查机油压力，如机油压力在正常范围内，则应检查 F378 机油压力开关及相关线束，最后考虑控制单元故障或匹配不当。

（四）任务工单（见表 2-18）

表 2-18　发动机加速不良故障检修工单

姓名		班级		学号		组别	
车型		发动机类型		作业单号		日期	
故障现象描述							
诊断仪操作记录	读取故障码						
	测量值读取 1						
	测量值读取 2						
	测量值读取 3						
	测量值读取 4						
	作动器诊断结果记录						
故障原因分析							
检测结果记录	检测项目		标准值		测量值		
故障排除及验证结果							

考核与评价

（一）理论考核

1. 单选题

1）当冷车发动时，发动机水温迅速升高，甚至迅速"开锅"，大多是（　　）损坏，冷却水不能大循环所致，应更换。

　　A. 水泵　　　　B. 节温器　　　　C. 散热器　　　　D. 风扇

2）发动机"开锅"时的处理方法。不要立即打开水箱盖，以免烫伤。为防止活塞咬死变形，应使发动机（　　）运转，待发动机温度正常时再加冷却液，同时查明发动机"开锅"原因并排除。

  A. 高速   B. 停止   C. 怠速   D. 中速

3) 曲轴连杆轴承处的润滑油多来于（　　）。

  A. 曲轴主轴颈   B. 凸轮轴轴颈

  C. 活塞与气缸壁   D. 以上说法都不对

4) 水温报警灯在发动机着火运转后仍亮，直到水温指示 100℃ 后熄火停车，再次起动发动机，水温指示灯又亮。不符合此故障现象的选项为（　　）。

  A. 水温传感器损坏或电阻值发生变化

  B. 仪表盘稳压电路有故障

  C. 冷却液液面高度传感器损坏

  D. 冷却液略微欠缺

5) 冷却液温度传感器故障可能引起发动机（　　）。

  A. 起动困难与性能不良   B. 怠速不稳

  C. 易熄火   D. 加速不良

6) 冷却液充足但发动机过热的故障原因不包括（　　）。

  A. 节温器关不上

  B. 散热器出水胶管老化吸瘪或内壁脱层堵塞

  C. 冷却风扇装反、扇叶角度变小或新换的风扇规格不符合要求

  D. 电动风扇不转或转速过低

7) 发动机散热器盖上空气阀密封不严，会使（　　）。

  A. 散热内压力高于大气压   B. 散热器与大气相通

  C. 散热内压力低于大气压   D. 以上说法都不对

8) 润滑系统主油道中的机油压力（　　）。

  A. 越高越好   B. 越低越好

  C. 开机压力小，热机压力大   D. 以上 3 种说法都不对

2. 判断题

1) 冷却系统水套或散热器积垢过多或堵塞可能造成发动机过热。（　　）

2) 散热器盖的进、排气阀失效可能造成发动机过热。（　　）

3) 机油变黑说明机油已经变质。（　　）

4) 膨胀水箱的作用之一是避免冷却水的消耗，以保持冷却水的水位不变。（　　）

5) 为防止发动机过热，要求其工作温度越低越好。（　　）

6) 风扇在工作时，风是向散热器方向吹的，以利于散热。（　　）

7) 当冷却系统中压力过高时，散热器盖中的蒸汽阀打开，而当压力过低时，盖中的空气阀打开。（　　）

8) 当发动机冷却系统"开锅"时,应立即打开散热器盖加冷却液。（ ）
9) 润滑油路中的机油压力不能过高,所以在润滑油路中用旁通阀来限制油压。（ ）
10) 润滑方式主要有压力润滑和冷却润滑等。（ ）

3. 简答题

1) 简述发动机水温过高故障的诊断思路。

2) 简要说明发动机机油压力报警的检修注意事项。

(二) 技能考核

1. 发动机过热故障作业评分表（见表 2-19）

表 2-19 发动机过热故障作业评分表

基本信息	姓 名		学 号		班 级		组 别	
	规定时间	30min	完成时间		考核日期		总评成绩	

	序号	步骤	完成情况		标准分	评分
			完成	未完成		
任务工单	1	考核准备： 材料： 工具： 设备：			10	
	2	车辆安全检查			5	
	3	冷却液液位检查			5	
	4	连接汽车故障诊断仪			5	
	5	读取故障码			5	
	6	读取冷却液温度相关数据流			15	
	7	热车后检查冷却风扇转动情况			5	
	8	检查散热器进、出水管温度情况			15	
	9	检查水泵转动情况			5	
	10	分析与处理			5	
安全					5	
5S					5	
团队协作					5	
沟通表达					5	
工单填写					5	

2. 发动机机油压力过低故障作业评分表（见表2-20）

表2-20 发动机机油压力过低故障作业评分表

基本信息	姓 名		学号		班级		组别	
	规定时间	30min	完成时间		考核日期		总评成绩	
任务工单	序号	步骤		完成情况		标准分	评分
			完成	未完成		
	1	考核准备： 材料： 工具： 设备：			10	
	2	车辆安全检查			5	
	3	发动机舱清洁			5	
	4	连接汽车故障诊断仪			5	
	5	读取故障码			5	
	6	机油液位检查			10	
	7	机油压力测量			10	
	8	机油压力开关检查（F378、F22）			10	
	9	仪表控制单元匹配检查			10	
	10	分析与处理			5	
安全					5	
5S					5	
团队协作					5	
沟通表达					5	
工单填写					5	

项目四 电控汽油发动机排放控制系统故障诊断与检测

项目描述

随着排放法规的日益严格以及人们环保意识的提升,在现代电控汽油机上装备了大量的排放控制系统,如三元催化系统、曲轴箱通风系统、燃油蒸发排放控制系统(EVAP)、废气再循环系统(EGR)等,同时车载自诊断系统(OBD)也在实时地检测发动机的排放性能。在日常维修过程中,我们经常遇到由于排放超标导致的指示灯点亮以及发动机性能异常故障,因此掌握发动机排放控制系统故障的检修方法是每个维修人员的必备技能。本项目中我们将以发动机排放指示灯点亮故障为例,解析发动机排放控制系统故障的诊断流程。

任务一 电控汽油机排放指示灯点亮故障诊断与检测

情境导入

一辆 2010 年帕萨特轿车,装备 1.8L 涡轮增压发动机,行驶里程为 123 877 公里,车主反映车辆的排放指示灯点亮,用诊断仪清除后行驶一段时间指示灯再次点亮。

学习目标

通过学习,应能:
1. 了解发动机排放控制系统的基本原理和检修方法;
2. 说出电控汽油机排放指示灯点亮的基本原理;
3. 合理地选用检测设备与方法制订排放指示灯点亮故障的检测计划;
4. 正确地记录与分析各种检测结果并做出故障判断。

(一)知识准备

要解决排放指示灯点亮故障,我们需要了解发动机排放控制系统的基本原理以及排放指示灯点亮的基本原理。首先我们来了解发动机主要的排放控制系统。

1. 三元催化系统的基本原理

催化净化器一般串联在排气管的前端靠近排气歧管的位置,可促进排

资源 2-19 三元催化器

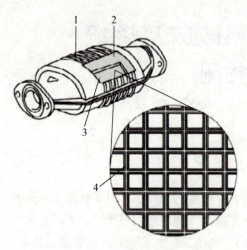

图 2-79 三元催化器的结构

1—金属外壳；2—金属丝网；3—催化剂载体；
4—氧气铝和催化剂

放废气中 HC、CO、NO_x 等氧化还原反应的进行，将其转化成无害的 H_2O、CO_2 和 N_2。现在使用的大部分催化净化器可以同时降低 HC、CO、NO_x 的排放量，所以也被称为三元催化净化器（TWC）。

如图 2-79 所示，三元催化器一般由金属外壳、催化剂载体和催化剂组成。催化剂载体一般是由陶瓷制造的，有颗粒型和蜂巢型两种。作为载体都有形状复杂的表面，以增大催化剂与废气的实际接触面积。废气经过时，载体上的铂、钯等催化剂在高温下（400℃～800℃）将废气中的 HC、CO、NO_x 等有害气体氧化还原成无害的 H_2O、CO_2 和 N_2。同时在三元催化器的前、后分别安装有一个氧传感器，通过对比三元催化器前、后的氧含量差别可以诊断三元催化器的工作效率。

2. 曲轴箱通风系统的基本原理

如图 2-80 所示，曲轴箱强制通风（PCV）系统把通过活塞和气缸壁之间的间隙漏入曲轴箱内的污染物重新送到进气系统内。发动机工作时，窜入曲轴箱内的气体中含有 HC 及其他污染物，所以不允许把这种气体排放到大气中。现代汽车发动机所采用的强制式曲轴箱通风系统就是为防止曲轴箱气体排放到大气中的净化装置。

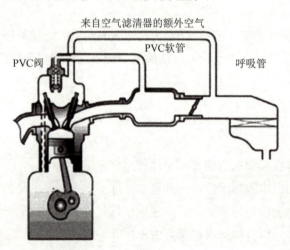

图 2-80 曲轴箱通风系统结构

3. 燃油蒸发控制系统的基本原理

如图 2-81 所示，燃油蒸发控制系统（EVAP）主要由燃油箱、油气分离阀、活性碳罐、电磁阀和发动机控制单元组成。活性碳罐与油箱之间设有排气管和单向阀，当油箱内的燃油蒸气压力达到一定值时，油气通过单向阀进入活性碳罐，被碳罐内的活性碳吸附。发动机工作时，ECU 控制活性碳罐电磁阀在合适的工况下接通，从而使活性碳罐内的油气被吸入进气道。为防止混合气过浓，活性碳罐下方设有进气滤芯并与大气相通，使部分空气与油气一同被吸入进气道。

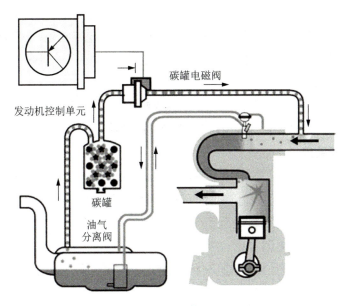

图 2-81 燃油蒸发控制系统结构

4. 废气再循环系统的基本原理

如图 2-82 所示，废气再循环（EGR）系统利用不能参与燃烧的部分废气稀释空燃混合气，并带走热量以降低燃烧温度，从而降低 NO_x 的排放量。

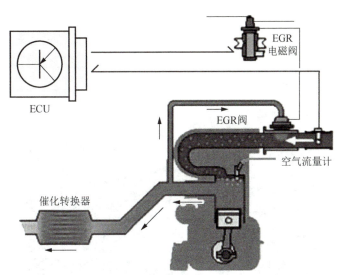

图 2-82 废气再循环系统原理

当发动机在部分负荷运转时，EGR 阀开启，使少量的废气进入进气歧管，与可燃混合气一起进入燃烧室。怠速时 EGR 阀关闭，几乎没有废气再循环至发动机。汽车废气是一种不燃气体,在燃烧室内不参与燃烧。它通过吸收燃烧产生的部分热量来降低燃烧温度和压力,以减少 NO_x 的生成量。

废气再循环系统主要由 ECU、EGR 阀和 EGR 电磁阀等组成。EGR 阀安装在废气再循环通道中,用以控制废气再循环量。EGR 电磁阀安装在通向 EGR 阀的真空通道中,ECU 根据发动机转速、负荷和冷却液温度等信号来控制电磁阀的通电或断电。EGR 电磁阀不通电时,控制 EGR 阀的真空通道被切断,EGR 阀关闭,停止废气再循环;EGR 电磁阀通电时,控制 EGR 阀的真空通道接通,EGR 阀开启,进行废气再循环。

EGR 电磁阀采用占空比控制型。ECU 通过控制电磁阀的开度,调节作用在 EGR 阀上的真空度,以控制 EGR 阀的开度,实现对 EGR 流量的控制。

5. 车载自诊断系统

车载自诊断(OBD)系统是指排放控制用车载诊断系统。它具有识别可能存在故障区域的功能,并以故障代码的方式将该信息储存在电控单元存储器内。

OBD 是一个非常复杂的自诊断系统,用于检测影响汽车排放的零部件和系统的故障。OBD 的焦点在排放上,如果碳氢化合物(HC)、一氧化碳(CO)或氮氧化物(NO_x)的排放超过所规定的 OBD 排放限值,如图 2-83 所示,则装备 OBD 的汽车就会点亮故障指示灯(MIL)并记录一个诊断故障码(DTC)。

1)OBD Ⅱ 的特点

OBD 最早在 1991 年由美国加州规定使用,功能相对简单,主要是诊断与排放有关的零部件的完全失效。目前车辆上使用的主要是 OBD Ⅱ,OBD Ⅱ 使用统一的标准,除了对排放有关的部件完全失效进行诊断外,还会对由于部件老化、部分失效引起的排放超标进行诊断。

图 2-83 排放指示灯

如图 2-84 所示,统一各车种的诊断座形状为 16 脚(端子),诊断接口装在驾驶室的驾驶侧仪表板下方。其各针脚的功能见表 2-21。

图 2-84 OBD Ⅱ 16 针诊断接口

表 2-21 OBD Ⅱ 16 针脚的功能

针脚	功能	针脚	功能
1#	提供制造厂应用	9#	提供制造厂应用
2#	SAE-J 1850 资料传输	10#	SAE-J 1850 资料传输
3#	提供制造厂应用	11#	提供制造厂应用
4#	直接车身搭铁	12#	提供制造厂应用
5#	信号回馈搭铁	13#	提供制造厂应用
6#	CAN-H	14#	CAN-L
7#	ISO-9141 资料传输 K 线	15#	ISO-9141 资料传输 L 线
8#	提供制造厂应用	16#	蓄电池电源正极

2）OBD Ⅱ 故障码标准

（1）一组 OBD Ⅱ 故障码是由 5 个代码组合而成的，第一个代码为英文代码，代表测试系统：

Pxxxx 动力系统；

Bxxxx 车身；

Cxxxx 底盘；

Uxxxx 网路连接相关的系统。

OBD Ⅱ 上只使用 Pxxxx 代码。

（2）第二位表示标准代码：

P0xxx 由 SAE 统一制定的故障码；

P1xxx 由厂家各自制定的、与废气排放有关的故障代码，这些代码必须报送给立法者。

（3）第三位表示出现故障的部件信息：

Px1xx 燃油计量和空气计量；

Px2xx 燃油计量和空气计量；

Px3xx 点火系统；

Px4xx 辅助废气调节；

Px5xx 车速调节（GAR）和怠速调节；

Px6xx 计算机信号和输出信号；

Px7xx 变速器。

（4）第四和第五位表示部件/系统的标识代码。

3）OBD Ⅱ 故障码的类型

根据故障是否对排放有影响及其严重程度，故障码可分为以下几类：

（1）A 类故障码是与排放相关的故障码。计算机诊断程序连续一个循环即可检测到该类故障，并点亮排放指示灯。A 类故障码是最严重的一类，如发动机间歇不点火、混合气过浓或过稀等都会出现该类故障码。A 类故障码提醒驾驶员车辆排放系统有问题，会造成催化转换器损坏。为了诊断方便，当 A 类故障码被设置时，OBD Ⅱ 系统同时还储存了一个历史故障码、失效记录和一个冻结帧现场数据。

（2）B 类故障码是次严重的一类排放问题。在故障指示灯点亮之前，这类故障应在两次连续的行驶过程中都至少发生一次。若在一次行驶过程中发生，而在下一次行驶过程中没有发生，则该故障码还未"成熟"，指示灯不点亮。当指示灯点亮的条件满足时，所储存的历史故障码、失效记录和一个冻结帧现场数据与触发 A 类故障码时完全相同。

(3) E 类故障码是指在 3 个连续行程中各发生一次，才会点亮排放指示灯和记录故障码。要求任何影响排放的故障都必须在 3 个连续行程中诊断出来，且点亮指示灯，并记录故障码产生时的定格数据。

(4) C 类和 D 类故障码是进行与排放无关的故障测试得出的。C 类故障码点亮排放指示灯（或其他报警灯），而 D 类故障码不点亮指示灯。

4）排放指示灯的熄灭

用故障诊断仪器清零或者断开控制单元的电源可以暂时清除故障码和熄灭故障灯。如果故障没有被排除，OBD Ⅱ 会再次诊断出故障，一个或多个行程后还会点亮故障灯。

如果发生的故障自动消失，且通过了 3 次连续行程的自我诊断，则故障灯会自动熄灭。

5）OBD Ⅱ 检测的主要传感器和执行器

以下传感器发生故障时会点亮警告灯：空气流量传感器（MAF）、进气压力传感器（MAP）、节气门位置传感器（TPS）、冷却液温度传感器（ECT）、进气温度传感器（IAT）、氧传感器（O2S）、车速传感器（VSS）、凸轮位置传感器（CMP）、曲轴位置传感器（CKP）、废气再循环阀位置传感器（EGRP）和爆震传感器（KS）。

以下执行器发生故障时会点亮警告灯：点火控制回路、喷油器控制回路、活性碳罐电磁阀控制回路、怠速控制阀及废气再循环阀控制电磁阀。

（二）诊断思路

根据汽车故障诊断与检测原则，确定发动机排放指示灯点亮故障诊断流程，如图 2-85 所示。

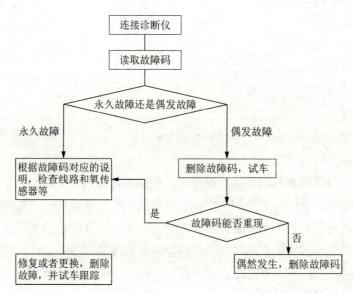

图 2-85　发动机排放指示灯点亮故障诊断流程

(三)案例分析

1. 情景回顾

一辆 2010 年帕萨特轿车,装备 1.8L 涡轮增压发动机,行驶里程为 123 877 公里,车主反映车辆的排放指示灯点亮,用诊断仪清除后行驶一段时间指示灯再次点亮。

2. 故障现象确认

打开点火开关,起动车辆,发现仪表板上的 OBD 指示灯点亮,车辆无抖动现象,加速性能良好,轻踩加速踏板到 2 000r/min,发动机转速可以维持,并没有异常情况。打开发动机盖,检测并无明显漏气的声音。

3. 故障诊断排除

确定故障现象后按照图 2-85 所示的流程检查诊断。首先用 VAS5051B 测试发动机 01 系统,如图 2-86 所示,故障记录如下:

P0441:EVAP 排放控制系统错误/清污气流。

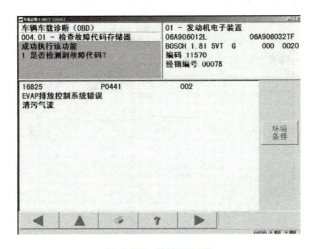

图 2-86 故障码记录

因为故障码中涉及了燃油蒸发控制系统(EVAP),所以下一步考虑对碳罐电磁阀进行检查。使用 VAS5051B 诊断仪进入发动机控制单元 01-08-070 组进行检查。

如图 2-87 所示,怠速时发动机控制单元对碳罐电磁阀的控制要求是 3.9%,正常。然而几秒钟过后,如图 2-88 所示,控制单元对电磁阀的控制指令突然达到 100%,这在怠速工况下是不正常的。

将发动机控制单元的故障记录清除,并清除电脑的学习值,然后使用自诊断功能对碳罐电磁阀的工作情况进行检查,发现碳罐电磁阀在工作时开启的动作明显小于其他车辆,测试其供电电路正常,怀疑为碳罐电磁阀内部堵塞或调整不当造成。如图 2-89 所示,拆下碳罐电磁阀的连接管,发现从燃油箱到碳罐电磁阀的连接管内有燃油流出,这说明碳罐处于过饱和状态,无法储存燃油蒸气。

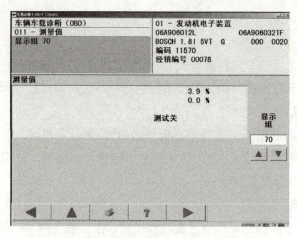

图 2-87　怠速时碳罐电磁阀数据

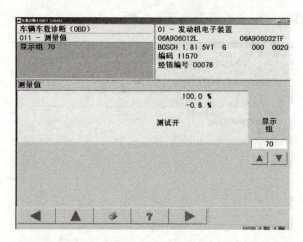

图 2-88　碳罐电磁阀异常数据

图 2-89　碳罐电磁阀连接管位置

对其进行进一步的分析：一是碳罐老化，活性碳失效；二是碳罐与大气连接的通气管堵塞，使碳罐不能进行"再生恢复功能"；三是燃油箱上的压力保持阀失效，使碳罐储存的不是燃油蒸气而是抽吸上来的燃油。将碳罐和燃油箱拆下进行检查，发现碳罐及通气管工作正常，检查燃油箱压力保持阀（见图 2-90），发现双向导通，不正常。更换燃油箱压力保持阀，试车后故障排除。

4. 故障分析

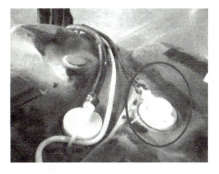

图 2-90　燃油箱压力保持阀

只有对燃油蒸发控制系统基础知识有所了解，才能对其进行正确的分析，从最初的基础检查开始做起，最后找到故障点。由于发动机控制单元使用占空比信号控制碳罐电磁阀工作，所以可以利用"基础功能设定"进行碳罐电磁阀检查，起动发动机，在 01-08-070 读数据组中进行"基础功能设定"并激活碳罐电磁阀，根据数值对碳罐电磁阀进行判断，再通过燃油蒸发控制系统的分析就可以判断是否已解决故障点。

（四）任务工单（见表 2-22）

表 2-22　发动机排放指示灯报警故障检修工单

姓名		班级		学号		组别	
车型		发动机类型		作业单号		日期	
故障现象描述							
诊断仪操作记录	读取故障码						
	测量值读取 1						
	测量值读取 2						
	测量值读取 3						
	测量值读取 4						
	作动器诊断结果记录						
故障原因分析							
检测结果记录	检测项目		标准值		测量值		
故障排除及验证结果							

考核与评价

（一）理论考核

1. 单选题

1）NO_x 的排放量主要与气缸内混合气的（　　）有关。
　　A. 燃烧速度　　　　B. 燃烧时间　　　　C. 燃烧温度　　　　D. 浓度

2）三元催化净化器的催化效率在（　　）最好。
　　A. 350℃～850℃　　B. 350℃以上　　　C. 小于850℃　　　D. 大于850℃

3）三元催化净化器在空燃比为（　　）的某一狭小范围内具有最高的净化效率。
　　A. 3∶1　　　　　　B. 9.7∶1　　　　　C. 10∶1　　　　　D. 14.7∶1

4）碳罐电磁阀常通会导致发动机混合气（　　）。
　　A. 过浓　　　　　　B. 过稀　　　　　　C. 不变　　　　　　D. 以上都不对

5）油箱内压力过高，不可能的故障原因有（　　）。
　　A. 油气分离阀堵塞　　　　　　　　　　B. 通风管堵塞
　　C. 活性碳罐堵塞　　　　　　　　　　　D. 蒸汽通风管破裂

6）废气再循环系统用于减少废气中的（　　）。
　　A. HC　　　　　　　B. CO　　　　　　　C. NO_x　　　　　　D. CO_2

7）NO_x 的产生条件是（　　）。
　　A. 混合气过稀，高温高压　　　　　　　B. 混合气过浓，高温高压
　　C. 混合气过稀，低压低温　　　　　　　D. 以上都不对

8）在怠速时，如果EGR阀打开，会导致发动机（　　）。
　　A. 抖动　　　　　　B. 熄火　　　　　　C. 怠速过高　　　　D. A和B正确

2. 判断题

1）曲轴箱强制通风系统就是为防止曲轴箱气体被排放到大气中的净化装置。（　　）
2）汽油蒸发控制系统是降低碳氢化合物排放用的。（　　）
3）三元催化净化器的工作温度在300℃以下。（　　）
4）前、后氧传感器的电压波动一致说明三元催化净化器起作用了。（　　）
5）在怠速状态下碳罐电磁阀处于常开状态。（　　）
6）若碳罐电磁阀的电阻在规定范围内，则一定是正常的。（　　）
7）汽油蒸发控制系统有故障时，发动机故障指示灯不会亮起。（　　）
8）废气再循环的作用是减少HC、CO和NO_x的排放量。（　　）
9）EGR控制系统是将适量废气重新引入气缸燃烧，从而提高气缸的最高温度。（　　）
10）如果故障诊断仪读取到曲轴位置传感器的故障码，则一定是曲轴位置传感器坏了。
　　　　　　　　　　　　　　　　　　　　　　　　　　　　　　　　　　（　　）

3. 简答题

1) 简述发动机排放指示灯点亮故障的诊断思路。

2) 简要说明燃油蒸发控制系统（EVAP）检修的注意事项。

（二）技能考核

发动机排放指示灯故障作业评分表（见表 2-23）。

表 2-23 发动机排放指示灯故障作业评分表

基本信息	姓名		学号		班级		组别	
	规定时间	30min	完成时间		考核日期		总评成绩	
任务工单	序号	步骤		完成情况		标准分	评分	
				完成	未完成			
	1	考核准备： 材料： 工具： 设备：				10		
	2	车辆安全检查				5		
	3	指示灯点亮情况检查				5		
	4	连接汽车故障诊断仪				5		
	5	读取故障码				5		
	6	读取碳罐电磁阀相关数据流				15		
	7	检查碳罐电磁阀情况				5		
	8	检查燃油蒸发控制系统相关管路情况				15		
	9	检查燃油箱压力保持阀工作情况				5		
	10	分析与处理				5		
安全						5		
5S						5		
团队协作						5		
沟通表达						5		
工单填写						5		

学习单元三

汽车底盘典型故障诊断与检测

项目一　离合器典型故障诊断与检测

项目描述

对于装有手动变速器的汽车而言，因为离合器使用频繁，使用一段时间后离合器的组件间隙会出现异常，零部件会出现磨损甚至失效，进而影响换挡，影响汽车的正常使用。因此，掌握离合器的部件检修和常见故障诊断维修是每一个机修工必备的技能。下面就以离合器的典型故障为例解析离合器的故障诊断流程。

任务一　离合器打滑故障诊断与检测

情境导入

一辆大众 polo 轿车，行驶里程为 99 482 公里，在汽车上坡和超车时出现加速无力现象，经检查发现发动机及行驶系统正常。车主将车开到 4S 店，服务顾问初步判断为离合器故障，请你做进一步的故障确认并排除故障。

学习目标

通过学习，应能：
1. 描述汽车离合器的结构与特点，辨别离合器故障现象类别；
2. 分析故障产生的原因，制定合理的诊断检查方案；
3. 按照维修手册在 30min 内完成离合器自由行程的调整和液压系统排空气的操作；

4. 按照维修手册要求在 30min 内安全规范地完成离合器零部件的检修并做出合理的判定，操作过程中严格执行 5S；

5. 向客户解释故障判断及处理结果。

（一）知识准备

1．摩擦离合器的基本组成和工作原理

1) 基本组成

如图 3-1 所示，摩擦离合器由主动部分、从动部分、压紧机构、分离机构和操纵机构五部分组成。

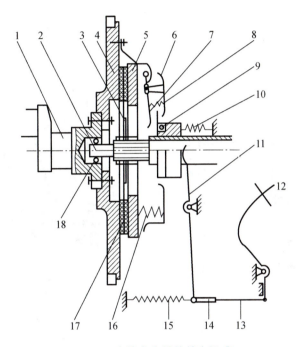

资源 3-1　离合器结构组成图

图 3-1　摩擦离合器的基本组成

1—曲轴；2—变速器一轴；3—从动盘；4—飞轮；5—压盘；6—离合器盖；7—分离杠杆；
8，10，15—回位弹簧；9—分离轴承及分离轴承座；11—分离拨叉；12—离合器踏板；13—分离拉杆；
14—分离拉杆调节叉；16—压紧弹簧；17—从动盘摩擦片；18—轴承

主动部分包括飞轮、离合器盖和压盘。离合器盖通过螺栓固定在飞轮上，压盘与离合器盖通过螺钉或传动片连接，当发动机转动时，动力便经飞轮、离合器盖传到压盘，并一起转动。

从动部分包括从动盘和从动轴（变速器的动力输入轴）。从动盘通过中间的花键毂装在变速器动力输入轴的外花键上，离合器接合时动力由主动部分传至从动部分。

压紧机构指产生压紧作用的压紧弹簧，它们装在压盘与离合器盖之间，用来将压盘和从动盘压向飞轮，使飞轮、从动盘和压盘三者压紧在一起。

分离机构包括分离拨叉、分离轴承、分离套筒和分离杠杆等。

操纵机构包括离合器踏板、分离拉杆、调节叉和回位弹簧。对于液压操纵机构，离合器则包括离合器踏板、主缸、储液罐、油管、工作缸和推杆等。

2)工作原理

(1)接合状态。

离合器在接合状态下,操纵机构各部件在回位弹簧的作用下回到初始位置(见图3-2),分离杠杆内端与分离轴承之间保持有一定的间隙,压紧弹簧将飞轮、从动盘和压盘三者压紧在一起,发动机的转矩经过飞轮及压盘通过从动盘两摩擦面的摩擦作用传给从动盘,再由从动轴输入变速器。

资源3-2 离合器工作原理

(2)分离过程。

离合器分离时,驾驶员踩下离合器踏板,分离轴承在分离拨叉的推动下先消除分离轴承与分离杠杆内端之间的间隙,然后推动分离杠杆内端前移,使分离杠杆外端带动压盘克服压紧弹簧的弹力后移,摩擦作用消失,离合器的主、从动部分分离,动力传递中断,如图3-3所示。

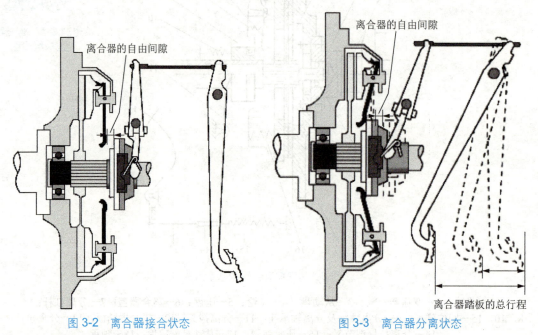

图3-2 离合器接合状态　　图3-3 离合器分离状态

(3)接合过程。

离合器接合时,驾驶员缓慢抬起离合器踏板,在压紧弹簧的作用下,压盘向前移动并逐渐压紧从动盘,使接触面间的压力逐渐增加,摩擦力矩也逐渐增加。当飞轮、压盘和从动盘之间接合还不紧密时,所能传递的摩擦力矩较小,离合器的主、从动部分有转速差,离合器处于滑转状态;随着离合器踏板的逐渐抬起,飞轮、压盘和从动盘之间的压紧程度逐渐增强,主、从动部分的转速也渐趋相等,直到踏板完全抬起、离合器完全接合,主、从动部分之间的转速差消失,接合过程结束。

3)离合器自由间隙和离合器踏板自由行程

资源3-3 离合器踏板行程(自由间隙)

离合器在正常接合状态下,分离杠杆内端与分离轴承之间应留有一个间隙，一般为几毫米，这个间隙称为离合器自由间隙。如果没有自由间隙，从动盘磨损变薄后压盘将不能向前移动压紧从动盘，从而导致离合器打滑，使离合器传递转矩下降、车辆行驶无力，并且会加速从动盘的磨损。

为了消除离合器的自由间隙和操纵机构零件的弹性变形所需要的离合器踏板行程称为离合器踏板的自由行程。该行程在日常使用及维护中要注意及时检查和调整。

离合器分离时必须使压盘向后移动充分的距离（1～3mm），这一距离通过一系列杠杆放大，反映到踏板上就是踏板的有效行程，即在克服自由行程后，继续踩踏板直至接触到车辆底板的踏板行程为止。

自由行程与有效行程之和即为离合器踏板的总行程，如图3-3所示。

2. 摩擦离合器的检修

摩擦离合器在使用中，压盘常出现的问题有端面出现沟槽，压紧弹簧弹力减弱或弹力不均，离合器盖与飞轮的接触面不平，分离杠杆不平或磨损过大甚至弯曲变形等；从动盘常出现的问题有铆钉松动，铆钉露出，摩擦片烧蚀、翘曲，从动盘花键毂松动或花键磨损卡滞等；飞轮常出现端面因磨损出现沟槽、端面跳动量过大、从动轴导向轴承损坏等故障。下面简述针对上述故障对离合器各元件的检修。

1）离合器的检修

（1）目视检查。

① 检查飞轮面是否损坏或有刮痕。

② 检查磨损的飞轮。

③ 检查起动机环形齿轮。

④ 检查离合器压盘及盖。

（2）检修。

① 检测从动盘摩擦片的磨损量：用游标卡尺测量铆钉头的深度，如图3-4所示。若摩擦片工作表面至铆钉头的深度小于0.50mm，则应更换摩擦衬片。

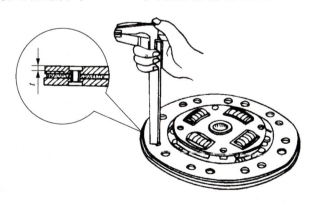

图3-4 摩擦片磨损的检查

注意：检查的是铆钉头的深度，即浅处的深度。

② 检测从动盘的端面圆跳动：如图 3-5 所示，用千分表在距从动盘外边缘 2.5mm 处测量，离合器从动盘最大端面圆跳动为 0.4mm，若超过则进行冷压校正，必要时更换从动盘总成。

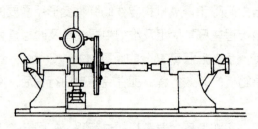

图 3-5 从动盘端面圆跳动的检查

③ 检测从动盘花键孔与变速器第一轴的配合，若齿侧隙超过 0.16mm，则应更换从动盘或变速器第一轴。

④ 膜片弹簧分离指端检查（见图 3-6）：允许膜片弹簧厚度磨损一半。用游标卡尺测量膜片弹簧与分离轴承接触部位磨损的深度和宽度，深度应小于 0.6mm，宽度应小于 5mm，否则应更换。用专业工具盖住弹簧分离指内端（小端），然后用塞尺测量弹簧内端与专用工具之间的间隙，弹簧内端应在同一平面内，间隙不应超过 0.5mm，否则用维修工具将变形过大的弹簧分离指翘起以进行调整。

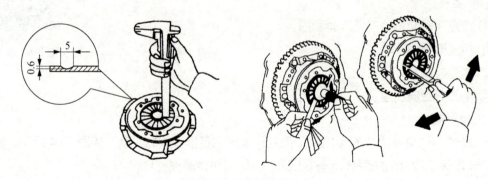

图 3-6 膜片弹簧的检查

⑤ 检查压盘与飞轮表面：有无裂纹和变形，若磨损成伞形，须研平或更换。图 3-7 所示为压盘平面度的检查，离合器压盘平面度不应超过 0.2mm，检查方法是用钢直尺压在压盘上，然后用塞尺测量。

离合器盖与飞轮接合面的平面度应小于 0.5mm，如有翘曲、裂纹、螺纹磨损等应更换离合器盖。

⑥ 飞轮检修：用百分表测量飞轮的端面跳动量，如图 3-8 所示。将百分表吸附在发动机机体上，百分表表针抵在飞轮的最外圈，转动飞轮，测量飞轮的端面圆跳动，应小于 0.1mm。如果端面圆跳动超过标准，应修理或更换飞轮。用手转动轴

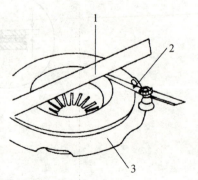

图 3-7 压盘平面度的检查

1—钢直尺；2—塞尺；3—压盘

承（见图3-9），在轴向加力，如果有阻滞或有明显间隙感，则应更换轴承。

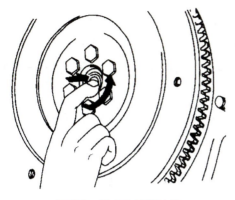
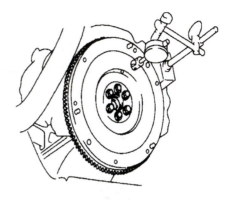

图3-8 检查飞轮摆动量　　　　　　　图3-9 检查飞轮导向轴承

⑦ 分离轴承的检查：固定内缘、转动外缘，同时在轴向施加力，应转动灵活，无异响、卡滞现象，轴向间隙不得超过0.6mm，如图3-10所示。

(3) 在离合器中有油的情况下。

首先辨别离合器上的油是机油还是变速器齿轮油，然后根据油的类型安排更换曲轴后油封或变速器前盖油封等作业。

需要指出的是除了上述部件的检查，对于能分解的其他类型的离合器压盘及盖总成，还应进一步进行分解，分解后再对盖、弹簧、隔热垫等进行检查。

图3-10 检查分离轴承

2) 清洁和润滑

清洁输入轴花键，对于使用过的离合器从动盘要清洁轮毂花键，去除锈蚀并在输入轴花键上涂敷一层极薄的油脂，之后将离合器从动盘在输入轴上往复移动，直到轮毂在轴上活动自如为止。

注意：多余的油脂一定要除去。

3) 离合器液压操纵系统的排气

离合器液压操纵系统中进入空气后，离合器踏板会发软无力，离合器的踏板有效行程会缩短，导致离合器分离不彻底而使变速器换挡困难。因此，当发现液压系统中进入空气后，应及时排气。

(1) 手工排气方法。

① 先向离合器储油罐中加满规定的制动液。

② 取下离合器分泵的防尘帽，拧松分泵的放气螺栓。

③ 将一根与放气螺栓排气嘴尺寸相宜的塑料管的一端套在放气螺栓上，另一端插在装有制动液的瓶中。

④ 由助手踩离合器踏板，观察有气泡从瓶中排出，反复踩离合器踏板，直到无气泡排出为止。

资源3-5 离合器液压操纵系统油液的检查、添加或更换

离合器踏板有效行程增大后，拧紧放气螺栓，取下塑料管。

(2) 加注设备排气方法。

每次对离合器装置的液压系统作业之后须对其进行排气。对离合器装置进行排气的同时应确保制动液没有泄漏至变速箱上。在对离合器装置进行排气之前应先添加制动液至制动液储液罐 max 处，确保离合器踏板处于自然状态。离合器踏板是否处于自然状态的具体检查步骤如下：

① 取下从动缸上的防尘罩。将制动液充放机 BSF-10（见图 3-11）的加压管与制动液储液罐相连接，如图 3-12 所示。

图 3-11　制动液充放机

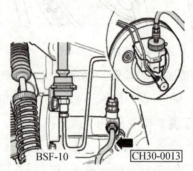

图 3-12　制动液充放机连接

② 将排气软管连接到从动缸排气阀（箭头）上，如图 3-13 所示。开启制动液充放机，工作压力为 2bar。

③ 打开排气阀，排出约 100mL 的制动液后关闭排气阀。

④ 迅速均匀地操纵离合器踏板，从一个极限位置到另一个极限位置，反复操纵 10～15 次。

⑤ 打开排气阀，继续排出 50mL 制动液后关闭排气阀。

⑥ 结束排气过程后多次操纵离合器踏板。

4）离合器踏板自由行程的检查与调整

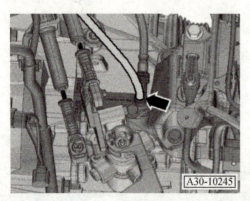

图 3-13　排气软管连接

离合器踏板自由行程的检查与调整可参考具体车型的维修手册，不同车型的踏板自由行程数值有所不同。可用钢板直尺垂直于驾驶室底板和离合器踏板平面，用手轻轻按下离合器踏板直至按不动为止，那么按下去的距离即为离合器踏板的自由行程，如图 3-14 所示。离合器踏板自由行程的调整按离合器操纵机构的不同调整方法及位置也不同，机械操纵式通过调整拉线或拉杆的长度来进行调整；液压操纵式通过调整主缸或工作缸推杆的长度来调

图 3-14　离合器踏板自由行程的检查

整，需要说明的是对于液压操纵式，若调整主缸推杆长度，务必确保主缸推杆和主缸活塞之间有一定间隙，以保证主缸能正常工作。调整踏板自由行程前一定要先进行系统排气，操作时需起动发动机，使助力起作用。

3. 摩擦离合器打滑的故障诊断

1）现象

汽车用低速挡起步，放松离合器踏板后，汽车不能起步或起步困难；汽车加速行驶时，车速不能随发动机转速的提高而提高，感到行驶无力，严重时会产生焦煳味或冒烟。

2）原因

（1）离合器踏板没有自由行程，使分离轴承压在分离杠杆上。

（2）从动盘摩擦片、压盘或飞轮工作面磨损严重，离合器盖与飞轮的连接松动，使压紧力减弱。

（3）从动盘摩擦片油污、烧蚀、表面硬化、铆钉外露、表面不平，使摩擦系数下降。

资源 3-6　离合器打滑故障原因分析

（4）压力弹簧疲劳或折断、膜片弹簧疲劳或开裂，使压紧力下降。

（5）离合器操纵杆系卡滞，分离轴承套筒与导管间油污、尘腻严重，甚至造成卡滞，使分离轴承不能回位。

（6）分离杠杆弯曲变形，出现运动干涉，不能回位。

（7）发动机固定松动，汽车行驶中发动机前后移动影响离合器的自由行程，引起离合器打滑。

（8）离合器主缸或工作缸移动发卡，导致油液不能回到储液罐，从而使离合器分离杠杆不能复位，引起离合器打滑。

3）诊断与排除

（1）检查离合器踏板移动及回位情况，若发卡应检查液压缸或机械拉线或拉杆是否发卡，若液压缸或机械拉线或拉杆发卡，则需要维修或更换。

（2）检查发动机固定是否松动或曲轴轴向间隙是否过大，若松动或间隙过大，则维修调整。

（3）检查离合器踏板自由行程，如不符合规定应予以调整。

（4）如果自由行程正常，应拆下变速器壳，检查离合器与飞轮连接螺栓是否松动，如松动应予以拧紧。

（5）如果离合器仍然打滑，应拆下离合器，检查从动盘摩擦片的状况。如果有油污，一般可用汽油清洗并烘干，然后找出油污来源并设法排除。如果摩擦片磨损严重或有铆钉外露，则应更换从动盘。

（6）如果从动盘完好，则应分解离合器，检查压紧弹簧，如果弹力过软则应更换。

> **特别提示**
>
> 离合器的常见故障有离合器打滑、分离不彻底、发抖、异响等。离合器打滑故障原因主要有压紧力不足和摩擦系数下降或摩擦面积不足。

(二)诊断思路

图 3-15 所示为离合器打滑故障的诊断流程。

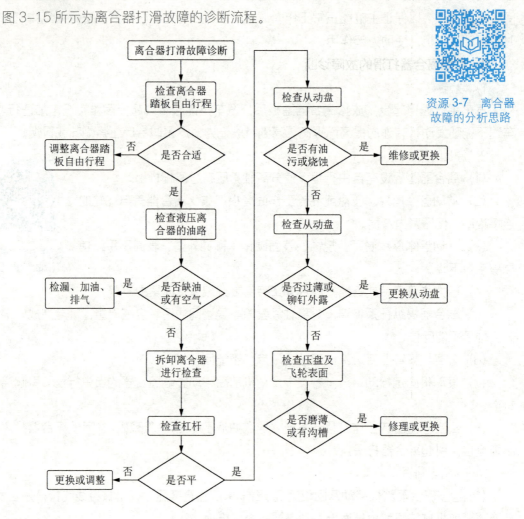

图 3-15　离合器打滑故障诊断流程

(三)案例分析

1. 情景回顾

一辆大众 polo 轿车行驶里程为 99 482 公里,当汽车上坡和超车时出现加速无力现象,经检查发现,发动机及行驶系统正常。车主将车开到 4S 店,服务顾问初步判断为离合器故障,请你做进一步的故障确认并排除故障。

2. 故障现象确认

起动发动机,拉紧驻车制动器操纵手柄,挂上低速挡,缓缓放松离合器踏板,使离合器逐渐接合。汽车不能起步,发动机无负荷感且能继续运转而不熄火,结合情景中提到的加速无力,制动系统、行驶系统、发动机经检查无故障等情况,判定为离合器打滑故障。

3. 故障诊断排除

确定故障后按照图 3-15 所示的流程检查诊断,最终通过拆检发现故障点(见图 3-16

和图 3-17）为离合器压盘及从动盘烧蚀，从动盘与飞轮的接触面有油污。因压盘和从动盘烧蚀较严重，为了彻底排除故障，在征求客户意见后进行换件维修，并更换了发动机曲轴后油封，解决了漏油故障。离合器装复试车，故障现象消失，故障排除。

图 3-16　离合器压盘、从动盘烧蚀点

图 3-17　离合器从动盘油污点

4. 故障分析

离合器压盘及从动盘烧蚀，从动盘与飞轮的接触面有油污，这些故障都造成了离合器摩擦系数降低，并且从图 3-16 中可以看出，从动盘因烧蚀出现了部分摩擦衬片的脱落，这又造成了摩擦面积的不足。

上述因素都会导致离合器产生的摩擦力矩降低，因此当汽车加速即汽车需要离合器传递较大转矩时，因离合器传递转矩的不足就会出现打滑现象，最终导致汽车的动力不足、加速无力。

（四）任务工单（见表 3-1）

表 3-1　离合器打滑故障检修工单

姓名		班级		学号		组别	
车型		离合器类型		作业单号		日期	
故障原因分析							
故障诊断方法及步骤	检查项目					检查结果	
	检查离合器踏板的自由行程						
	检查分离轴承的回位情况及分离杠杆的高度						
	检查离合器盖固定螺栓是否松动						
	检查摩擦片是否磨损过多或沾有油污						
	检查压紧弹簧是否损坏或弹力不足						
	检查压盘、飞轮工作表面的平面度误差						
	检查发动机支座是否松动、移位						
结论							
建议解决故障方法							

任务二　离合器分离不彻底故障诊断与检测

一辆桑塔纳轿车来店维修，车主反映该车在发动机怠速运转时离合器虽已踩到底，但是挂挡困难，变速器内有齿轮撞击声。勉强挂上挡，还没有放松离合器踏板，汽车已开始行驶或熄火。

通过学习，应能：

1. 辨别离合器故障现象类别；
2. 分析故障产生的原因，制定合理的诊断检查方案；
3. 按照维修手册要求在 30min 内安全规范地完成离合器零部件的检修并做出合理的判定，操作过程中严格执行 5S；
4. 向客户解释故障判断及处理结果。

（一）知识准备

1. 故障现象

发动机怠速运转时，踩下离合器踏板，挂挡有齿轮撞击声，且难以挂入；如果勉强挂上挡，则在离合器踏板尚未完全放松时，发动机熄火。

2. 故障原因

（1）离合器踏板自由行程过大。

（2）分离杠杆弯曲变形、支座松动、支座轴销脱出，使分离杠杆内端高度难以调整。

（3）分离杠杆调整不当，其内端不在同一平面内或内端高度太低。

（4）双片离合器中间压盘限位螺钉调整不当，个别分离弹簧疲劳、高度不足或折断，中间压盘在传动销上或在离合器驱动窗口内轴向移动不灵活。

（5）从动盘钢片翘曲、摩擦片破裂或铆钉松动。

（6）新换的摩擦片太厚或从动盘正反装错。

（7）从动盘花键孔与变速器第一轴的花键轴卡滞。

（8）离合器液压操纵机构漏油、有空气或油量不足。

（9）膜片弹簧弹力减弱。

（10）发动机支撑磨损或损坏，发动机与变速器不同心。

3. 诊断与排除

（1）检查离合器踏板自由行程，如果自由行程过大则进行调整。否则对于液压操纵机构，检查储液罐油量是否不足或管路中是否有空气，并进行必要的排除。如果不是上述问题应继续检查。

（2）检查分离杠杆内端高度，如果分离杠杆高度太低或不在同一平面，则进行调整。否则检查从动盘是否装反，如果都没问题则继续检查。

（3）检查从动盘是否翘曲变形、铆钉是否脱落、从动盘是否轴向运动卡滞等，如果是则进行更换或修理。

（4）检查发动机固定是否松动、曲轴的轴向间隙是否过大，若松动或轴向间隙过大则维修调整。

> **特别提示**
> 离合器分离不彻底的故障原因应从离合器的工作行程即有效行程不足、各摩擦件的接触平面翘曲变形或其他因素引起的变形等方面入手。

（二）诊断思路

图 3-18 所示为离合器分离不彻底故障诊断流程。

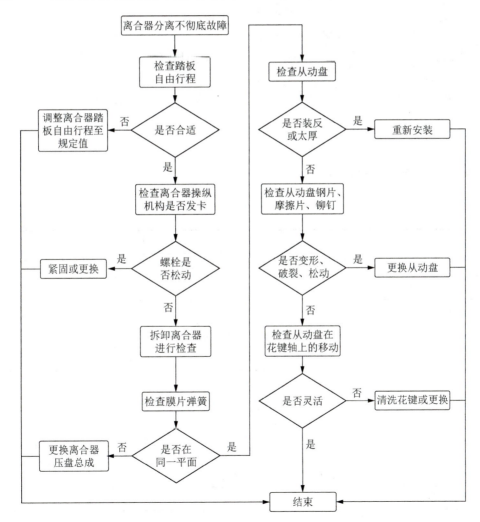

图 3-18 离合器分离不彻底故障诊断流程

(三)案例分析

1. 情景回顾

一辆桑塔纳轿车来店维修,车主反映该车在发动机怠速运转时离合器虽已踩到底,但是挂挡困难,变速器内有齿轮撞击声。勉强挂上挡,还没有放松离合器踏板,汽车已开始行驶或熄火。

2. 故障现象确认

经试车,确认故障现象和驾驶员描述一致。

3. 故障诊断排除

确定故障后按照图3-18所示的流程进行检查诊断。

离合器踏板的自由行程和工作行程都正常,拆检离合器,最终发现故障点为从动盘花键锈蚀(见图3-19),经询问驾驶员得知该车曾经被雨水浸泡过。更换离合器从动盘并对变速器的动力输入轴花键及压盘飞轮进行除锈处理,装车、试车,离合器工作正常,变速器换挡不再发响,车辆起步也正常,故障排除。

图3-19 离合器从动盘故障件

4. 故障分析

车辆浸泡引起离合器部件锈蚀。从动盘花键锈蚀导致压盘后移,从动盘因移动困难仍然贴在压盘上,从而导致分离不彻底故障。

(四)任务工单(见表3-2)

表3-2 离合器分离不彻底故障检修工单

姓名		班级		学号		组别	
车型		离合器类型		作业单号		日期	
故障原因分析							
故障诊断方法及步骤		检查项目				检查结果	
		检查离合器踏板的自由行程和工作行程					
		检查分离轴承的回位情况及分离杠杆的高度					
		检查离合器盖固定螺栓是否松动					
		检查摩擦片是否翘曲变形、扭转减振弹簧是否断裂					
		检查压紧弹簧是否损坏或弹力不均					
		检查压盘、飞轮工作表面的平面度误差					
		检查发动机支座是否松动、移位					
结论							
建议解决故障方法							

考核与评价

（一）理论考核

1. 看图填空

1) 如图 3-20 所示，离合器踏板自由行程应为 _____ mm。

2) 如图 3-21 所示，离合器压盘平面度不应超过 _____ mm。

3) 如图 3-22 所示，膜片弹簧端部磨损的极限值是：深度 _____ mm，宽度 _____ mm。

4) 如图 3-23 所示，从动盘的端面圆跳动：在距从动盘外边缘 _____ mm 处测量，离合器从动盘最大端面圆跳动为 _____ mm。

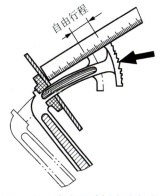

图 3-20　离合器踏板自由行程

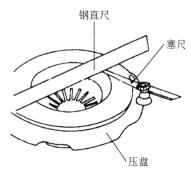

图 3-21　离合器压盘平面度

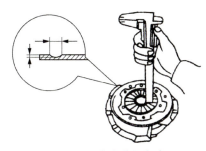

图 3-22　膜片弹簧高度

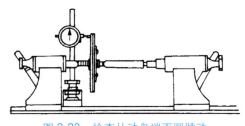

图 3-23　检查从动盘端面圆跳动

5) 如图 3-24 所示，从动盘摩擦片磨损的检查：铆钉头埋入深度应不小于 _____ mm。

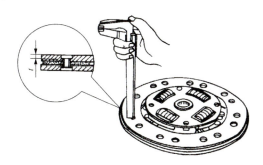

图 3-24　检查铆钉深度

2. 简答题

1) 简述离合器起步发抖的现象、原因、诊断与排除方法。

资源 3-8 汽车起步发抖故障分析

2) 叙述离合器踏板自由行程的含义。

3) 列出离合器打滑故障常见原因及诊断流程。

（二）技能考核

1. 离合器打滑故障作业评分表（见表3-3）

表3-3 离合器打滑故障作业评分表

基本信息	姓名		学号		班级		组别	
	规定时间	20min	完成时间		考核日期		总评成绩	
任务工单	序号	步骤	评分标准				标准分	得分
	1	考核准备	1. 台架安全检查2分； 2. 工具准备清洁2分； 3. 专用工具设备准备1分				5	
	2	离合器自由行程的检查调整	1. 管路检漏10分，要求先添加制动液，然后一人反复踩动离合器踏板并最终将踏板踩到底，另一人检查液压操纵系统，没添加制动液扣5分，没踩下踏板检查扣5分，不做没分； 2. 离合器踏板自由行程检查调整10分，没检查或方法错误扣5分，没调整或经问询调整位置不对扣5分				20	
	3	离合器的拆检	1. 拆卸过程9分，没装定心轴、没做标记、螺栓没对角分次拧松每项扣3分； 2. 从动盘检查10分，是否烧蚀、是否有油污和铆钉孔深度检查每漏一项扣3分； 3. 压紧弹簧检查9分，平整度、磨损和弹力检查每漏一项扣3分； 4. 压盘检查6分，压盘是否有油污和沟槽检查每漏一项扣3分； 5. 飞轮检查6分，飞轮是否有油污和沟槽检查每漏一项扣3分				40	
	4	装复及整理	1. 摩擦件打磨清洁3分； 2. 导向轴承润滑3分； 3. 按标记安装12分，是否按标记装复、螺栓是否分次对角紧固到规定力矩每项扣6分； 4. 工量具清洁归位3分； 5. 场地清洁整理4分，垃圾没分类、清洁不到位每项扣2分				25	
	安全		1. 着工装4分，衣服和工作鞋各占2分； 2. 工具落地每次扣1分，扣完为止； 3. 操作过程中出现人身伤害或工具损坏扣5分				10	

2. 离合器分离不彻底故障作业评分表（见表3-4）

表3-4 离合器分离不彻底故障作业评分表

<table>
<tr><td rowspan="2">基本信息</td><td colspan="2">姓 名</td><td></td><td>学号</td><td></td><td>班级</td><td></td><td>组别</td><td></td></tr>
<tr><td colspan="2">规定时间</td><td>30min</td><td>完成时间</td><td></td><td>考核日期</td><td></td><td>总评成绩</td><td></td></tr>
<tr><td rowspan="12">任务工单</td><td rowspan="2">序号</td><td colspan="2" rowspan="2">步骤</td><td colspan="2">完成情况</td><td rowspan="2" colspan="2">权重</td><td rowspan="2" colspan="2">评分</td></tr>
<tr><td>是</td><td>否</td></tr>
<tr><td>1</td><td colspan="2">考核准备：
材料：
工具：
设备：</td><td></td><td></td><td colspan="2">20</td><td colspan="2"></td></tr>
<tr><td>2</td><td colspan="2">检查离合器踏板的工作行程</td><td></td><td></td><td colspan="2">10</td><td colspan="2"></td></tr>
<tr><td>3</td><td colspan="2">检查分离杠杆的高度</td><td></td><td></td><td colspan="2">5</td><td colspan="2"></td></tr>
<tr><td>4</td><td colspan="2">检查从动轴的导向轴承是否损坏</td><td></td><td></td><td colspan="2">5</td><td colspan="2"></td></tr>
<tr><td>5</td><td colspan="2">检查摩擦片是否翘曲变形、铆钉是否松动</td><td></td><td></td><td colspan="2">5</td><td colspan="2"></td></tr>
<tr><td>6</td><td colspan="2">检查压紧弹簧是否损坏或弹力不不均</td><td></td><td></td><td colspan="2">10</td><td colspan="2"></td></tr>
<tr><td>7</td><td colspan="2">检查压盘、飞轮及离合器盖接触面的平面度误差</td><td></td><td></td><td colspan="2">10</td><td colspan="2"></td></tr>
<tr><td>8</td><td colspan="2">检查发动机支座是否松动、移位</td><td></td><td></td><td colspan="2">10</td><td colspan="2"></td></tr>
<tr><td colspan="3">安全</td><td></td><td></td><td colspan="2">5</td><td colspan="2"></td></tr>
<tr><td colspan="3">5S</td><td></td><td></td><td colspan="2">5</td><td colspan="2"></td></tr>
<tr><td colspan="3">团队协作</td><td></td><td></td><td colspan="2">5</td><td colspan="2"></td></tr>
<tr><td colspan="3">沟通</td><td></td><td></td><td colspan="2">5</td><td colspan="2"></td></tr>
<tr><td colspan="3">工单</td><td></td><td></td><td colspan="2">5</td><td colspan="2"></td></tr>
</table>

项目二 变速器典型故障诊断与检测

项目描述

现代汽车上所采用的变速器有多种结构形式，一般可以按照传动比和操纵方式进行分类。按传动比的级数可分为有级式变速器、无级式变速器（CVT）和综合式变速器（AT）三种，按操纵方式可分为手动变速器（MT）、自动变速器（AT）和手动自动一体变速器（AMT）三种。

在汽车使用中，变速器因为使用频繁，使用一段时间后部件会因磨损造成配合间隙增大，轴承磨损松动则会造成齿轮轴的平行度误差增大，对于自动变速器还会因线路损坏及传感器、执行器等故障导致控制系统故障，维护不及时还会引发油路故障等。上述故障都会影响汽车的正常使用。因此，掌握变速器的部件检修和常见故障诊断维修是每一个机修工必备的技能。下面分别以手动变速器和自动变速器的典型故障为例解析其故障诊断流程。

任务一　手动变速器换挡困难故障诊断与检测

一辆大众 polo 轿车，行驶里程为 98 752 公里，车主反映最近在使用过程中换 3 挡明显感觉困难，即使强行挂上挡位，也会伴随"刺啦"的金属摩擦异响。请你解决本车的变速器挂挡困难故障。

通过学习，应能：

1. 描述汽车手动变速器的结构与特点及工作原理；
2. 分析故障产生的原因，制定合理的诊断检查方案；
3. 按照维修手册在 60min 内完成手动变速器的拆检并做出合理的判定，操作过程中严格执行 5S；
4. 向客户解释故障判断及处理结果。

（一）知识准备

普通齿轮变速器也叫定轴式变速器，由外壳、轴线固定的几根轴和若干齿轮组成，其利用不同齿数齿轮的啮合传动来实现变速、变矩，利用偶数对齿轮的外啮合改变旋转方向。

1. 手动变速器的基本组成

手动变速器包括变速传动机构和操纵机构两大部分。变速传动机构的主要作用是改变速比和旋转方向，操纵机构的主要作用是实现换挡。

变速传动机构是变速器的主体，按工作轴的数量（不包括倒挡轴）可分为两轴式变速器和三轴式变速器。其主要部件包括齿轮、轴、轴承、同步器、壳体和止推垫片等。操纵机构主要包括换挡手柄、换挡拨叉、拨叉轴、拉线或拉杆和自锁互锁装置等。

图 3-25 所示为大众 02T 手动变速器组成图，图 3-26 所示为大众 02T 手动变速器外

资源 3-9　二轴变速器结构原理

部换挡机构，图 3-27 所示为大众 02T 手动变速器内部换挡机构。

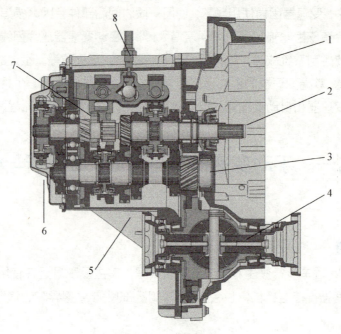

图 3-25　大众 02T 手动变速器

1—离合器壳体；2—输入轴；3—输出轴；4—差速器；5—变速器壳体；6—齿轮箱后盖；
7—倒挡惰性轮；8—倒挡开关

资源 3-10　手动变速器零件检修

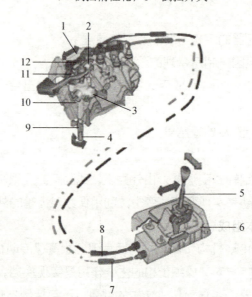

图 3-26　大众 02T 手动变速器外部换挡机构

1—挂挡动作；2—选挡动作；3—换挡装置盖；4—选挡轴；5—换挡杆；6—选挡机构壳体；7—通道选择拉索；
8—挂挡拉索；9—换挡轴；10—角杆；11—挂挡杆；12—继动杆

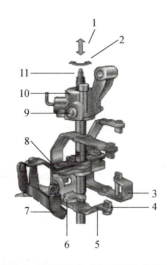

图 3-27 大众 02T 手动变速器内部换挡机构

1—选挡运动；2—换挡运动；3—3/4 挡拨叉；4—换挡凸耳；5—1/2 挡拨叉；6—倒挡拨叉；
7—5 挡拨叉；8—换挡盘；9—锁球；10—换挡机构盖；11—换挡轴

2．手动变速器主要检修项目

1）齿轮和轴承的检修

（1）目视检查齿面是否有斑点，如果斑点轻微可以用油石修磨；如果斑点面积超过 15%，则应更换齿轮。

（2）检查齿厚，如果齿厚磨损超过 0.2mm，则应更换齿轮。

（3）检查齿长的磨损，如果磨损超过 15%，则应更换齿轮。

（4）装好轴承和内座圈后，用百分表检查齿轮与内座圈之间的间隙，标准间隙为 0.009～0.060mm，极限间隙为 0.15mm，如果超标应更换轴承，如图 3-28 所示。

注意：齿轮应成对更换。

2）输入轴、输出轴的检修

（1）目视检查输入轴、输出轴，不应有裂纹，轴颈及花键不应有严重磨损，轴上的齿轮不应有断齿和严重磨损，否则应更换。

（2）检查轴的径向圆跳动（见图 3-29），不应超过 0.05mm，否则应更换或校正。

3）同步器的检修

将同步器锁环压在各自齿轮的锥面上，按压转动同步器锁环时要有阻力，用塞尺测量环齿与轮齿之间的间隙 a，如果不符合规定，应更换锁环，如图 3-30 所示。

需要说明的是不同型号的手动变速器，其不同挡位的同步器间隙 a 的数值是不同的，具体数值要参考具体车型的维修手册。

4）变速器壳体

（1）变速器壳体如有裂纹、砂眼应更换。

（2）变速器轴承孔磨损过大应予更换。

（3）壳体接合面翘曲变形，平面度误差应不大于 0.15mm，如超过应修复或更换。

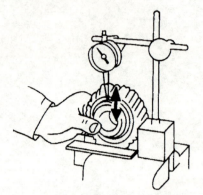
图3-28 齿轮与内座圈之间的间隙检查

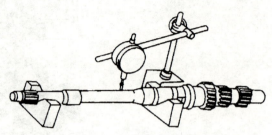
图3-29 百分表测量轴的弯曲变形

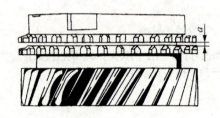
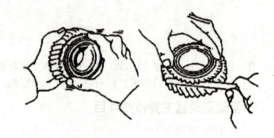
图3-30 同步器锁环磨损检查

5) 拨叉

检查拨叉是否弯曲或扭曲变形，如果变形可用敲击法校正，若有其他问题可更换。换挡凸耳和换挡轴上的拨块磨损可视情况焊修或更换。

6) 拨叉轴

检查拨叉轴，如果弯曲应校正或更换。

3．手动变速器换挡困难的故障诊断

1) 现象

挂挡时不能顺利挂入挡位，常出现齿轮撞击声。

2) 原因

(1) 离合器故障。

(2) 发动机怠速过高。

(3) 同步器故障。

(4) 拨叉轴弯曲、锁紧弹簧过硬、钢球损伤等。

(5) 一轴花键损伤或一轴弯曲。

(6) 齿轮油不足或过量、齿轮油不符合规格。

3) 故障诊断与排除方法

(1) 检查离合器是否有故障、发动机是否怠速过高、同步器是否散架、锥环内锥面螺旋槽是否磨损、滑块是否磨损、弹簧弹力是否过软等。

(2) 如果同步器正常，则检查一轴是否弯曲、花键是否磨损严重。

(3) 检查拨叉轴是否移动正常。

> **特别提示**
> 手动变速器换挡困难的故障应从齿轮油的质和量、齿轮及轴的磨损变形、同步器故障、操纵机构磨损及调整不当等方面入手。

(二) 诊断思路

图 3-31 所示为手动变速器换挡困难诊断流程。

资源 3-11 手动变速器的故障诊断思路

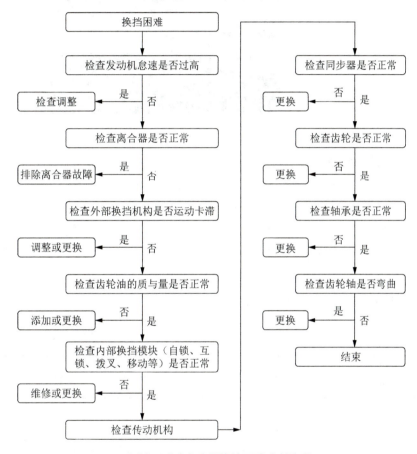

图 3-31 手动变速器换挡困难诊断流程

(三) 案例分析

1. 情景回顾

一辆大众 polo 轿车，行驶里程为 9 8752 公里，车主反映最近在使用过程中换 3 挡明显感觉困难，即使强行挂上挡位，也会伴随"刺啦"的金属摩擦异响。请你解决本车的变速器挂挡困难故障。

2. 故障现象确认

经试车，确认故障现象和驾驶员描述一致，其他挡位换挡还算正常，换 4 挡稍微有些困难，换 3 挡时特别困难。

3. 故障诊断排除

按照图3-35所示手动变速器换挡困难诊断流程进行相关检查，因为3、4挡以外的其他挡位换挡正常，因此首先排除离合器、齿轮油及传动机构的原因。因此对变速器进行拆检，发现如图3-32所示的3挡同步器锁环与3挡齿轮间隙过小的故障。更换3、4挡同步器锁环，装复试车，故障排除。

资源3-12 桑塔纳轿车变速器换挡困难故障诊断

图3-32 3挡同步环故障示意图

4. 故障分析

大众02T手动变速器3、4挡同步器的锁环与齿轮的间隙最小极限值为0.5mm，如图3-32所示的同步器锁环已经紧贴在3挡齿轮上，这就表明同步器锁环内的摩擦螺纹已经被磨没了，导致在换3挡时无法通过产生足够的摩擦力矩来实现同步，因此出现了3挡换挡困难的现象。前面提到的4挡稍好一些是因为4挡的同步器锁环和4挡齿轮间隙虽然较小，但已接近于极限值，即同步器的同步性能已接近上限，因此比3挡换挡要容易一些。

（四）任务工单（见表3-5）

表3-5 手动变速器换挡困难故障检修工单

姓名		班级		学号		组别	
车型		离合器 类型		作业单号		日期	
故障原因分析							
故障诊断方法及步骤	检查项目					检查结果	
	检查离合器踏板的自由行程和工作行程						
	检查齿轮油及发动机怠速						
	检查换挡传动机构						
	检查内部换挡操纵机构						
	检查轴承与齿轮的间隙						
	检查齿轮的磨损倒角情况						
	检查齿轮轴的弯曲情况						
	检查同步器						
结论							
建议解决故障方法							

任务二 自动变速器换挡冲击故障诊断与检测

 情境导入

一辆装有 01M 自动变速器的大众捷达轿车，驾驶员反映车辆在起步时，由停车挡或空挡挂入倒挡或前进挡时，汽车振动较严重。行驶中，在自动变速器升挡的瞬间汽车有较明显的闯动。车主将车开到 4S 店，请你分析并解决该故障。

 学习目标

通过学习，应能：
1. 叙述自动变速器的工作原理及结构特点；
2. 简述自动变速器的故障特点及检修项目；
3. 分析故障产生的原因，并制定合理的诊断检查方案；
4. 排除简单的自动变速器故障并向客户解释故障判断及处理结果。

（一）知识准备

1. 自动变速器的分类

自动变速器按控制方式不同又可分为液控自动变速器和电控自动变速器，目前生产的自动变速器几乎都是电控自动变速器。

自动变速器按传动形式的不同分为行星齿轮自动变速器和非行星齿轮自动变速器，其中行星齿轮自动变速器应用最广泛。

2. 自动变速器的基本组成和工作原理

液控自动变速器主要由液力变矩器、齿轮变速机构、液压控制系统、冷却滤油装置等组成。电控自动变速器除上述四部分外还有电子控制系统。它们的结构、作用及原理可参考自动变速器的相关基础知识。

图 3-33 所示为电控自动变速器的组成和工作原理。

3. 自动变速器的基础检查及常规测试

1）自动变速器油检查

（1）漏油和液位检查。

（2）油液状态检查。

油液状态分析见表 3-6。

资源 3-13 手动变速器跳挡故障诊断

资源 3-14 基本试验

资源 3-15 油面的检查

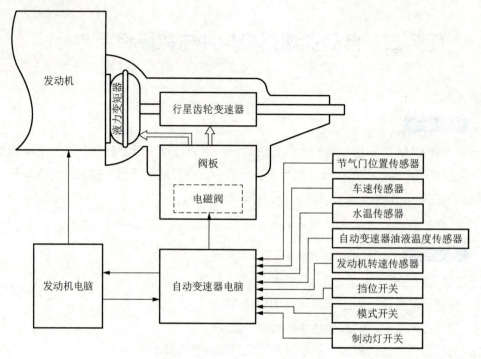

图 3-33　电控自动变速器的组成和工作原理

表 3-6　油液状态分析

油液状态	可能原因	所需操作
油漆状（浅棕或深棕色并发黏）	离合器、制动器烧焦	更换或拆检自动变速器，并检查自动变速器主单元及车辆故障（线束、冷却管等）
乳白色或混浊	自动变速器油液中有水	更换自动变速器油液，并检查可能的渗水点
混入大量金属末	自动变速器油液内有不正常滑块磨损	更换自动变速器油液，并检查自动变速器的工作是否正常

2）失速测试

当前已不再提倡进行失速测试，因为该测试会损坏自动变速器的相关执行元件。但若有故障需要通过失速测试来验证，则应严格遵循相关步骤及要求。测试结果主要用来判断液力变矩器、自动变速器的相关执行元件（单向离合器、离合器、制动器等）是否存在打滑现象。

（1）某挡位的失速转速大于规定值，说明该挡位的相关换挡执行元件存在打滑故障。

资源 3-16　油质的检查

（2）某挡位的失速转速小于规定值，起步时加速性能差，说明发动机存在故障或液力变矩器壳体内的单向离合器打滑失效。

3）时滞测试

在发动机怠速运转时，将选挡杆从空挡拨至前进挡或倒挡后，需要有一段短暂时间的迟滞或延时，才能使自动变速器完成挡位的变换，此时汽

资源 3-17　失速试验

车会产生一个轻微的振动，这一短暂的时间称为自动变速器换挡的迟滞时间。时滞测试就是测出自动变速器换挡的迟滞时间，根据迟滞时间的长短来判断主油路油压及换挡执行元件的工作正常与否，其测试步骤如下：

（1）行驶汽车，使发动机和自动变速器达到正常工作温度。

（2）将汽车停放在水平地面上，拉紧驻车制动。

（3）将选挡杆分别置于"N"位和"D"位，检查和调整怠速。

（4）将自动变速器选挡杆从"N"位拨至"D"位，用秒表测量从拨动选挡杆开始到感觉汽车振动为止所需的时间，该时间称为 N–D 迟滞时间。

（5）将选挡杆拨至"N"位，使发动机怠速运转 1min 后，再做一次同样的试验。共做 3 次试验，取平均值作为 N–D 迟滞时间。

（6）按上述方法，将选挡杆由"N"位拨至"R"位，测量 N–R 迟滞时间。

大部分自动变速器 N–D 迟滞时间小于 1.0～1.2s，N–R 迟滞时间小于 1.2～1.5s。若 N–D 迟滞时间过长，说明主油路油压过低、前进执行器工作不良；若 N–R 迟滞时间过长，说明倒挡油路油压过低、倒挡执行元件磨损过甚或工作不良。

4）油压测试

管路压力测试口位置及各挡位油路油压标准参考所测试自动变速器的维修手册。

（1）油压测试步骤。

① 检查自动变速器油和发动机油的液面高度，如有必要则添加自动变速器油或机油。

② 驾驶车辆行驶约 10min 或直至机油和自动变速器油达到正常工作温度（50℃～80℃）。

③ 在相应的管路压力测试口处安装油压表。

④ 设置驻车制动并挡住车轮。

⑤ 起动发动机并测量怠速和失速时的管路压力。在测试过程中，要始终保持完全踩下制动踏板。在测量失速情况下的管路压力时，应参阅失速测试。

（2）油压测试分析。

油压测试分析如表 3-7 所示。

表 3-7　油压测试分析

	测试结果	可能存在故障的零部件
怠速	在所有位置管路压力均低	1. 油泵磨损； 2. 控制活塞损坏； 3. 调压阀或柱塞卡住； 4. 调压阀弹簧损坏； 5. 在集滤器与调压阀之间有油泄漏； 6. 集滤器堵塞
	在某些位置管路压力低	在手动阀与某些离合器之间有油压泄漏。 例如管路压力：若在"R"和"1"位置低，但是在"D"和"2"位置正常，则在低速挡和倒挡制动器回路或其周围漏油

续表

测试结果		可能存在故障的零部件
怠速	管路压力均高	1. 加速踏板位置信号故障； 2. 自动变速器油温传感器损坏； 3. 管路压力电磁阀卡住； 4. 管路压力电磁阀电路短路； 5. 压力修正阀卡住； 6. 调压阀或柱塞卡住； 7. 降压电阻电路开路
失速	管路压力均低	1. 加速踏板位置信号故障； 2. 管路压力电磁阀卡住； 3. 管路压力电磁阀电路短路； 4. 调压阀或柱塞卡住； 5. 压力修正阀卡住； 6. 先导阀卡住

5）道路测试

通过道路测试，检查自动变速器的总体性能并分析故障原因。道路测试包含发动机起动前的检查、怠速检查和巡航测试三部分。进行道路测试前，应熟悉所有的测试步骤和检查项目，然后进行各个项目的测试，直到找到指定的症状。在道路测试后，排除有问题的项目。

（1）发动机起动前的检查。

检查 OD/OFF 指示灯：

① 将车停放在平整的地面上；

② 将换挡杆置于"P"位置；

③ 将点火开关转至"OFF"位置，等待至少 5s；

④ 将点火开关转至"ON"位置（请勿起动发动机）；

⑤ 检查 OD/OFF 指示灯是否点亮大约 2s（OD/OFF 指示灯位置如图 3-34 所示）：

若是，则转到以下步骤：

a. 将点火开关转至"OFF"位置；

b. 进行自诊断并注意异常项。

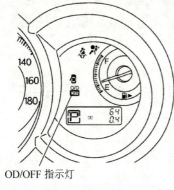

OD/OFF 指示灯

图 3-34 OD/OFF 指示灯位置

若否，则说明存在 OD/OFF 指示灯不亮故障，应停止道路测试，对此故障进行检修后再进行道路测试。

（2）起动检查。

① 将车辆停放在平整的地面上。

② 将点火开关转至"ON"位置（勿起动发动机）。

③ 将换挡杆移动到"P"或"N"位置。

④ 将点火开关转到"START"位置，检查发动机能否起动。若不能起动，则表明存在"P"和"N"位置不能起动故障，检修并排除此故障后继续进行道路测试。

资源 3-18 延时试验

⑤ 检查换挡杆置于"R""D""2"或"1"位置的发动机能否起动。若能起动,表明存在"P"和"N"位置不能起动故障,按维修手册检修并排除此故障后继续进行道路测试。

(3) 移动检查。

① 检查"P"位置车辆的移动。

a. 将换挡杆置于"P"位置;

b. 将点火开关转至"OFF"位置;

c. 松开驻车制动器;

d. 向前或后推动车辆,若车辆能移动,表明换挡杆在"P"位置时存在车动故障,应检修并排除此故障后继续进行道路测试。

② 检查"N"位置车辆的移动。

a. 起动发动机;

b. 将换挡杆置于"N"位置;

c. 松开驻车制动器;

d. 前后推动车辆,若车辆不能移动,表明换挡杆在"N"位置时存在车辆不能移动故障,应检修并排除此故障后冉继续进行道路测试。

③ 检查"R"位置车辆的移动。

a. 起动发动机,挂入"R"挡,松开脚制动器几秒;

b. 检查松开脚制动器后车辆是否能向后移动。若不能,则存在换挡杆在"R"位置时车辆不能倒车故障,检修并排除此故障后继续道路测试。

④ 检查换挡杆置于"D""2"和"1"位置时车辆的移动。

将换挡杆置于"D""2"和"1"位置并检查车辆是否能缓慢向前行驶。若不能,则存在换挡杆在"D""2"或"1"位置时车辆不能向前行驶故障,检修并排除此故障后继续道路测试。

(4) 检查换挡冲击。

① 踩下制动踏板,起动发动机。

② 检查换挡杆从"N"换到其他挡位位置时是否有很大的冲击。若存在巨大冲击故障,则检修并排除此故障后继续道路测试。

(5) 巡航测试。

① 检查 D_1 位置车辆起步状况。

a. 驾驶车辆约 10min,使得机油和自动变速器油达到工作温度;

b. 将车停放在平整的地面上;

c. 按下超速挡控制开关(OD/OFF 指示灯熄灭),将换挡杆置于"P"位置,如图 3-35 所示。

d. 起动发动机。

e. 将换挡杆置于"D"位置。

f. 踩下加速踏板到一半的位置,并保持住,从而加速车辆,读出挡位。检查车辆能否

从 D_1 挡起动。若能,则继续操作;若不能,则存在车辆不能从 D_1 挡起步故障,检修此故障后继续进行道路测试。

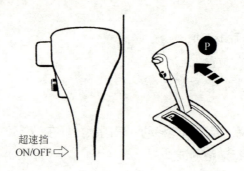

图 3-35　按下超速挡控制开关并将换挡杆置于"P"位置

② 检查换挡点。

a. 车辆在 D 位起步加速,保持加速踏板踩到一半的位置;

b. 读出挡位、节气门开度及车速;

c. 检查自动变速器从 D_1 换到 D_2、从 D_2 换到 D_3 及从 D_3 换到 D_4 时的车速,检查各换挡点车速是否在厂家规定的速度范围内。表 3-8 所示为某车型自动变速器换挡车速标准。

表 3-8　自动变速器换挡车速标准

节气门位置	车辆速度 / $(km \cdot h^{-1})$					
	$D_1 \to D_2$	$D_2 \to D_3$	$D_3 \to D_4$	$D_4 \to D_3$	$D_3 \to D_2$	$D_2 \to D_1$
气门全开	51～59	97～105	154～162	150～158	87～95	41～49
气门半开	31～39	60～68	122～130	63～71	36～44	5～13

d. 若各加挡车速不正常,则存在故障,应进行检修后再继续进行道路测试。

③ 检查加挡和减挡(D_3 到 D_4,D_4 到 D_2)。

a. 按下超速挡控制开关;

b. 将换挡杆置于"D"位置,再次将加速踏板踩下一半从而加速车辆,检查车辆是否从 D_1 起动;

c. 将车辆加速至 80km/h;

d. 释放加速踏板然后迅速踩到底,读取挡位和节气门开度。检查当加速踏板踩到底时自动变速器是否立即从 D_4 挡换到 D_2 挡。若否,则存在不能强制降挡故障。

④ 检查加挡(D_3 到 D_4)及发动机制动。

a. 踩下加速踏板,从 D_2 挡换到 D_3 挡之后释放加速踏板;

b. 读出挡位、节气门开度及车速。检查自动变速器是否从 D_3 挡换到 D_4 挡,而且车辆是否能在发动机制动的作用下减速。若不能,则自动变速器存在 D_3 到 D_4 换挡困难故障。

⑤ 检查轻踩制动踏板减挡(D_4 到 D_3)。

a. 按下超速挡控制开关(OD/OFF 指示灯熄灭);

b. 将换挡杆置于"D"位置；

c. 保持节气门半开，加速车辆并换到 D_4 挡；

d. 轻踩制动踏板使车辆减速；

e. 读取挡位和发动机转速，当自动变速器从 D_4 挡换到 D_3 挡时，检查发动机转速是否平滑地降到怠速。若否，则存在发动机转速不能回到怠速（轻微制动，D_4 到 D_3）故障。

⑥ 检查减挡。

a. 按下超速挡控制开关（OD/OFF 指示灯熄灭）；

b. 将换挡杆置于"D"位置；

c. 保持节气门半开，加速车辆并换到 D_4 挡；

d. 释放加速踏板；

e. 按下超速挡控制开关（OD/OFF 指示灯亮起），读取挡位和车速。检查自动变速器是否从 D_4 换挡到 3_3，检查车辆是否能利用发动机制动减速；

f. 以 D_3 行驶，将换挡杆从"D"转到"2"位置，读出挡位，检查自动变速器是否从 D_3 换挡到 2_2，并检查在此挡位车辆能否利用发动机制动减速；

g. 以 2_2 行驶时，将换挡杆从"2"换到"1"位置，读出挡位，检查自动变速器是否从 2_2 换挡到 1_1，并检查在此挡位车辆能否利用发动机制动减速。

⑦ 检查锁止和锁止保持及释放。

a. 保持加速踏板踩到一半的位置。

b. 当锁止占空比达到 94% 时，读取车速、节气门位置，检查自动变速器在特定速度时是否会锁止。检查发生锁止时的车速是否在厂家规定的速度范围内。表 3-9 所示为某车型自动变速器的锁止发生及释放时的车速。

表 3-9 自动变速器的锁止发生及释放时的车速

节气门位置	换挡杆位置	车辆速度 / (km·h^{-1})	
		锁止"ON"	锁止"OFF"
2.0/8	位置 D	76～84	56～64
	D 位置（OD/OFF）	86～94	83～91

c. 当锁止占空比达到 94% 时，检查自动变速器能否保持锁止状态 30s 以上。

d. 释放加速踏板，当锁止占空比达到 4% 时，检查加速踏板释放时锁止是否能释放。

6）自动变速器拆解后的部件检查

(1) 检查液力变矩器单向离合器。

利用如图 3-36 所示工具检查液力变矩器的单向离合器。

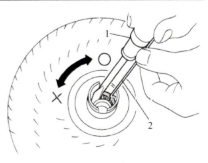

图 3-36 液力变矩器单向离合器检查

1—平头螺丝刀；2—专用检查工具

① 将检查工具插入装在单向离合器外座圈的轴承支座凹槽中。
② 使用检查工具固定轴承支座时,用螺丝刀旋转单向离合器的花键。
③ 检查内座圈是否只能逆时针转动。如果否,则更换液力变矩器总成。

(2) 检查油底壳中的异物。

检查油底壳中的异物,以便确定故障产生的原因。如果自动变速器油极黑、有焦煳味或含有异物颗粒,可能需要更换摩擦材料(离合器,制动带)。如果有不易擦净的黏稠油膜,则说明形成了漆质膜。漆质膜会引起阀、伺服缸和离合器卡死并降低油泵的压力。如果发现有脱落的摩擦材料,则在修理自动变速器后应更换散热器。

(3) 一些机件磨损与损坏检查。

① 检查手动阀与阀体的滑动表面,如图 3-37 所示,如果出现损坏或凹坑,应进行更换。注意在拆检时请勿让手动阀跌落。

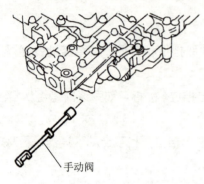

图 3-37 检查手动阀与阀代的滑动表面

② 检查每个蓄压器活塞与变速器壳的滑动表面,蓄压器活塞如图 3-38 所示,如果出现损坏或凹坑,应进行更换。检查蓄压器回位弹簧,如果变形、磨损或自由长度与工作长度不符合要求,应进行更换。O 形密封圈每次解体后都要更换,装配时加自动变速器油。

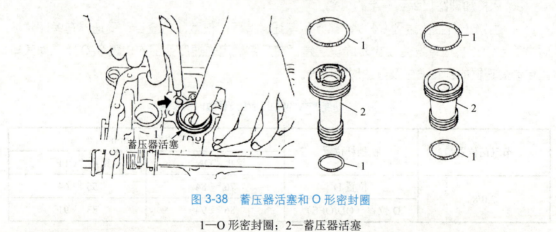

图 3-38 蓄压器活塞和 O 形密封圈

1—O 形密封圈;2—蓄压器活塞

③ 检查制动带、离合器与制动器主从动片表面是否损坏、破裂、磨损或烧蚀,如图 3-39 所示。

④ 检查滚针轴承、止推垫圈,如图 3-40 所示,如果损坏或磨损,则更换。

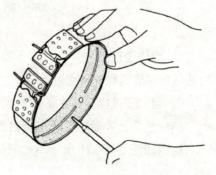

图 3-39 检查制动带表面

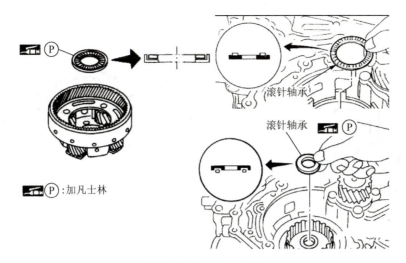

图 3-40 检查滚针轴承

⑤ 检查单向离合器,如图 3-41 所示,如果损坏或磨损,则更换。

⑥ 检查小齿轮垫圈与行星齿轮架之间的间隙,利用塞尺测量,如图 3-42 所示,如果间隙值超过极限值,则更换行星齿轮架。

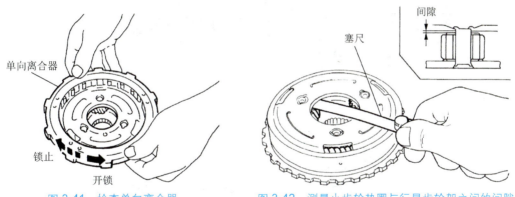

图 3-41 检查单向离合器　　　　　图 3-42 测量小齿轮垫圈与行星齿轮架之间的间隙

⑦ 按要求拆解油泵,检查各种间隙:检查油泵内、外齿轮的侧隙(见图 3-43),检查外齿轮与壳体的间隙(见图 3-44),检查密封圈与壳体槽的间隙(见图 3-45)。检查是否符合厂家规定的油泵标准间隙与允许的限值,若不在允许极限范围内,则更换油泵总成。

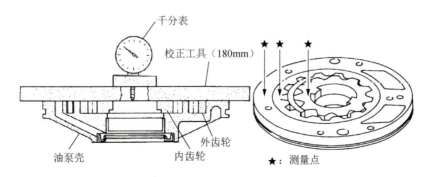

图 3-43 测量内、外齿轮的侧隙

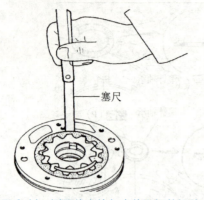 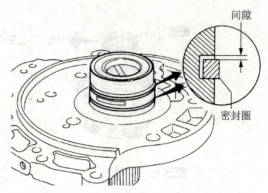

图 3-44 测量外齿轮与壳体之间的间隙　　图 3-45 测量密封圈与壳体槽的间隙

⑧ 按要求拆解阀板，检查各钢球的位置是否准确（见图 3-46），检查各种挡片的位置是否准确（见图 3-47），不准确则需按图纸进行调整。

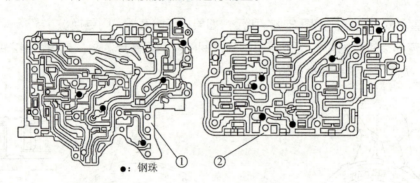

图 3-46 控制阀内体和上体中的钢球

1—控制阀内体；2—控制阀上体

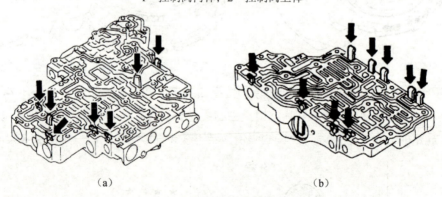

图 3-47 控制阀上体和下体内的挡片

（a）控制阀下体中的挡片；（b）控制阀上体中的挡片

⑨ 检查集滤器滤网是否破损、脏污（见图 3-48），若破损、脏污则需更换。

⑩ 检查电磁阀是否损坏（见图 3-49），测量换挡电磁阀"A"和"B"、管路压力电磁阀、变矩器离合器电磁阀及超越离合器电磁阀的电阻，检查是否符合厂家规定的数值标准，另外还需通过检查电磁阀的密封性及通电后是否正常动作来判断电磁阀是否正常，否则需更换电磁阀。

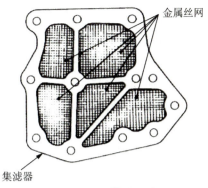

图 3-48 检查集滤器滤网　　图 3-49 电磁阀与自动变速器油温传感器

（二）故障诊断思路

自动变速器的故障主要有换挡冲击过大、换挡正时不当、不能升挡、不能减挡、不能行驶或加速性不良、自动变速器过热及液力变矩器无锁止作用等。下面以其最常见的换挡冲击为例进行故障流程分析。

资源 3-19　空挡启动开关的检查

1. 自动变速器换挡冲击故障现象

汽车行驶中自动变速器始终保持在 1 挡，不能升入 2 挡或高速挡；或可以升入 2 挡，但不能升入 3 挡和高速挡；或在升挡时变速器有明显振动感。

2. 故障产生的原因

（1）发动机怠速过高。

（2）节气门拉索或节气门位置传感器调整不当，主油路调压电磁阀有故障，使主油路压力过大，液压系统工作不良。

（3）换挡执行元件，如制动器或离合器的摩擦元件工作间隙不正常，单向离合器打滑或锁紧不良而出现运动干涉，换挡前的离合器或制动器的分离时间过长或分离不彻底等。

（4）换挡点不正确。

（5）变速器与发动机的支撑胶垫磨损、连接螺栓松动，传动系统的间隙过大或松旷。

（6）蓄压器故障及作用在蓄压器背部的减震缓冲油压不正常。

（7）油压电磁阀不工作。

（8）电子控制系统有故障。

3. 故障的判断与排除

引起该故障的原因有很多，诊断故障时应循序渐进，在认真检查和全面检测的基础上，有针对性地进行分解修理，切不可盲目拆修。若是由调整不当引起的，只要稍做调整即可排除；若是内部控制阀、减震器换挡执行元件有故障，应分解变速器并予以修理；若是电子控制系统有故障，应对其进行检测，找出具体原因，加以排除。具体步骤如下：

（1）检查发动机怠速过高。装有自动变速器的汽车发动机怠速一般为 750r/min 左右，若过高，应按标准进行调整。

（2）检查节气门位置传感器的调整情况。若不符合标准应予以调整。

（3）做道路试验。若升挡过迟，说明故障是升挡过迟所致。如果在升挡之前发动机转速异常升高，导致在升挡的瞬间有较大的换挡冲击，则说明离合器或制动器打滑，应分解自动变速器，予以修理。

（4）检测主油路油压。若怠速时过高，说明主油路调压阀或调压电磁阀有故障，可能是调压弹簧的预紧力过大或阀芯卡滞所致；若怠速时正常，但在前进挡时有较大的冲击，则说明前进挡离合器或倒挡及高速挡离合器的进油单向阀钢球损坏或漏装，应拆卸阀板，予以修理。

（5）检测换挡时的主油路油压。在正常情况下，换挡时的主油路油压会有瞬时的下降。若换挡时该油压没有下降，则说明减震器活塞卡滞，应拆检阀板和减震器予以修理。

（6）检查油压电磁阀的线路及其工作是否正常，电脑是否在换挡瞬间向油压电磁阀发出控制信号。若线路有故障，应予以修复；若电磁阀损坏，应更换电磁阀；若电脑在换挡瞬间没有向油压电磁阀发出控制信号，说明电脑有故障，应更换电脑。

4. 诊断流程小结

鉴于自动变速器的结构、控制原理及逻辑的复杂程度，自动变速器故障诊断应遵循以下流程：

（1）了解故障情况。

资源 3-20　自动变速器的故障分析

在实际检查前，与不满意车辆行驶性能的客户进行交谈，了解症状的表现和发生的条件，特别是有关间歇性故障的有用信息。

（2）常规检查。

开始诊断前，应先进行常规检查，主要项目包括基础检查（油液的质和量、挡位、传感器接线检查等）、车辆移动检查、失速检查和油压检查等。

（3）诊断仪测试。

用诊断仪或电路测试仪进行电路测试。

（4）道路测试。

按照控制逻辑要求进行测试，道路测试变速器各项性能。

（5）检查维修 / 更换。

检查维修 / 更换相应组件（拆检维修相应部件），然后进行路试确认所有故障已排除。

（6）验证。

通过故障码确认程序，确认已完全修复，并清除故障码。

自动变速器换挡冲击故障诊断流程如图 3–50 所示。

> **特别提示**
>
> 自动变速器结构和工作原理都很复杂，导致自动变速器产生故障的原因很多，可能是调整不当或电控系统故障，也可能是油泵、变矩器、控制阀、换挡执行元件等有故障。当出现故障时，若盲目拆卸分解往往不但找不出产生故障的真正原因，甚至造成自动变速器不应有的损坏，因此应充分利用各种检测仪器和手段，按照由外到内、由简到繁的步骤和程序进行诊断。在诊断过程中，应先对电控系统进行检测或做相应调整，然后进行基础检查和调整，再进行性能试验，最后进行分解检修，切忌盲目拆卸。另外就是对自动变速器的检修一定是在对其结构原理及控制逻辑充分掌握的基础上进行的，否则会造成极大的浪费或给车辆行驶带来极大的危险。

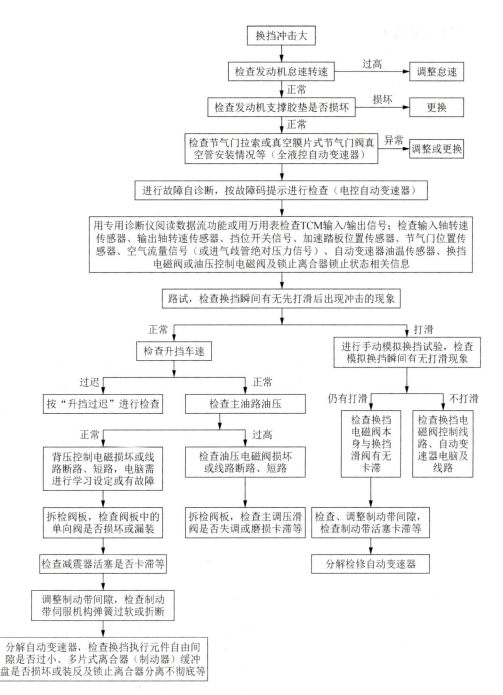

图 3-50 自动变速器换挡冲击故障诊断流程

(二) 案例分析

1. 情景回顾

一辆装有 01M 自动变速器的大众捷达轿车，驾驶员反映车辆在起步时，由停车挡或空挡挂入前进挡时，汽车振动较严重。行驶中，在自动变速器升挡的瞬间汽车有较明显的闯动，但由空挡挂入倒挡则无振动感。车主将车开到 4S 店，请你分析并解决该故障。

2. 故障现象确认

经试车,确认故障现象和驾驶员描述一致。

3. 故障诊断排除

按照图 3-50 所示自动变速器换挡冲击诊断流程进行相关检查。

做基本检查,如检查油面、油质、换挡杆位置、怠速等,未见异常。利用诊断仪检查,无故障码存储。读取相关数据流发现,油温为 105℃,发动机负荷全速试车在 10%～150% 和 0～260N·m 范围内。当节气门位置全速试车在 0～100% 时,节气门 G188 在 3%～97%,G187 在 3%～93%,水温在 80℃～105℃ 范围内。发现以上数据基本正常。

根据可能的故障原因,由流程图可知,通过检查油压就能够判断是机械故障还是液压故障,按照先易后难、先外后内的原则,对油压进行检测。

当油温升到 60℃,检测怠速时 D 挡油压为 3.7bar,正常值为 3.4～3.8bar,说明油压正常。油压正常情况下出现换挡冲击,可以推断故障为执行元件打滑。01M 各挡换挡执行元件工作表见表 3-10,其动力传递图如图 3-51 所示。

表 3-10 01M 各挡换挡执行元件工作表

		B1	B2	K1	K2	K3	F	LC
R		×			×			
1	H			×			×	
	M			×				×
2	H		×	×				
	M		×	×				×
3	H			×		×		
	M			×		×		×
4	H		×			×		
	M		×			×		×

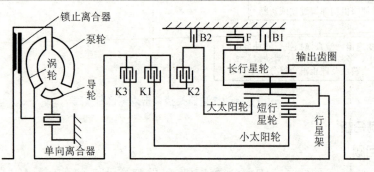

图 3-51 01M 动力传递图

根据以上分析,由于倒挡正常,说明 K2 和 B1 没问题,问题可能出在 K1、B2 上,又因为 D 挡起步就有冲击,因此判定为 K1 故障。模拟做 D 挡失速测试,与相同车型比较,发现测试时的发动机转速偏高，即故障原因可能为 K1 打滑，又因为油压检测正常，因此判定为离合器 K1 机械故障。解体变速器，检查 K1，发现间隙偏大，更换 K1 的摩擦片，并更换自动变速器油，装复试车，故障排除。

（四）任务工单（见表 3-11）

表 3-11 自动变速器换挡冲击故障检修工单

姓名		班级		学号		组别	
车型		离合器类型		作业单号		日期	
故障原因分析							
故障诊断方法及步骤		检查项目				检查结果	
		基本检查（油液检查、接线检查、发动机怠速检查）					
		诊断仪检查（故障码读取、数据读取等）					
		油压检查					
		道路测试					
		拆检换挡执行元件					
		拆检油泵					
		拆检阀板					
		检查电磁阀（电阻、密封性等）					
结论							
建议解决故障方法							

考核与评价

（一）理论考核

1. 手动变速器部分

1）单项选择题

(1) 变速器同时挂入两个挡位，故障由（　　）引起。
　　A. 自锁装置　　　B. 互锁装置　　　C. 齿轮机构　　　D. 变速杆

(2) 为了防止变速器自动换挡和自动脱挡，在变速器操纵机构中设有（　　）装置。

A. 自锁　　　　　B. 互锁　　　　　C. 倒挡锁　　　　D. 其他

(3) 为了保证变速器不会同时换入两个挡位，在变速器操纵机构中设有（　　）装置。

　　A. 自锁　　　　　B. 互锁　　　　　C. 倒挡锁　　　　D. 其他

(4) 为了防止误挂倒挡，在变速器操纵机构中设有（　　）装置。

　　A. 自锁　　　　　B. 互锁　　　　　C. 倒挡锁　　　　D. 其他

(5) 使用比维修手册规定更浓的润滑油最有可能导致（　　）。

　　A. 跳挡　　　　　B. 换挡困难　　　C. 齿轮锁止　　　D. 齿轮滑移

(6) 换挡操纵机构调整不当可能会造成（　　）故障。

　　A. 齿轮撞击　　　　　　　　　　　B. 换挡困难

　　C. 跳挡　　　　　　　　　　　　　D. 以上各项均正确

2) 多项选择题

(1) 变速器传动机构的主要作用是（　　）。

　　A. 改变转矩　　　　　　　　　　　B. 改变转速

　　C. 改变齿轮旋转方向　　　　　　　D. 改变发动机转速

(2) 以下会造成挂挡困难的是（　　）。

　　A. 同步器损坏　　B. 变速器油变质　　C. 变速器输入轴弯曲

　　D. 变速器输出轴弯曲　　　　　　　E. 操纵机构调整不当

(3) 变速器的好坏对汽车工作性能的影响是（　　）。

　　A. 影响动力的传递　　B. 使燃料消耗增加　　C. 烧坏离合器摩擦片

　　D. 损坏变速箱机件　　E. 在汽车行驶过程中产生噪声

(4) 手动变速器的常见故障有（　　）。

　　A. 跳挡　　　　　B. 乱挡　　　　　C. 挂挡困难　　　D. 异响

3) 判断题

(1) 变速器的挡位越低，传动比越小，汽车的行驶速度越低。（　　）

(2) 汽车上设置变速器是为了改变发动机扭矩、增加发动机功率。（　　）

(3) 从车辆上更换下来的变速器油不需要进行任何处理，可直接排放。（　　）

(4) 变速器挂挡困难故障与离合器工作性能的好坏毫无关系。（　　）

(5) 必须保证变速器操纵机构在任何行驶条件下都能准确和可靠地工作。（　　）

(6) 变速器操纵机构的检查和调整分为内、外操纵机构的检查和调整。（　　）

4) 简答题

(1) 请简述造成变速器脱挡故障的原因。

资源 3-21　自动变速器的常规检查

(2) 请简述造成变速器挂挡困难故障的原因。

2. 自动变速器部分

1) 单项选择题

(1) 锁止离合器锁止的是哪两个部件？（　　）
  A. 泵轮与涡轮轴　　B. 泵轮与导轮　　C. 导轮与涡轮轴　　D. 涡轮与导轮

(2) 行驶中突然挂上倒挡会造成什么后果？（　　）
  A. 挂不上挡　　　　　　　　　　　　B. 无影响
  C. 勉强挂上挡，严重时造成变速器损坏

(3) 装有自动变速器的车辆，自动变速器损坏后拖车时应注意什么？（　　）
  A. 车速不能超过 50km/h　　　　　　B. 行驶里程不能超过 50km
  C. 放在"N"挡位置　　　　　　　　　D. 无须注意

(4) 装有自动变速器的汽车不能行驶，就变速器而言可能的故障原因是（　　）。
  A. 油面过低　　　　　　　　　　　　B. 油面过高
  C. 蓄压器损坏　　　　　　　　　　　D. 变速器电脑损坏

2) 填空题

(1) 自动变速器可能出现的故障有 _____、_____、_____、_____ 和 _____。

(2) 自动变速器的液控元件包括 _____、_____、_____ 和 _____。

(3) 电磁阀检查的项目包括 _____、_____ 和 _____。

(4) 01M 自动变速器的换挡执行元件包括 _____、_____、_____、_____、_____ 及单向离合器。

3) 判断题

(1) 自动变速器油面过高会导致打滑。（　　）
(2) 换挡迟滞时间 1 挡最长。（　　）
(3) 离合器间隙过大会导致换挡冲击。（　　）
(4) 单向离合器损坏会导致发动机制动作用失效。（　　）
(5) 锁止离合器故障会导致汽车加速无力。（　　）
(6) 自动变速器油油温过高会导致汽车不能行驶故障。（　　）

4）简答题

（1）写出自动变速器无前进挡故障诊断流程。

（2）写出自动变速器换挡冲击故障诊断流程。

（二）技能考核

1. 手动变速器换挡困难故障作业评分表（见表3-12）

表 3-12　手动变速器换挡困难故障作业评分表

基本信息	姓 名		学号		班级		组别	
	规定时间	60min	完成时间		考核日期		总评成绩	
任务工单	序号	步骤		完成情况		权重	评分
				是	否		
	1	考核准备： 材料： 工具： 设备：				10	
	2	检查离合器踏板的自由行程和工作行程				10	
	3	检查齿轮油及发动机怠速				10	
	4	检查换挡传动机构				10	
	5	检查内部换挡操纵机构				10	
	6	检查轴承与齿轮的间隙				10	
	7	检查齿轮的磨损倒角情况				10	
	8	检查齿轮轴的弯曲情况				10	
	9	检查同步器				10	
安全						5	
5S						5	

2. 自动变速器换挡冲击故障作业评分表（见表3-13所示）

表3-13 自动变速器换挡冲击故障作业评分表

基本信息	姓名		学号		班级		组别	
	规定时间	60min	完成时间		考核日期		总评成绩	
任务工单	序号	步骤		完成情况		权重	评分	
				是	否			
	1	考核准备： 材料： 工具： 设备：				7		
	2	基本检查（油量、油质、线路、发动机固定及怠速连接每项3分）				15		
	3	诊断仪检查（故障码读取、数据读取每项5分）				10		
	4	油压检查（各挡油压检查，每项2分）				10		
	5	换挡执行元件检查（离合器、制动器每项5分）				10		
	6	阀板检查（单向阀、钢球位置、挡片位置每项3分）				9		
	7	蓄压器检查（弹簧、壳体每项5分）				10		
	8	油泵检查（齿轮与壳体、密封圈与槽每项5分）				10		
	9	电磁阀检查（电阻、密封性及通电动作每项3分）				9		
安全						5		
5S						5		

项目三 汽车转向及行驶系统故障诊断与检测

项目描述

对于汽车而言，转向系统是一安全系统，即转向系统若出现故障将直接影响行车安全。行驶系统是故障率较高的系统，同样也会影响行车安全及汽车的正常使用。因此，掌握转向、行驶系统的部件检修和常见故障诊断是每一个机修工必备的技能。下面就以转向沉重、行驶跑偏两个典型故障为例解析转向、行驶系统的故障诊断流程。

任务一　汽车转向沉重故障诊断与检测

情境导入

一辆大众 Polo 轿车行驶里程为 45 000km，该车采用电动液压助力式转向系统，客户来 4S 店后，反映该车近期出现转向沉重故障。作为维修技师，请你制定维修方案并排除该故障。

学习目标

通过学习，应能：
1. 通过与客户交流、查阅相关维修技术资料等获取车辆检修信息；
2. 根据故障症状制订正确的检修计划；
3. 使用故障诊断仪和专用设备对转向系统进行检测；
4. 正确记录、分析检测结果并判断故障点；
5. 正确地排除汽车转向沉重的故障。

（一）知识准备

1. 转向系统的功能类型

汽车转向系统的功能是按照驾驶员的意愿控制汽车的行驶方向。这种由驾驶员操纵、转向轮偏转和回位的一整套机构，称为汽车转向系统。汽车转向系统按转向能源的不同分为机械转向系统和动力转向系统两大类。

资源 3-22　动力转向系统

1）机械转向系统

完全靠驾驶员的体力作为转向能源的转向系统。

2）动力转向系统

借用外动力助力来操纵的转向系统。动力转向系统又可分为液压助力转向系统和电动助力转向系统。

2. 转向系统的组成

机械转向系统以驾驶员的体力作为转向能源，又称为人力转向系统，其一般由三部分组成，即转向操纵机构、转向器和转向传动机构。下面重点讲述当前轿车常用的动力转向系统。图 3-52 所示为电动液压助力转向系统，图 3-53 所示为电动机械助力转向系统。

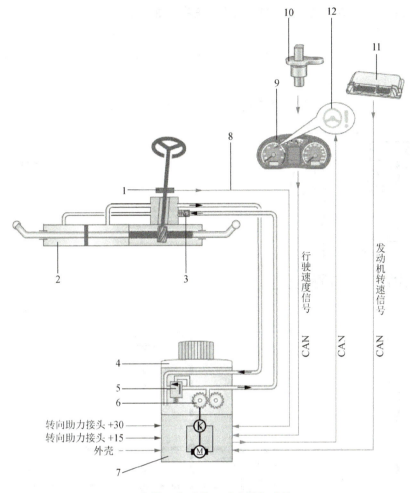

图 3-52 电动液压助力转向系统

1—助力转向传感器 G250；2—助力转向传动装置；3—止回阀；4—液压油储油罐；5—限压阀；6—齿轮泵；7—电动泵；8—转向角速度信号；9—仪表板 J285 中带显示单元的控制单元；10—车速测量传感器 G22；11—发动机控制单元 J220；12—转向控制灯 K92

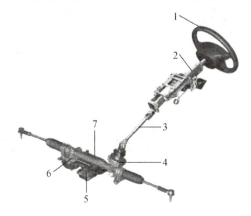

图 3-53 电动机械助力转向系统

1—方向盘；2—转向柱；3—十字万向轴；4—转向力矩传感器 G269；5—转向辅助控制单元 J500；6—转向器；7—电动机械转向助力器 V187

资源3-23 新POLO转向系统

3. 电动助力转向系统（EPS）的检修

电动助力转向系统故障点无非就是油的问题、泵的问题、控制阀的问题、动力缸的问题及机械问题等。下面重点介绍当前轿车广泛使用的电动助力转向系统的检修。

1）EPS检修电路（见图3-54～图3-56）

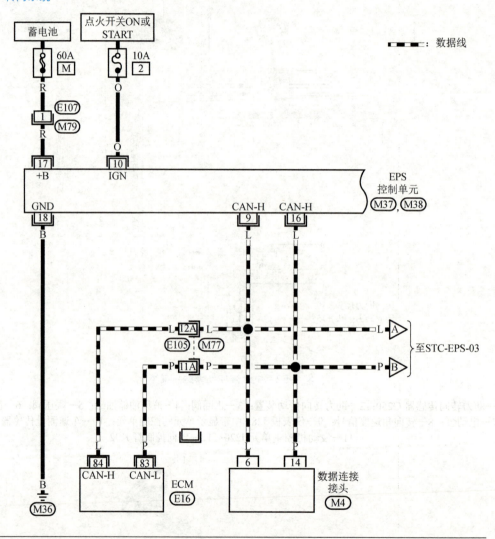

图3-54 EPS检修电路1

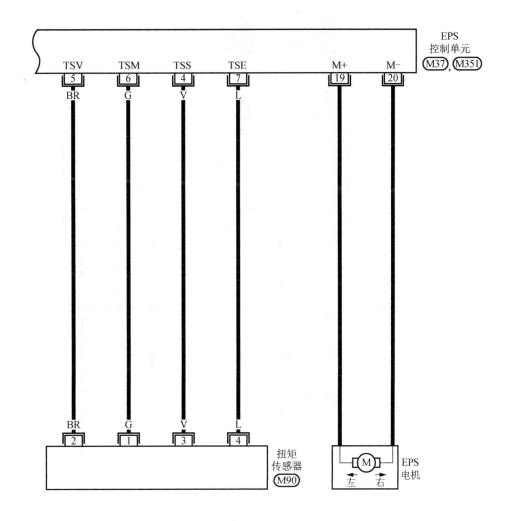

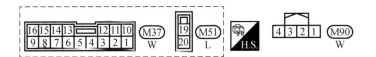

图 3-55 EPS 检修电路 2

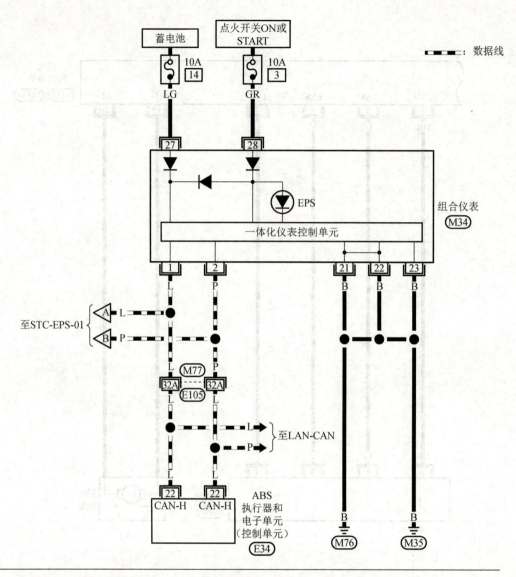

图 3-56　EPS 检修电路 3

2）EPS 控制单元输入 / 输出信号标准

EPS 控制单元输入 / 输出信号的标准见表 3-14～表 3-16，在进行检测时要将测量值与标准数值进行对比，并根据故障代码分析具体故障部位。

表 3-14 电路检测仪参考值

端口		测量点	测量状态	标准
+（电线颜色）	—			
4（V）	接地	扭矩传感器（辅助）	点火开关在"ON"位置，方向盘位于中置位置	约 2.5V
5（BR）	接地	扭矩传感器电源	点火开关处于"ON"位置	约 8V
6（G）	接地	扭矩传感器（主）	点火开关在"ON"位置，方向盘位于中置位置	约 2.5V
7（L）	接地	扭矩传感器接地	—	导通
9（L）	接地	CAN-H	—	—
10（O）	接地	点火电源	点火开关处于"ON"位置	蓄电池电压（约 12V）
			点火开关关闭	约 0V
16（P）		CAN-L	—	—
17（R）	—	蓄电池电源	点火开关在"ON"或"OFF"位置	蓄电池电压（约 12V）
18（B）	接地	接地	—	导通
19（−）	—	电机（+）	—	—
20（−）		电机（−）		

表 3-15 EPS 诊断仪标准

监控项目	数据监控	
	状态	正常操作的参考值
助力电动机电压	点火开关在"ON"位置或者发动机运行	蓄电池电压（约 12V）
转向力矩传感器指示	点火开关在"ON"位置或者发动机运转的情况下，顺时针或逆时针转动方向盘	中置位置（转向力为 0N）：约 0N·m，测量值会根据左右转向变化
电动机当前电路		中置（转向力为零，车轮正前）：约 0A，测量值会根据左右转向变化
车速	点火开关在"ON"位置或者发动机运行	几乎与车速表显示的值一致。点火开关刚转到"ON"位置后显示值可能不一致，但这不是故障
警告灯		EPS 警告灯开启：ON；EPS 警告灯关闭：OFF
发动机状态		显示发动机状态

表 3-16　EPS 诊断仪故障代码一览表

诊断仪故障代码	诊断项	如有下列情况，则检测到诊断项项目
C1601	BATTERY_VOLT	EPS 电源故障
C1604	TORQUE_SENSOR	转向柱总成中的扭矩传感器故障
C1606	EPS_MOTOR	电机驱动器故障或 EPS 控制单元故障
C1607	EEPROM	EPS 控制单元的 EEPROM 故障
C1608	CONTROL_UNIT	EPS 控制单元内部故障
C1609	CAN_VHCL_SPEED	通过 CAN 通信接收的车速信号故障
C1610	CAN_ENG_PRM	通过 CAN 通信接收的发动机信号故障
U1000	CAN_COMM_CIRCUIT	在 CAN 通信电路中检测到故障

3）EPS 的基本检修

（1）电源电路端口松动和蓄电池检修。

检查蓄电池正极/负极端及接地端是否松动，同时确认蓄电池电压正常。

（2）EPS 警告灯检修。

① 在打开点火开关的情况下，确保 EPS 警告灯点亮。

② 如果不点亮，则检查 CAN 通信电路。

③ 点火开关转动到"ON"位置且发动机起动之后，确保 EPS 警告灯关闭。如果没有熄灭，则执行自诊断。

④ 故障诊断结束之后，一定要清除故障码记忆。

（3）EPS 控制单元供电与接地电路的检修。

① EPS 控制单元接头的检查。

将点火开关转到"OFF"位置，并将 EPS 控制单元线束接头断开，然后检查端口有无变形、断开、松弛等异常。如正常则转至下一步，若异常则检查接头端口是否出现松动、损坏、开路或短路。相应端口要进行修理或更换。

② 检查 EPS 控制单元接地电路。

断开 EPS 控制单元线束接头 M38，然后检查 EPS 控制单元线束接头及 M38 与接地之间的导通性。

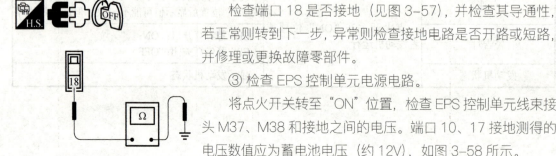

检查端口 18 是否接地（见图 3-57），并检查其导通性，若正常则转到下一步，异常则检查接地电路是否开路或短路，并修理或更换故障零部件。

③ 检查 EPS 控制单元电源电路。

将点火开关转至"ON"位置，检查 EPS 控制单元线束接头 M37、M38 和接地之间的电压。端口 10、17 接地测得的电压数值应为蓄电池电压（约 12V），如图 3-58 所示。

图 3-57　检查端口 18 的导通性

若数据正常，则电源和接地电路正常；若异常，则表明电源电路开路或短路，需修理或更换故障零部件。

4）EPS 常见故障的检修

（1）蓄电池电压故障。

① 检查 EPS 控制单元接头。

将点火开关转到"OFF"位置，断开 EPS 控制单元线束接头，检查端子有无变形、断开和松弛等异常。

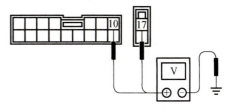

图 3-58 检查端口 10、17 的导通性及电压

重新安装接头，确保牢固并执行自诊断，检查在自诊断中是否显示"BATTERY_VOLT"，如果是则转到下一步，否则为接头端口出现松动、损坏、开路或短路，需修理或更换端口。

② 检查 EPS 控制单元接地电路。

关闭点火开关，断开 EPS 控制单元线束接头 M38，然后检查 EPS 控制单元线束接头 M38 与接地之间的导通性。检查端口 18 是否接地导通，若是则转到下一步，否则为接地电路开路或短路，需修理或更换故障零部件。

③ 检查 EPS 控制单元电源电路。

将点火开关转至"ON"位置，检查 EPS 控制单元线束接头 M37、M38 和接地之间的电压，端口 10、17 应接地，测得的电压应为蓄电池电压（约 12V）。若数据测量正常，则转到下一步，否则为接头端口出现松动、损坏、开路或短路，需修理或更换故障零部件。

④ 检查 EPS 控制单元。

将点火开关转到"OFF"位置，断开 EPS 控制单元线束接头，起动发动机，在测试仪数据监控中检查"MOTOR VOL"，其电压应为 10～16V。若数据正常，则转至下一步，否则为 EPS 控制单元故障，需更换 EPS 控制单元。

⑤ 检查电源电路。

关闭前大灯、A/C、鼓风机以及后窗除雾器。转动方向盘，直至转不动。同时在测试仪数据监控中检查"MOTOR VOL"，其电压应为 10～16V。若正常则检测结束，否则为电源电路开路或短路，需修理或更换故障零部件。

（2）扭矩传感器故障检修。

① 检查 EPS 控制单元接头。

将点火开关转到"OFF"位置，断开 EPS 控制单元线束接头，然后检查端口有无变形、断开和松弛等异常。

牢固地重新安装接头并执行自诊断，检查在自诊断中是否显示"TORQUE SENSOR"，若是则转至下一步，否则为接头端口出现松动、损坏、开路或短路，应修理或更换端口。

② 检查扭矩传感器接头。

将点火开关转到"OFF"位置，断开扭矩传感器线束接头，然后检查端口有无变形、松弛等异常，重新牢固安装接头并执行自诊断，检查在自诊断中是否显示"TORQUE SENSOR"，若是则转至下一步，否则应是接头端口出现松动、损坏、开路或短路，应修理或更换端口。

③ 检查扭矩传感器线束。

将点火开关转到"OFF"位置，断开 EPS 控制单元线束接头以及扭矩传感器线束接头。检查 EPS 控制单元线束端口 M37 与扭矩传感器线束接头 M90 之间的导通性，若线束正常则转至下一步，否则为线路断路或短路故障，应维修或更换线束。

④ 检查扭矩传感器的电源。

连接 EPS 控制单元与扭矩传感器线束接头，将点火开关转至"ON"位置，将方向盘转到中置位置（转向力为0N），然后检查 EPS 控制单元线束接头 M37 的电压，即扭矩传感器电源，端口 5、7 间电压约为 8V（见图 3-59），如正常则转至下一步，否则为 EPS 控制单元故障，应更换 EPS 控制单元。

⑤ 检查扭矩传感器信号。

将方向盘转到中置位置（转向力为0N），然后检查 EPS 控制单元线束接头 M37 的电压，扭矩传感器（辅）端口 4、7 间电压应为 2.5V，扭矩传感器（主）端口 6、7 间电压约为 2.5V（见图 3-60），若正常则为 EPS 控制单元故障，需更换 EPS 控制单元，若异常则为扭矩传感器故障，应更换转向柱总成（包括电机、减速齿轮、传感器）。

图 3-59　扭矩传感器电源电压的测量　　　图 3-60　扭矩传感器信号检测

(3) 电机故障检修。

① 检查 EPS 控制单元接头。

将点火开关转到"OFF"位置，断开 EPS 控制单元线束接头，检查端口有无变形、断开、松弛等异常现象。重新牢固安装接头并执行自诊断，检查在自诊断中是否显示"EPS MOTOR"，若显示则转到下一步，若不显示则为接头端口出现松动、损坏、开路或短路，应修理或更换端口。

② 检查电机电阻。

将点火开关转到"OFF"位置，从 EPS 控制单元上断开电机线束接头 M351，检查电机线束接头 M351 端口之间的电阻，用欧姆表测量端口 19、20 间电阻（见图 3-61），若测得的阻值大约为 0.1Ω 或更小，则为 EPS 控制单元故障，需更换 EPS 控制单元。

若测量数据不在上述范围，则是电机故障，需更换转向柱总成（包括电机、减速齿轮、传感器）。

(4) EEPROM 故障检修。

① 检查 EPS 控制单元接头。

将点火开关转到"OFF"位置，断开 EPS 控制单元线束接头，然后检查端口有无变形、断开和松弛等异常现象。

② 牢固地重新安装接头并执行自诊断，检查在自诊断中是否显示"EEPROM"，若显示，则为 EPS 控制单元故障，需更换 EPS 控制单元；若不显示，则为接头端口出现松动、损坏、开路或短路，应修理或更换端口。

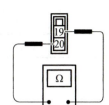

图 3-61 电机线束接头电阻值测量

(5) 控制单元故障检修。

① 检查 EPS 控制单元接头。

将点火开关转到"OFF"位置，断开 EPS 控制单元线束接头，然后检查端口有无变形、断开和松弛等异常。若正常则转到下一步，若异常则为接头端口出现松动、损坏、开路或短路，需修理或更换端口。

② 检查 EPS 控制单元接地电路。

断开 EPS 控制单元线束接头 M38，然后检查 EPS 控制单元线束接头 M38 与接地之间的导通性。若正常则转到下一步，若异常则是接地电路开路或短路，应修理或更换故障零部件。

③ 检查 EPS 控制单元电源电路。

将点火开关转至"ON"位置，检查 EPS 控制单元线束接头 M37、M38 和接地之间的电压，端口 10、17 应接地，测得的电压应为蓄电池电压（约 12V）。若数据正常，则转至下一步，否则为电源电路开路或短路，需修理或更换故障零部件。

④ 检查 EPS 控制单元。

牢固连接 EPS 控制单元线束接头并执行自诊断，检查在自诊断中是否显示"CONTROL UNIT"，若显示则是 EPS 控制单元故障，需更换 EPS 控制单元；若不显示，则检测结束。

(6) 车辆速度信号故障检修。

① 检查 ABS 执行器和电子单元（控制单元）。

执行 ABS 执行器和电子单元（控制单元）自诊断，若正常则转至下一步，若异常则修理或更换故障零部件。

② 检查车速表。

执行组合仪表（车速表）自诊断（结果见表 3-17），若正常则转至下一步，若异常则修理或更换故障零部件。

③ 检查 EPS 控制单元线束接头。

将点火开关转到"OFF"位置，断开 EPS 控制单元线束接头，然后检查端口有无变形、断开和松弛等异常。

表 3-17　EPS 控制单元自诊断显示结果 1

项目	自诊断结果
1	CAN_VHCL_SPEED
2	CAN_COMM_CIRCUIT

重新牢固安装接头并执行自诊断，若自诊断中显示"CAN_VHCL_SPEED"，则 EPS 控制单元发生故障，需更换 EPS 控制单元；如果显示"CAN_COMM_CIRCUIT"，则应检查通信电路。

若接头端口出现松动、损坏、开路或短路，则修理或更换端口。

(7) 发动机信号故障检修。

① 检查发动机速度信号。

确保诊断仪数据监控上显示的速度信号值与车速表上的一致，若正常则转至下一步，否则应检查车速表与电路。

② 检查 EPS 控制单元接头。

将点火开关转到"OFF"位置，断开 EPS 控制单元线束接头，然后检查端口有无变形、断开和松弛等异常。

重新牢固安装接头并执行自诊断，结果见表 3-18。

表 3-18　EPS 控制单元自诊断显示结果 2

项目	自诊断结果
1	CAN_ENG_RPM
2	CAN_COMM_CIRCUIT

若在自诊断中显示"CAN_ENG_RPM"，则是 EPS 控制单元故障，应更换 EPS 控制单元；如果显示"CAN_COMM_CIRCUIT"，则应检查 CAN 通信电路。

若不显示，则是 EPS 控制单元接头端口出现松动、损坏、开路或短路，需修理或更换端口。

(8) 转向角传感器 G85。

控制器或该传感器更换后，必须重新校准零点。当该传感器出现故障时，助力转向装置控制单元 J500 储存该传感器的故障记忆。诊断仪可以识别到该传感器以下的故障记忆，见表 3-19。

表 3-19　转向角传感器 G85 的故障记忆

项目	转向角传感器 G85 的故障记忆	项目	转向角传感器 G85 的故障记忆
1	转向角传感器没有信号	4	损坏
2	调整错误	5	不可信信号
3	机械故障		

(二)诊断思路

图 3-62 所示为电动机械助力转向系统转向沉重故障的诊断流程,图 3-63 所示为电动液压助力转向系统故障诊断流程。

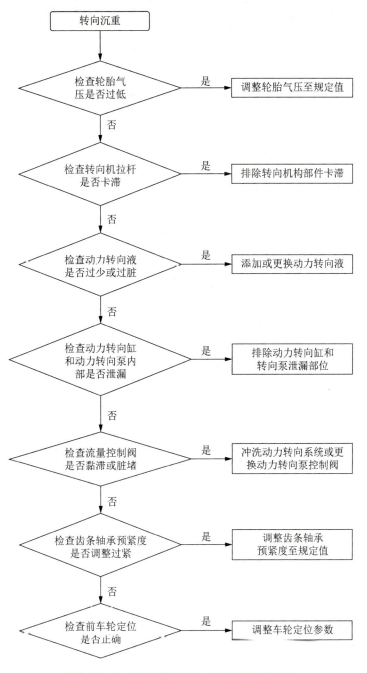

图 3-62 电动机械助力转向系统故障诊断流程

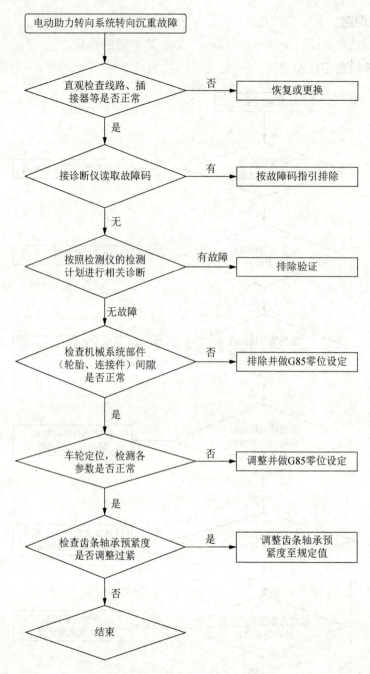

图 3-63 电动液压助力转向系统转向沉重故障诊断流程

（三）案例分析

1．情景回顾

一辆大众 Polo 轿车行驶里程为 45 000km，该车采用电动液压助力式转向系统，客户来 4S 店后，反映该车近期出现转向沉重的故障。作为维修技师，请你制定维修方案并排除该故障。

2．故障现象确认

根据客户的反映，经试车验证，确实存在转向沉重故障。

3. 故障诊断排除

经和客户交流，该车没有发生过交通事故，仅仅在其他 4S 店更换过转向角传感器 G85，更换后就出现了转向沉重故障。根据客户的反映，初步怀疑是服务站在更换转向角传感器后没有做转向零位设定，于是用诊断仪对转向系统做了转向零位设定，试车验证故障排除。

转向零位设定具体步骤如下：

（1）进入诊断程序 ODIS，选择制动电子装置 03，选择"引导型功能"，如图 3-64 所示。

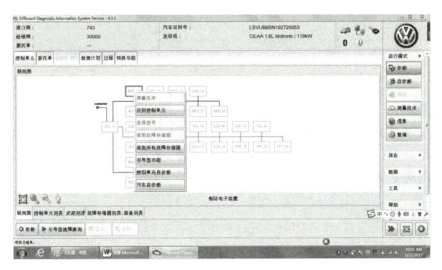

图 3-64　选择引导型功能

（2）从"引导型功能"中选择"转向角传感器 –G85– 基本设置"，如图 3-65 所示。

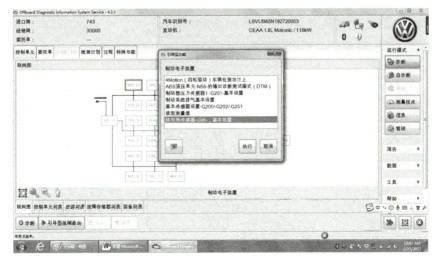

图 3-65　选择 G85 基本设置

（3）按照程序中提示的基本设置的步骤进行操作，如图 3-66 所示。
（4）做完零位设定后，必须用诊断仪确认转向系统无故障，设定工作结束。

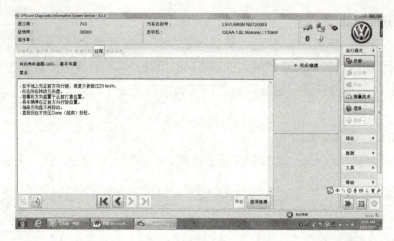

图 3-66　G85 设定操作步骤

> **特别提示**
>
> 如果更换过转向角传感器 G85、转向机总成（含转向控制单元 J500）、转向柱开关总成（含控制单元 J527），做过一次车轮定位的调整，断过电或出现故障代码："00778"，则需要做转向零位（中间）位置设定。

4. 故障分析

转向角传感器安装在转向臂转接件和转向轮之间的转向柱上。该传感器装在有电子稳定程序的车型上，转向角传感器 G85 外形及电路如图 3-67 所示，不再使用助力转向传感器 G250。ABS 控制单元 J04 和电动液压助力转向系统控制单元 J500 都通过 CAN 总线传输的转向角信号来驱动转向轮。该传感器协同车速及发动机转速一起来确定泵的转速，进而确定流过助力转向控制单元 J500 的流量。

当传感器失灵时，助力转向系统进入程序设定的紧急运行状态。此时转向功能得以保证，但转向会较重，即出现案例中的故障现象。

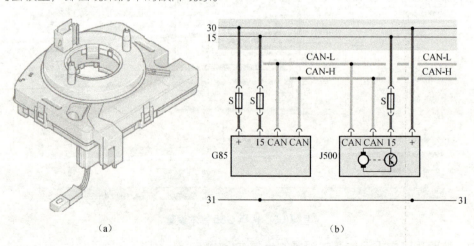

图 3-67　转向角传感器 G85 外形及电路
（a）外形；（b）电路

（四）任务工单（见表 3-20）

表 3-20 转向沉重故障检修工单

姓名		班级		学号		组别	
车型		转向器类型		作业单号		日期	
故障原因分析							
故障诊断方法及步骤	检查项目					检查结果	
	直观检查						
	读取故障码						
	电控元件（传感器、控制单元、电机、线路）检查测量						
	检查转向助力油是否充足、是否过脏						
	检查轮胎气压是否正常						
	检查连接件是否过紧、转向器调整是否得当						
	检查转向器齿条是否弯曲变形或损坏						
	车轮定位并做 G85 零位设定，清除故障码						
结论							
建议解决故障方法							

任务二　汽车行驶跑偏故障诊断与检测

客户将一辆大众朗逸轿车开进 4S 店，跟维修技术人员抱怨说自己的车在行驶过程中出现跑偏现象，要求维修人员排除故障，使车辆恢复正常状态。

通过学习，应能：
1. 通过与客户交流、查阅相关维修技术资料等获取车辆检修信息；
2. 根据故障症状制订正确的检修计划；

3. 使用故障诊断仪和专用设备对行驶系统进行检测；
4. 正确记录、分析检测结果并判断故障点；
5. 正确地排除汽车行驶跑偏的故障。

（一）知识准备

行驶系统由车架、车桥、车轮及悬架等组成，它接受发动机经传动系统传来的转矩，通过驱动轮产生汽车驱动力，并缓和路面对车身的冲击和振动。

行驶系统出现故障，不仅会影响汽车行驶方向和行驶稳定性，还直接关系到汽车的行驶安全，必须及时诊断与排除。行驶系统的故障分析见表 3-21。

资源 3-24 汽车的行驶系统

表 3-21 汽车行驶系统故障分析

故障部位		故障现象及危害	故障原因
行驶系统	车轮	转向沉重、行驶跑偏、轮胎异常磨损、车轮摆振、汽车行驶不平顺	1. 前轮定位失准； 2. 轮胎气压不正常； 3. 车轮动平衡超标； 4. 轮毂轴承过紧
	悬架	行驶跑偏、轮胎异常磨损、车轮摆振、车身横向倾斜、汽车行驶不平顺	1. 悬架弹簧过软或损坏； 2. 减震器损坏
	车架	行驶跑偏、轮胎异常磨损、车轮摆振	变形

按照产生跑偏的原因不同，汽车的跑偏可以分为行驶跑偏和制动跑偏。行驶跑偏是指在行驶过程中车辆向某一方向偏斜，制动跑偏是指汽车在进行制动的过程中车辆向某一方向偏斜。

汽车行驶跑偏使得驾驶员总是处于一种高度紧张的状态，驾驶员极易疲劳，若带故障行驶时间过长，很容易发生重大事故，所以应该及时处理和排除，以保证行车安全。此外，汽车跑偏故障发生的同时也会影响前轮的侧滑，如果不及时修理和排除故障，还容易加剧轮胎的磨损，对汽车的悬挂系统也会造成严重伤害。

1. 行驶系统的检修

1）车轮与轮胎的检查

（1）检查轮胎胎面和胎壁是否有裂纹、割痕或其他损坏。

（2）检查轮胎的胎面和胎壁是否嵌入任何金属微粒、石子或其他异物。

（3）检查轮辋和轮辐是否损坏、腐蚀和变形，平衡块是否脱落。

（4）检查轮胎气压是否符合要求。

（5）检查轮胎规格及花纹深度是否一致。

2）轮辋检查

（1）检查车轮是否磨损。

（2）检查车轮是否变形、有裂纹及其他损坏。如果变形，则拆下车轮检查车轮跳动量。

（3）拆下轮胎，将轮辋安装到平衡机上。

(4) 如图3-68所示设置百分表，检查车轮跳动量（百分表值），最大径向和横向跳动量极限为0.4mm。

3) 车轮动平衡试验与校正

如果车轮不平衡，在高速行驶时会引起车轮上下跳动和横向摇摆，不但会影响汽车的乘坐舒适性，而且会使驾驶员难以控制行驶方向，还会使汽车制动性能变差，影响行车安全。车轮不平衡还会大大增加各部件所受的力，加大轮胎的磨损和行驶噪声等。因此，汽车在维护时必须进行车轮平衡试验和校准。

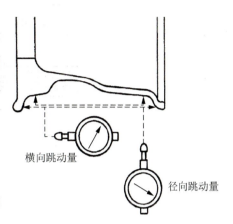

图3-68 轮辋跳动量检测

车轮不平衡的主要原因有：

(1) 质量分布不均匀，如轮胎产品质量欠佳、使用翻新胎及胎面磨损不均匀等。

(2) 轮辋、轮毂变形。

(3) 轮毂与轮辋加工质量不佳，如中心不准、轮胎螺栓孔分布不均和螺栓质量不佳等。

4) 前悬架检查

(1) 就车检查。

通过就车检查，确认各个元件之间的固定状况，如发现连接松动或球头间隙过大应予以维修。

(2) 检查减震器。

检查减震器有无弯曲、油液泄漏、弹簧断裂等现象，若发现故障应更换。

5) 检查车轮定位

应在空载条件下检查车轮定位，即燃油、发动机冷却液和润滑剂已满，备胎、千斤顶、随车工具和脚垫都在指定位置。

(1) 检测车轮定位，应先进行车辆检查，确定以上所检修项目正常，确保车辆满足检测条件。

(2) 车轮定位检测前应对车辆举升器的水平进行检测调整，以免影响检测结果的准确性。

(3) 检测后按照仪器显示进行参数调整。

> **特别提示**
>
> 除了进行常规参数检测调整外，还应考虑轴距、轮距等影响车辆行驶跑偏的参数的检测调整。另外要注意与客户交流，例如若车辆发生碰撞事故后出现了行驶跑偏故障，则通过常规维修就很难彻底消除。

2. 诊断思路图

图3-69所示为行驶跑偏故障的诊断流程。

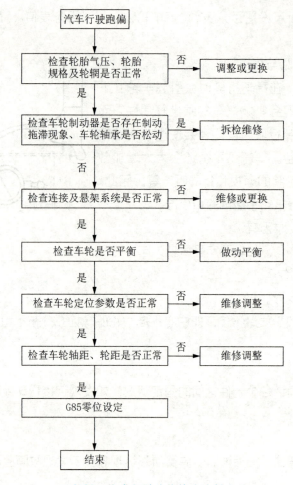

图 3-69 汽车行驶跑偏故障诊断流程

(三) 案例分析

1. 情景回顾

客户将一辆大众朗逸轿车开进 4S 店，跟维修技术人员抱怨说自己的车在行驶过程中出现跑偏现象，要求维修人员排除故障，使车辆恢复正常状态。请你做进一步的故障确认并排除故障。

2. 故障现象确认

技术人员通过试车，确认车辆在行驶时向左侧跑偏，即当出现跑偏现象时，需要用手握紧方向盘，一旦松手车辆立即跑偏，故障现象确认。

3. 故障诊断排除

(1) 汽车行驶一段时间，停车后触摸跑偏一侧的制动鼓和轮毂轴承，未过热，说明制动未出现拖滞或轴承过紧的情况。

(2) 检查两前轮的轮胎气压、规格，发现两侧轮胎气压、规格一致，轮辋无碰撞、划伤等异常。

(3) 悬空前桥并用手转动车轮，车轮转动灵活，表明制动盘与制动蹄片能完全分离，没有产生制动拖滞。

(4) 观察汽车有无横向倾斜现象。检查发现两侧高度一致，举升车辆检查悬架时发现减震器顶部碗状轴承总成的橡胶老化开裂。更换前减震器顶部碗状轴承总成后，重新进行车轮定位并进行检测、调整及 G85 零位设定后试车，故障排除。

4. 故障分析

由于该车采用的是麦弗逊式悬架，没有传统的主销实体，而减震器顶部的推力轴承橡胶支座总成处实际上是一个球铰链连接，除了上部有一个圆锥形垫和螺母将减震器活塞杆固定外，无其他的约束。正因为这种结构特点，使得减震器推力轴承橡胶支座比其他的车型更加容易出现磨损松旷、橡胶开裂的现象。而出现橡胶开裂后会导致车轮定位参数即主销的倾角出现异常，进而出现行驶跑偏故障。

(四) 任务工单（见表 3-22）

表 3-22　行驶跑偏故障检修工单

姓名		班级		学号		组别	
车型		车辆识别码				日期	
故障原因分析							
故障诊断方法及步骤	检查项目					检查结果	
	检查左右轮胎（重点在前轮）的气压是否一致						
	检查左右轮胎规格是否一致						
	检查制动鼓（盘）或轮毂有无过热						
	检查悬架各部件连接是否松动或者变形						
	检查减震器是否弯曲、漏油						
	检查车轮是否平衡						
	检查车轮定位并做转向零位设定						
结论							
建议解决故障方法							

考核与评价

（一）理论考核

1. 填空题

1) 汽车跑偏可以分为 _____ 和 _____。

2) 主销的作用是 _____ 使 _____ 围绕着主销摆动，以实现 _____。

3) 汽车的 _____、_____ 和 _____ 三者的安装是保持有一定相对安装位置的，这种具有一定相对安装位置的定位称为四轮定位。

4) 车轮的定位包括 _____、_____、_____ 和 _____ 四项内容。

5) 主销后倾的作用是 _____，主销内倾的作用是 _____。

2. 选择题

1) 影响转向盘自动回正能力的定位角是（ ）。
    A. 主销后倾角　　　B. 车轮外倾角　　　C. 主销内倾角　　　D. 后轮外倾角

2) 总前束与左、右单前轮前束的关系是（ ）。
    A. 等于二者之差　　B. 等于二者之和　　C. 等于二者之积　　D. 没有关系

3) 大众朗逸轿车前后轮胎气压有什么要求？（ ）。
    A. 都一样　　　　　B. 前轮高　　　　　C. 后轮高　　　　　D. 没有要求

4) 汽车两前轮气压不等，将会造成（ ）。
    A. 没有变化　　　　B. 行驶跑偏　　　　C. 正常行驶　　　　D. 不确定

3. 简答题

1) 汽车为什么会行驶跑偏？

2) 汽车行驶跑偏故障的检修流程是什么？

3) 在日常汽车维护中如何避免汽车跑偏故障的出现？

（二）技能考核

1. 转向沉重故障作业评分表（见表3-23）

表 3-23 转向沉重故障作业评分表

基本信息	姓名		学号		班级		组别	
	规定时间	20min	完成时间		考核日期		总评成绩	
任务工单	序号	步骤	评分标准				标准分	得分
	1	考核准备	1. 工具准备、清洁2分； 2. 专用工具设备准备3分，少一样扣1分				5	
	2	转向系统的检查、调整	1. 直观检查5分； 2. 诊断仪读故障码检查5分； 3. 电控系统元件线路测量30分				40	
	3	转向系统主要部件的拆检	1. 轮胎气压检查5分； 2. 转向连接机构及转向器检查5分； 3. 车轮定位检查20分； 4. G85零位设定10分				40	
	4	装复及整理	1. 工量具设备清洁、归位5分； 2. 场地清洁、整理5分，垃圾没分类、清洁不到位每项扣2.5分				10	
	安全		1. 着工装2分，衣服和工作鞋各占1分； 2. 工具落地每次扣1分，扣完为止； 3. 操作过程中出现人身伤害或工具损坏扣5分				5	

2. 行驶跑偏故障作业评分表（见表3-24）

表3-24 行驶跑偏故障作业评分表

基本信息	姓名		学号		班级		组别	
	规定时间	20min	完成时间		考核日期		总评成绩	
	序号	步骤	评分标准				标准分	得分
任务工单	1	考核准备	1. 安全检查2分； 2. 工具准备、清洁2分； 3. 专用工具设备准备1分，少一样扣1分				5	
	2	行驶系统的检查调整	1. 检查左、右轮胎（重点在前轮）的气压是否一致5分； 2. 检查轮胎规格是否一致5分； 3. 检查制动鼓（盘）有无过热5分； 4. 检查悬架各部件连接是否松动或变形5分； 5. 检查减震器是否失效，悬架弹簧有无错位、折断5分				25	
	3	行驶系统主要部件的拆检	1. 检查左、右弹簧的弹力是否一致10分； 2. 检查前桥和后桥有无变形、移位10分； 3. 检查车轮是否平衡10分； 4. 检查前轮定位参数20分				50	
	4	装复及整理	1. 工量具清洁、归位5分； 2. 场地清洁、整理5分				10	
安全			1. 着工装5分； 2. 工具落地每次扣1分，扣完为止； 3. 操作过程中出现人身伤害或工具损坏扣5分				10	

项目三 汽车制动系统故障诊断与检测

项目描述

汽车制动系统是确保行车安全的重要系统，它的作用是保证行驶中的汽车减速甚至停车，使下坡行驶汽车的速度保持稳定，以及令已经停驶的汽车保持不动。对于汽车而言，制动系统使用频繁，使用一段时间后制动系统的组件间隙会出现异常，零部件会出现磨损甚至失效，进而影响行车安全。因此，掌握制动系统的部件检修和常见故障的诊断维修是每一个机修工必备的技能。下面就以制动力不足、制动跑偏、ESP典型故障为例解析制动系统的故障诊断流程。

任务一　汽车制动力不足故障诊断与检测

一辆大众 Polo 轿车，行驶里程为 25 000km，在行驶中进行制动时，车辆仍然向前行驶，而且制动踏板的位置很低，连续踩几脚，制动效果也未见好转。

通过学习，应能：

1. 通过与客户交流、查阅相关维修技术资料等方式获取车辆检修信息；
2. 根据故障症状制订正确的检修计划；
3. 使用故障诊断仪和专用设备对制动系统进行检测；
4. 正确记录、分析检测结果并判断故障点；
5. 正确地排除制动力不足的故障。

（一）知识准备

1. 制动系统的功能

制动系统的作用是根据需要使汽车减速或在最短的距离内停车，以确保行车安全，并保证汽车停放可靠、不能自动滑移。

2. 制动系统的类型

1）汽车制动系统按功能分

（1）驻车制动装置：主要用于停车后防止车辆滑溜。

（2）行车制动装置：使行驶中的汽车按照驾驶员的要求进行适时减速、停车。

（3）应急制动装置：用独立的管路控制车轮制动器作为备用系统。

2）制动传动机构按制动力源分

（1）人力式制动传动机构。

（2）伺服式制动传动机构。

3. 制动系统的结构

图 3-70 所示为浮动钳盘式制动器的结构，图 3-71 所示为液压操纵鼓式制动系统的组成。汽车制动系统的结构组成如下。

（1）供能装置：包括供给、调节制动所需能量以及改善传动介质状态的各种部件。

（2）控制装置：包括产生制动动作和控制制动效能的工作部件，如制动踏板。

资源 3-25　液压制动器的工作原理

(3) 传动装置：包括将制动能量传输到制动器的各个部件，如制动主缸和制动轮缸。

(4) 制动器：产生阻碍车辆运动或运动趋势的力（制动力）的部件，其中也包括辅助制动系统中的缓速装置。

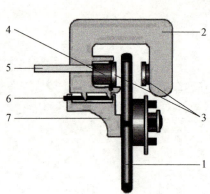

图 3-70　浮动钳盘式制动器的结构

1—制动盘；2—浮动卡钳；3—摩擦块；
4—活塞；5—油管；6—导向销；7—车桥

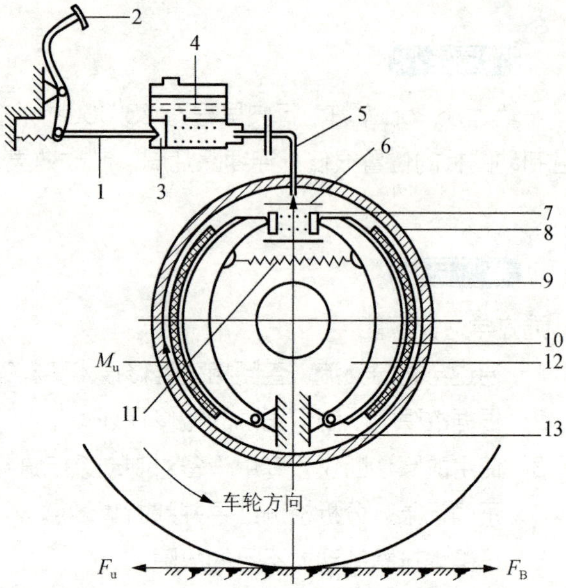

图 3-71　液压操纵鼓式制动系统的组成

1—推杆；2—制动踏板；3—主缸活塞；4—制动主缸；5—油管；
6—制动轮缸；7—轮缸活塞；8—制动鼓；9—摩擦片；
10—制动蹄；11—回位弹簧；12—制动底板；13—支承销

较为完善的制动系统还有制动力调节装置，用来调节前后车轮制动力的分配元件、制动防抱死系统（ABS）、电子制动力分配系统（EBD）、电子稳定系统（ESP）和驱动防滑系统（ASR）。

4. 制动系统的检修

1) 制动踏板检查

首先检查制动踏板移动情况，确保制动踏板反应灵敏、无异常噪声、无过度松动，然后检查调整下列项目。

(1) 制动踏板高度检查，如图 3-72 所示。

使用一把直尺测量制动踏板高度。如果超出规定范围，则调整踏板高度。测量从地面到制动踏板上表面的距离，如果必须从地毯表面开始测量，则从标准值中扣除地毯的厚度，或者扣除地毯和沥青纸毡的厚度。

(2) 制动踏板高度调整，如图 3-73 所示。

松开锁止螺母，转动制动踏板推杆直到制动踏板高度正确，紧固锁止螺母。调整好制动踏板高度之后，检查制动踏板自由行程。

图 3-72　制动踏板高度检查示意图

1—推杆；2—锁止螺母

(3) 制动踏板自由行程检查，如图 3-74 所示。

图 3-77 制动踏板高度调整　　　　图 3-78 制动踏板自由行程检查示意图

A—制动踏板高度；1—锁止螺母；
2—制动踏板推杆

发动机熄火后，反复踩下制动踏板几次，以便解除制动助力器助力作用，然后使用手指轻轻按压制动踏板，并使用一把直尺测量制动踏板自由行程。对于配备了液压制动助力器的车辆，至少要踩下制动踏板 40 次。

当用手指轻轻按压制动踏板时，制动踏板的运动在两个阶段发生变化。第一阶段：U 形夹销和转轴销的松动；第二阶段：推杆刚好在液压升高之前运动。第一阶段与第二阶段的总运动行程即为制动踏板的自由行程。在调整制动踏板的高度时制动踏板的自由行程会自动调整。

(4) 制动踏板行程余量。

在发动机运转和驻车制动器松开的状态下，使用 490N 的力踩下制动踏板，然后使用一把标尺测量制动踏板行程余量，以便检查其是否处于规定的范围内。测量从地面到制动踏板上表面的距离，如果必须从地毯表面开始测量，则从标准值中扣除地毯的厚度，或者扣除地毯和沥青纸毡的厚度。

2) 制动助力器基本检查

解除制动助力后，踩下制动踏板，然后起动发动机，检查制动助力器是否正常工作。

3) 制动管路基本检查维护

制动管路检查，如图 3-75 所示。

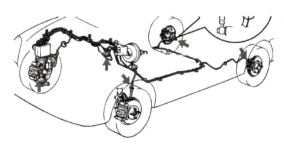

图 3-75 制动管路检查示意图

(1) 液体渗漏检查。

检查制动管路连接部分是否有液体渗漏。

(2) 损坏检查。

检查制动管路是否有凹痕或者其他损坏。检查制动管路软管是否扭曲、磨损、开裂、隆起等。如果保护盖上有飞石的痕迹，则制动管路可能有相同的损坏。

(3) 安装状况检查。

检查制动管道和软管，确保车辆运动或者方向盘完全转动到任何一侧时，制动管道和软管不会因为振动而与车轮或者车身接触。

4) 盘式制动器基本检查维护

(1) 制动器摩擦片厚度检查。

使用一把直尺测量外制动器摩擦片的厚度。通过制动卡钳内的检查孔目测检查内制动器摩擦片的厚度，确保其与外制动器摩擦片没有明显的偏差。

确保制动器摩擦片没有不均匀磨损。如果制动器摩擦片的厚度低于磨损极限，则更换制动器摩擦片。

利用此次检查和上一次检查之间的行驶距离，估计出下一次检查前的行驶距离。通过自上一次检查到现在的制动器摩擦片的磨损，来估计制动器摩擦片在下一次检查时的情况。在下一次计划检查时，如果估计制动器摩擦片的厚度将会小于可接受的磨损值，则建议车主更换制动器摩擦片。

(2) 制动盘检查。

检查制动盘上是否有刻痕、不均匀或者异常磨损以及裂纹和其他损坏。

如果制动盘出现任何分段、不均匀或者异常磨损、裂纹或者其他损坏，则拆卸制动卡钳进行以下检查：

① 检查制动盘的厚度：使用一个千分尺测量制动盘厚度，如图 3-76 所示。

② 使用一个百分表测量制动盘跳动量。使用轮毂螺母按规定力矩固定制动盘。在测量制动盘跳动量以前，检查前轮毂轴承的游隙是否在规定的范围内，如图 3-77 所示。

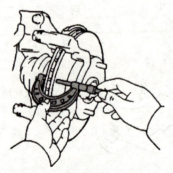
图 3-76 制动盘厚度检查示意图

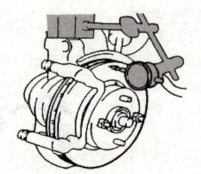
图 3-77 前轮毂轴承的游隙检查示意图

5) 鼓式制动器基本检查维护

(1) 制动蹄片与其上面滑动的背板区域的磨损。

手动前后移动制动蹄片并检查制动蹄片移动是否顺利。检查制动蹄片与背板和固定件之间的接触面是否磨损，检查制动蹄片、背板和固定件是否生锈。检查期间，在背板和制动蹄片之间的接触面上涂高温润滑油脂。

(2) 制动蹄片的厚度。

使用一把直尺测量制动蹄片的厚度。如果厚度低于磨损极限，则更换制动蹄片。更换制动蹄片时，所有的制动蹄片都必须同时更换。

(3) 制动蹄片的损坏。

检查制动蹄片是否有裂纹、蜕皮和损坏，视情况更换。

(4) 制动液渗漏。

检查车轮制动分泵是否有液体渗漏，若有则更换分泵。

(5) 制动蹄片间隙自动调节器。

检查制动蹄片间隙自动调节器是否有效。

(6) 制动鼓内径。

使用一个制动鼓测量规或类似器具测量制动鼓内径，若为椭圆则需维修，若超过极限则需更换。

6) 驻车制动基本检查

(1) 操作驻车制动杆检查行程及警示灯是否正常。

(2) 手动转动制动盘或者制动鼓，检查是否有任何拖滞现象。

7) 制动液的更换及系统排气

详情请参考厂家技术维修手册，因为某些类型的制动器，比如带有液压制动助力器或者 ABS 的制动器，可能需要特殊的操作。

5．制动力不足故障诊断

1) 故障现象

汽车制动时，踩一次制动踏板不能减速或停车，连续踩几次制动踏板，效果也不好。汽车紧急制动时，制动距离太长。

2) 故障原因

(1) 制动踏板自由行程太大。

(2) 制动主缸储液室内存油不足或无油。

(3) 制动液变质（变稀或变稠）或管路内壁积垢太厚。

(4) 制动管路内进入空气或制动液气化产生了气阻。

(5) 制动主缸、轮缸、管路或管接头漏油。

(6) 制动主缸、轮缸的活塞及缸筒磨损过度；制动主缸、轮缸的皮碗老化或磨损引起密封不良。

(7) 制动主缸的进油孔、储液室的通气孔堵塞。

(8) 制动主缸的出油阀、回油阀不密封；活塞回位弹簧预紧力太小；活塞前端贯通小孔堵塞。

(9) 制动器的制动鼓与制动蹄片间隙不当；制动鼓与制动蹄片接触面积太小；制动蹄片质量不佳或沾有油污；制动蹄片铆钉松动；制动鼓产生沟槽磨损或失圆，制动时变形。

(10) 真空增压器或助力器的各真空管路接头松动、脱落，管路有破裂处；膜片破裂或者密封圈密封不良；单向阀、控制阀密封不良；辅助缸活塞、皮碗磨损过甚；单向球阀不密封。

3）诊断与排除

踩制动踏板做制动试验，根据踩制动踏板时的感觉，检查相应的部位。

(1) 一脚踩下制动踏板，踏板到底且无反力，连续几次踩制动踏板都能踩到底，且感觉阻力很小，则应检查储液室中制动液液面高度是否符合要求，若液面低于下线或在"MIN"线以下，说明制动液液面太低。检查制动踏板连动机构有无松脱。

(2) 连续几脚踩制动踏板时，踏板高度仍过低，并且在第一脚制动后，感到总泵活塞未回位，踩下制动踏板即有制动主缸与活塞碰击响声，则应检查主缸的活塞回位弹簧是否过软、主缸的皮碗是否破裂。

(3) 连续踩几次制动踏板时，踏板高度低而软，则应检查制动主缸进油孔或储液室的通气孔是否堵塞。

(4) 一脚踩下制动踏板时，踏板高度过低，连续几脚踩下制动踏板时，踏板高度稍有增高并有弹性，则应检查系统内没有气体存在。

(5) 一脚踩下制动踏板时，踏板高度较低，连续几脚踩下制动踏板时，踏板高度随之增高且制动效能好转，则应检查制动踏板的自由行程及制动器的间隙。

(6) 维持制动踏板高度时，若缓慢或迅速下降，则应检查制动管路是否破裂，管接头是否密封不良，主缸、轮缸皮碗或皮圈密封是否良好。

(7) 安装真空增压器或助力器的车辆，踩下制动踏板时，若踏板高度适当但太硬，且制动不灵，则应检查增压器或助力器的工作情况，制动系统油管是否有老化、凹瘪，以及制动液黏度是否太大。

(8) 踩制动踏板时，若踏板有向上反弹、顶脚的感觉，且制动力不足，则应检查增压器的辅助缸活塞磨损是否过度，辅助缸活塞、皮碗是否密封不良，辅助缸单向球阀是否密封不良。

(9) 路试车辆时，观察各车轮的制动情况。若个别车轮制动不良，则应检查该车轮的制动软管是否老化，摩擦片与制动鼓间的间隙是否不当，摩擦片是否有硬化、油污、铆钉外露现象，制动鼓内臂是否磨损成沟槽，摩擦片与制动鼓的接触面积是否过小。

(二) 诊断思路

图 3-78 所示为制动力不足故障的诊断流程。

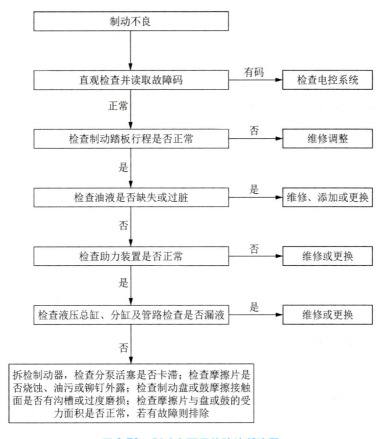

图 3-78 制动力不足故障诊断流程

(三) 案例分析

1. 情境回顾

一辆大众 Polo 轿车，行驶里程为 25 000 公里，在行驶中进行制动时，车辆仍然向前行驶，而且制动踏板的位置很低，连续踩几脚，制动效果也未见好转。

2. 故障现象确认

进行路试，在车速 30km/h 左右时缓慢踩下制动踏板，车辆仍然向前行驶，明显感觉制动力不足，检查制动踏板自由行程，符合要求；检查制动器制动间隙，符合要求；检查制动主缸储液罐液面，发现液面位置偏低，加入制动液到标准位置后，继续进行路试，发现故障依旧，而且液面位置下降，说明系统中有漏油的地方，经过检查，发现制动总泵上前油管接头漏油。

资源 3-26 制动总泵上前油管接头漏油

3. 故障诊断排除

踩制动踏板做制动试验，根据踩制动踏板时的感觉，检查相应的部位。

(1) 一脚踩下制动踏板时，踏板高度较低，连续几脚踩下制动踏板时，踏板高度随之增高且制动效能好转，检查制动踏板的自由行程及制动器的间隙正常。

(2) 连续几脚踩制动踏板时，踏板高度仍过低，并且在第一脚制动后，感到总泵活塞未回位，踩下制动踏板即有制动主缸与活塞碰击响声，检查主缸的活塞回位弹簧及主缸的皮碗正常。

(3) 连续踩几次制动踏板时，踏板高度低而软，检查制动主缸的进油孔或储液室的通气孔并未堵塞。

(4) 一脚踩下制动踏板时，踏板高度过低，连续几脚踩下制动踏板时，踏板高度稍有增高，并有弹性。检查系统内没有气体存在。

(5) 一脚踩下制动踏板，踏板到底且无反力，连续几次踩制动踏板都能踩到底，且感觉阻力很小，则应检查储液室中制动液液面高度是否低于下线或在"MIN"线以下，检查制动管路是否破裂、管接头是否密封不良，检查主缸、轮缸皮碗或皮圈密封是否良好。本案例中，就是因为在制动总泵上前油管接头漏油，导致制动力下降，紧固制动总泵前油管接头部位螺栓，将制动液加到标准位置，路试后故障排除。

4. 故障分析

制动总泵是制动系统的核心部件，它将制动液压缩到每个车轮的制动分泵以实施制动。制动总泵出现最多的故障就是密封不良，导致制动压力无法建立或泄压。本故障就是因为制动总泵上前油管接头处漏油，导致制动力不足。

(四) 任务工单（见表 3-25）

表 3-25 制动力不足故障检修工单

姓名		班级		学号		组别	
车型		制动器类型		作业单号		日期	
故障原因分析							
故障诊断方法及步骤	检查项目				检查结果		
	直观检查						
	拆除电控系统，试车确认故障范围						
	制动油液检查						
	制动管路检查						
	制动踏板自由行程检查						
	拆检制动器						
结论							
建议解决故障方法							

任务二　汽车制动跑偏故障诊断与检测

客户将一辆大众朗逸轿车开进4S店，跟维修技术人员抱怨说自己的车在制动过程中出现跑偏现象，要求维修技术人员排除故障，使车辆恢复正常状态。

通过学习，应能：

1. 通过与客户交流、查阅相关维修技术资料等方式获取车辆检修信息；
2. 根据故障症状制订正确的检修计划；
3. 使用故障诊断仪和专用设备对制动系统进行检测；
4. 正确记录、分析检测结果并判断故障点；
5. 正确地排除制动跑偏故障。

（一）知识准备

汽车制动跑偏故障是指各车轮制动器的制动效能不一致，或产生制动时间不一致，而导致制动时汽车维持直线行驶的性能变差，其故障现象为：在汽车行驶中使用制动时，同一根轴上的左右两侧车轮制动效果不一致，严重时会出现一侧车轮制动而另一侧车轮滚动，汽车不能沿直线方向行驶，而是偏向道路的一侧，极易造成交通事故。因此，制动跑偏属于恶性故障，必须及时诊断和排除。

1. 制动跑偏故障诊断

1) 故障现象

（1）汽车行驶制动时，行驶方向发生偏斜。

（2）紧急制动时，方向急转或车辆甩尾。

2) 故障原因

（1）左右车轮轮胎气压、花纹或磨损程度不一致；左右车轮轮毂轴承松紧度不一致，个别轴承破损。

（2）左右车轮的制动蹄摩擦片材料不一样或新旧程度不一致；左右车轮制动蹄摩擦片与制动鼓的接触面积、位置不一样或制动间隙不等。

（3）左右车轮轮缸的技术状况不一致，造成起作用的时间或张力大小不相等。

（4）左右车轮制动鼓的厚度、直径、工作中的变形程度和工作面的表面粗糙度不一致。

（5）单边制动管路凹瘪、阻塞或漏油；单边制动管路或轮缸内有气阻。

（6）单边制动蹄与支承销配合过紧或锈蚀。

(7) 一侧悬架弹簧折断或弹力过低，一侧减震器漏油或失效。

(8) 前轮定位失准，转向传动机构松旷。

(9) 车架、车桥在水平平面内弯曲及车架两边的轴距不等。

(10) 轮速传感器故障。

3) 诊断与排除

(1) 若车辆正常行驶时亦有跑偏现象，则首先做以下外观检查：检查左右车轮轮胎气压、花纹和磨损程度是否一致；检查各减震器是否漏油或失效；检查悬架弹簧是否折断或弹力是否一致。

(2) 支起车轮，用手转动和轴向推拉车轮轮胎。若一侧车轮有松旷或过紧感觉，应重新调整轴承的预紧度；若转动车轮有发卡或异响，应检查轮毂轴承是否破损或毁坏。

(3) 对汽车进行路试。制动后，若汽车向一侧跑偏，则为另一侧的车轮制动不良。首先对该车轮制动器进行放气，若无制动液喷出，说明该轮制动管路堵塞，应予以更换。若放出的制动液中有空气，说明该轮制动管路中混入空气，应予以排放。

观察该轮制动器，若制动器间隙过大，说明制动蹄摩擦片磨损严重或制动自调装置失效，应更换。

若上述检查正常，则应拆检该轮制动器。检查制动盘或制动鼓是否磨损过甚或有沟槽，若磨损过甚，应更换；若有严重沟槽，应车削或镗削。检查制动蹄摩擦片是否有油污、水湿及磨损过甚，若制动蹄摩擦片有油污或水湿，应查明原因并清理；若制动蹄摩擦片磨损过甚，应更换。检查制动轮缸或制动钳活塞，若有漏油或发卡现象，应予以更换。

(4) 若制动时出现忽左忽右的跑偏现象，则应检查前轮定位是否符合要求，若前轮定位不正确，应调整；检查转向传动机构是否松旷，若松旷，应紧固、调整或更换。

(5) 在制动时，若车辆出现甩尾现象，则应检查轮速传感器是否有故障。

> **特别提示**
>
> 需要说明的是，汽车若存在行驶跑偏故障，则肯定会导致制动跑偏，而车辆制动跑偏行驶则不一定为跑偏故障。制动跑偏重点围绕同轴上制动器的间隙、制动器的制动力不同着手。

2. 制动系统的检修

制动系统的检修同本项目任务一，主要包括制动踏板行程检修，油液及管路检修，液压系统排气、制动总泵和分泵检修，制动器拆检及汽车行驶跑偏故障点检测等。关于汽车行驶跑偏已在前面分析过，因此此处仅针对汽车行驶正常而制动出现跑偏的故障进行分析。

(二) 诊断思路

图 3-79 所示为制动跑偏故障的诊断流程。

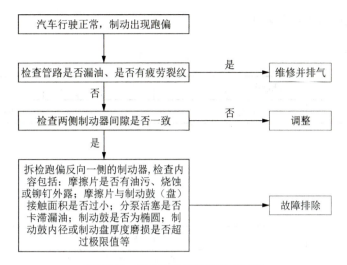

图 3-79 制动跑偏故障的诊断流程

(三) 案例分析

1. 情境回顾

客户将一辆大众朗逸轿车开进 4S 店，跟维修技术人员抱怨说自己的车在行驶过程中出现制动跑偏现象，要求维修技术人员排除故障，使车辆恢复正常状态。请你做进一步的故障确认并排除故障。

2. 故障现象确认

服务人员接车后试车，发现车辆行驶正常，进行制动时出现了制动跑偏现象，确认故障为制动跑偏。

3. 故障诊断排除

（1）检查左右两侧的制动器间隙，发现两侧间隙一致。

（2）进行系统内排气，发现整个系统中没有空气存在。

（3）拆检制动器。检查制动蹄片厚度，左右两侧的制动蹄片厚度一致。检查制动盘的跳动量，发现一侧的制动盘跳动量与另一侧的制动盘跳动量不一致，检查制动盘的磨损情况，发现一侧制动盘的磨损程度比另一侧的磨损严重。更换新的制动盘后试车，故障排除。

资源 3-27 制动盘磨损异常 pg

4. 故障分析

因为制动跑偏大多数是前轮制动力不等，或制动生效时间不一致产生的，制动时汽车向制动力较大或者制动生效时间较早的一侧偏斜，所以诊断时一般进行路试，根据路试时的轮胎拖印查出制动效能差的车轮，再予以检修。案例中因为一侧制动盘跳动量较大，且制动盘的磨损程度比另一侧也严重，这就足以导致两侧的制动时刻、制动力不一致，进而导致制动跑偏故障。

(四) 任务工单（见表 3-26）

表 3-26 制动跑偏故障检修工单

姓名		班级		学号		组别	
车型		车辆识别码				日期	
故障原因分析							
故障诊断方法及步骤		检查项目				检查结果	
		检查左右轮胎（重点在前轮）的气压是否一致					
		检查左右两侧制动器间隙					
		检查制动蹄片的厚度					
		检查制动盘的跳动量					
		检查制动盘的厚度					
		检查制动管路是否有空气存在					
结论							
建议解决故障方法							

任务三　汽车 ESP 系统故障诊断与检测

情境导入

大众汽车维修站接收一辆大众朗逸轿车（采用手动变速器），根据车主反映，在行驶中出现仪表盘上的 ESP 故障报警灯常亮的现象。请通过检测 ESP 系统，判断 ESP 系统技术状况；若需要修复该故障，请选择 ESP 系统修复方法并制定合理的工艺流程。

学习目标

通过学习，应能：

1. 通过与客户交流、查阅相关维修技术资料等方式获取车辆检修信息；
2. 根据故障症状制订正确的检修计划；
3. 使用故障诊断仪和专用设备对 ESP 系统进行检测；
4. 正确记录、分析检测结果并判断故障点；
5. 正确地排除 ESP 故障。

（一）知识准备

汽车 ESP 系统实际上是一种牵引力控制系统，与其他牵引力控制系统比较，ESP 系统不但可以控制驱动轮，而且可控制从动轮。如后轮驱动汽车常出现的转向过多情况，此时后轮失控而甩尾，ESP 便会制动外侧的前轮来稳定车辆；在转向过少时，为了校正循迹方向，ESP 则会制动内后轮，从而校正行驶方向。

资源 3-28　ESP 工作原理及作用

ESP 系统包含 ABS（防抱死刹车系统）及 ASR（防侧滑系统），是这两种系统功能上的延伸。因此，ESP 称得上是当前汽车防滑装置的最高级形式。ESP 系统由控制单元及转向传感器（监测方向盘的转向角度）、车轮传感器（监测各个车轮的转动速度）、侧滑传感器（监测车体绕垂直轴线转动的状态）、横向加速度传感器（监测汽车转弯时的离心力）等组成。控制单元通过这些传感器的信号对车辆的运行状态进行判断，进而发出控制指令。装有 ESP 与只装有 ABS 或 ASR 的汽车，它们之间的差别在于 ABS 或 ASR 只能被动地做出反应，而 ESP 则能够探测和分析车况并纠正驾驶的错误，防患于未然。ESP 对过度转向或不足转向特别敏感，例如汽车在路滑时左拐过度转向（转弯太急）会向右侧甩尾，传感器感觉到滑动就会迅速制动右前轮使其恢复附着力，产生一种相反的转矩而使汽车保持在原来的车道上。当然，任何事物都有一个度的范围，如果驾车者盲目开快车，则现在的任何安全装置都难以保全。

1. ESP 系统的组成及部件的结构和功能

ESP 系统的组成如图 3-80 所示，包括电子控制单元（ECU）、液压控制装置、4 个轮速传感器、方向盘转角传感器、横向偏摆率传感器、轮速传感器脉冲环及 ESP 控制开关等，其中电子控制单元与液压控制装置为一体。图 3-81 所示为 ESP 系统调节电路。

1）带 EDS/ASR/ESP 的 ABS 控制单元 J104

带 EDS/ASR/ESP 的 ABS 控制单元 J104 和液压单元组成一个标准组件，在电子结构上与 BOSCH 控制单元相似，是通过仪表板线束内的正极连接获得供电的，其外形及电路如图 3-82 所示。

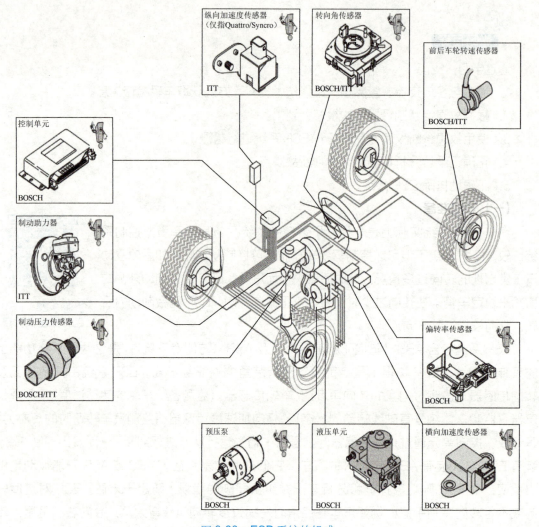

图 3-80 ESP 系统的组成

该控制单元一般是不会出故障的,即使出现故障,驾驶员也可操纵制动器,但此时它只是一个普通制动器,而无 ABS、EDS、ASR 及 ESP 功能。

2) 转向角传感器 G85

G85 安装在转向柱开关和转向盘之间的转向柱上,滑环式复位环(安全气囊用)和转向角传感器构成一个整体,并装在传感器的下面,其作用是将转向盘的转动角度数据传送给带 EDS/ASR/ESP 的 ABS 系统。该传感器可测得正负 720°,即 4 个转向盘转幅。G85 是 ESP 系统中唯一将数据直接通过 CAN 总线传递给控制单元的传感器,点火后转向盘一转动 4.5°(相当于 1.5cm),传感器就完成初始化。若无该传感信号,则车辆无法正确判定行驶方向,即 ESP 失效。G85 的外形和电路如图 3-83 所示。

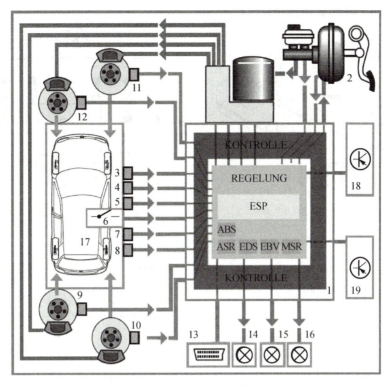

图 3-81　ESP 系统调节电路

1—带 ABS（带 EDS/ASR/ESP）控制单元的液压单元；2—带制动压力传感器和脱离开关的增压器；3—纵向加速度传感器；4—横向加速度传感器；5—角速度传感器；6—ASR/ESP 的键；7—转向角传感器；8—制动灯开关；9，10，11，12—转速传感器；13—诊断导线；14—制动装置指示灯；15—ABS 指示灯；16—ASR/ESP 指示灯；17—车辆及驾驶员状态显示装置；18—接入发动机管理系统；19—接入变速器控制系统（仅在自动变速的车辆上）

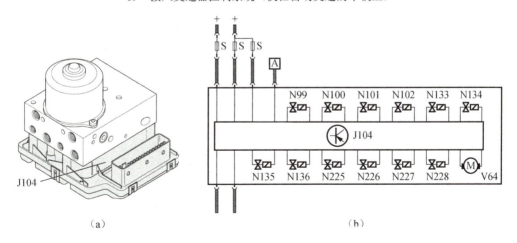

图 3-82　J104 和液压单元组成标准件的外形及电路

（a）外形；（b）电路

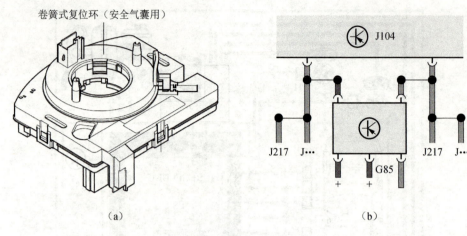

图 3-83 G85 的外形及电路

(a) 外形; (b) 电路

3) 横向加速度传感器 G200

由于物理方面的因素，该传感器的安装位置和方向不允许改变，其应尽量与汽车重心离得近一些。G200 的作用是测出是否有使汽车偏离预定方向的侧向力及侧向力的大小。其外形和电路如图 3-84 所示。

如果测不出横向加速度，则控制单元就无法推断出车辆的实际状态，ESP 就失效了。

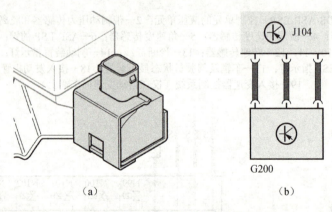

图 3-84 G200 的外形及电路

(a) 外形; (b) 电路

4) 偏转率传感器 G202

由于安装位置要求靠近重心，所以它和横向加速度传感器安装在同一个支架上。在 ESP 中，偏转率传感器必须测出车辆是否绕垂直轴旋转。如其出现故障，则 ESP 功能将失效。其外形和电路如图 3-85 所示。

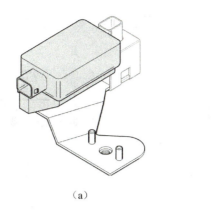

图 3-85 G202 外形及电路

（a）外形；（b）电路

5）制动压力传感器 G201

该传感器向控制单元传送制动管路的实际压力，控制单元据此算出车轮制动力及作用在车辆上的轴向力。如果需要 ESP 起作用，则控制单元会利用上述数值计算侧向力。若没有制动力的实际数据，则系统无法测出侧向力，ESP 失效。G201 的外形及电路如图 3-86 所示。

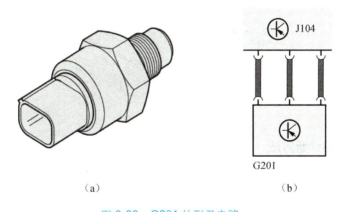

图 3-86 G201 外形及电路

（a）外形；（b）电路

6）ASR/ESP 按键 E256

该按键的位置根据车型不同而不同，一般在组合仪表区，驾驶员用该按键可关闭 ESP 功能。踏下制动踏板或再次按下该按键，即可再次接通 ESP，如果忘了再次接通 ESP，那么在下次起动发动机时，ESP 会自动激活。E256 的外形及电路如图 3-87 所示。

7）液压单元

液压单元通常安装在发动机舱内的一个支架上，车型不同，安装位置也会有所区别。液压单元和两个对角排列的制动管路一起工作。与老款的 ABS 不同的是，每个制动管路都安装了进气阀和转换阀，回油泵是自吸式的。该液压单元有三种不同的系统配置，即增加压力、保持压力和减少压力。如果该阀损坏，则整个系统将无法工作。液压单元的外形如图 3-88 所示。

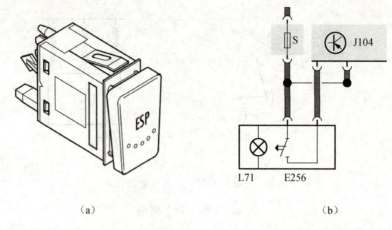

图 3-87　E256 外形及电路

（a）外形；（b）电路

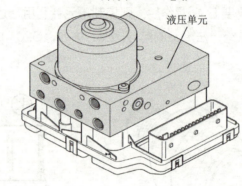

图 3-88　液压单元外形

2. ESP 系统的诊断方法

诊断 ESP 故障时，按照设定的程序和方法可读取故障码。维修人员可根据故障码的含义确定故障的范围，以节省维修时间、提高维修效率。常用的诊断方法有以下几种。

1）ESP 自诊断

ESP 自诊断是依靠其电子控制单元（ECU）对系统外部电路进行自检，若发现异常，则电脑将其故障信息储存，并点亮 ESP 警告灯。ESP 的自检又包括静态自检（点火开关接通，汽车不行驶）和动态自检（汽车行驶）两种情况。

2）人工诊断

ESP 系统的人工诊断包含人工获取故障信息（人工调码）和使用常用设备（如万用表）进行故障点的查找两方面的内容。

3）仪器诊断

用故障诊断仪可以读取、清除故障码，还可以阅读数据流并进行液压控制单元电磁阀测试、电子稳定控制系统液压回路测试、系统排气测试等。因为菜单可进行提示，故这些功能按屏幕的提示操作即可完成。

> **特别提示**
>
> 需要说明的是，在对 ABS-TCS/ESP 进行检修之前，应先排除常规制动系统故障。另外就是若 ESP 出现故障而失去调节作用后，常规制动系统仍然起作用，以确保车辆的基本安全。

3. ESP 系统的检修注意事项

（1）电控单元对过电压、静电非常敏感，稍有不慎就会损坏电控单元中的芯片，造成整个电控单元"瘫痪"。因此，点火开关接通时不要插或拔电控单元上的连接器；在车上进行电焊之前，要戴好防静电器，拔下电控单元上的连接器后再进行电焊；给蓄电池进行专门充电时，要将电池从车上拆卸下来或摘下蓄电池电缆后再进行充电。

（2）维修车轮速度传感器时一定要十分小心。拆卸时注意不要碰伤传感器头，不要撬传感器齿圈，以免损坏传感器。安装时应先涂覆防锈油，安装过程中不可敲击或用力过大。一般情况下，传感器气隙是可调的（也有不可调的），调整时应使用非磁性塞卡，如塑料或铜塞卡，当然也可使用纸片。

（3）维修液压控制装置时，切记要首先进行泄压，然后再按规定进行修理。例如制动主缸和液压调节器设计在一起的整体 ABS，其蓄压器存储了高达 18 000kPa 的压力，修理前要彻底泄去，以免高压油喷出伤人。

（4）制动液要至少每隔两年换一次，最好是每年更换一次。这是因为 DOT3 乙二醇型制动液的吸湿性很强，含水分的制动液不但会使制动系统内部产生腐蚀，而且会使制动效果明显下降，影响制动系统的正常工作。注意不要使用 DOT5 硅酮型制动液，更换和存储制动液的器皿要清洁，不要让污物、灰尘进入液压控制装置，制动液不要沾到电控单元和导线上。

（二）诊断思路

图 3-89 所示为 ESP 故障诊断流程。

（三）案例分析

1. 情景回顾

大众汽车维修站接收一辆大众朗逸轿车（采用手动变速器），根据车主反映，在行驶中出现仪表盘上的 ESP 故障报警灯常亮的现象。

2. 故障现象确认

技师接车后，试车验证，发现确实存在上述故障。用 VAS6150 诊断仪进行故障查询，发现多个系统的控制单元内都有较多的故障代码储存，而且都是偶发性故障。询问该车车主得知，该车因此故障曾在其他的大众 4S 店维修过，曾断开过蓄电池负极电缆，试着调换过车载网络控制单元（J519）。通过技师诊断，确定故障在传感器。

3. 故障诊断排除

根据以上情况分析，该车的众多偶发性故障代码是由断开过蓄电池负极电缆和车载网络控制单元导线连接器引起的，但这并不会直接导致 ESP 故障报警灯常亮。

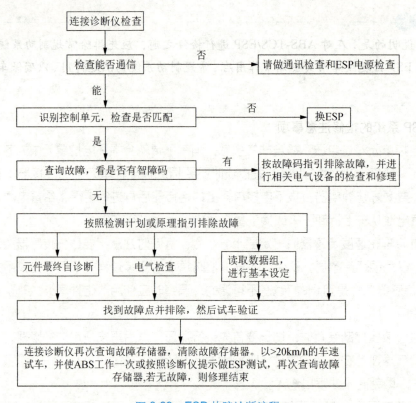

图 3-89　ESP 故障诊断流程

（1）将点火开关置于"ON"位，用 VAS6150 清除故障代码后，ESP 故障报警灯熄灭，接着断开点火开关，退出 VAS6150 诊断程序。

（2）对该车再次进行路试，当行驶了一段路程后 ESP 故障报警灯再次点亮。再次使用 VAS6150 进行检测，发现 ABS 控制单元内有一个永久性的故障代码无法清除，代码是 00493，含义是 ESP 传感器单元（G419）无信号/通信。G419 传感器单元内部集成安装了 G200（横向加速度传感器）和 G202（偏转率传感器），根据故障代码的提示进行分析，首先怀疑故障代码是由于传感器单元的导线侧连接器没有接触好而产生的。

（3）拆下前乘员侧座椅（G419 传感器单元装在该座椅下），仔细检查 G419 传感器单元导线侧连接器，连接状况良好，没有发现任何疑点，重新安装好该导线侧的连接器。

（4）在不安装前乘员侧座椅的情况下进行试验。接通点火开关，仪表盘上的 ESP 故障报警灯经过几秒钟的自检后就熄灭了，用 VAS6150 检测，发现故障代码 00493 变为偶发性故障了，将其清除后，反复试车，ESP 故障报警灯没有亮起，一切正常。但当安装好前乘员侧座椅和其他部件进行最后试车时，在行驶中 ESP 故障报警灯又点亮了。

（5）再次用 VAS6150 检测，发现故障代码 00493 又变为永久性故障了。于是将疑点转移到前乘员侧座椅与 G419 传感器单元的关系上。前乘员侧座椅的调节为机械式的，再次拆下该座椅做进一步检查，发现 G419 传感器单元的线束是从该座椅下面的地胶走过的，而且该车的地胶是用户买车后加装的，扒开地胶仔细检查 G419 连接线束，发现该线束在拐弯处有被挤压的现象，而且原车的线束固定卡子已被人为破坏，刨开线束的外皮发现有一根绿/黄色导线的绝缘皮已被磨破。

将其包扎固定后，重新安装好地胶和前乘员侧座椅，并用 VAS6150 清除故障代码，经过长时间试车，上述现象一直没有再出现。

4. 故障分析

根据以上的检查过程和诊断结果，认为该车 ESP 故障报警灯常亮的原因是在更换地胶时，工作人员破坏了 G419 传感器单元连接线束的固定卡子，以致该线束的走向发生改变，被前乘员侧座椅挤坏了绝缘层而出现对地短路。将其包扎固定后，重新安装好地胶和前乘员侧座椅，并用 VAS6150 清除故障代码，经过长时间试车，上述现象一直没有再出现。

(四) 任务工单（见表 3-27）

表 3-27　ESP 故障报警灯常亮故障检修工单

姓名		班级		学号		组别	
车型		车辆 VIN 码		作业单号		日期	
故障原因分析							
故障诊断方法及步骤		检查项目				检查结果	
		利用 VAS6150 进行故障查询					
		读取故障码					
		检查 ECU 工作情况					
		检查传感器电压					
		检查线路					
		检查传感器电阻					
结论							
建议解决故障方法							

考核与评价

(一) 理论考核

1. 选择题

1) 汽车制动时,制动力的大小取决于(   )。
   A. 汽车的载质量   B. 制动力矩
   C. 车速   D. 轮胎与地面的附着条件

2) 我国国家标准规定,任何一辆汽车都必须具有(   )。
   A. 行车制动系统   B. 驻车制动系统
   C. 第二制动系统   D. 辅助制动系统

3) 国际标准化组织 ISO 规定,(   ) 必须能实现渐进制动。
   A. 行车制动系统   B. 驻车制动系统
   C. 第二制动系统   D. 辅助制动系统

4) 汽车制动时,制动力 F_B 与车轮和地面之间的附着力 F_A 的关系为(   )。
   A. $F_B < F_A$ B. $F_B > F_A$ C. $F_B \leq F_A$ D. $F_B \geq F_A$

5) 汽车制动时,若车轮制动力 F_B 等于车轮与地面之间的附着力 F_A,则车轮(   )。
   A. 做纯滚动   B. 做纯滑移   C. 边滚边滑   D. 不动

6) 在汽车制动过程中,当车轮抱死滑移时,路面对车轮的侧向力(   )。
   A. 大于零   B. 小于零   C. 等于零   D. 不一定

7) 在汽车制动过程中,如果只是前轮制动到抱死滑移而后轮还在滚动,则汽车可能(   )。
   A. 失去转向性能   B. 甩尾   C. 正常转向   D. 调头

8) 电子控制单元 ESP 通过(   ) 确定驾驶员想要的行驶方向。
   A. 方向盘转角传感器   B. 轮速传感器
   C. 横摆率传感器   D. 加速传感器

2. 判断题

1) 制动力一定是外力。   (   )
2) 液压制动主缸的补偿孔堵塞,会造成制动不灵。   (   )
3) 在动力制动系统中,驾驶员的肌体不仅仅作为控制能源,还作为部分制动能源。(   )
4) 汽车在行驶过程中,其前后轮的垂直载荷是随车速的变化而变化的。   (   )
5) 汽车制动的最佳状态是出现完全抱死的滑移现象。   (   )
6) ESP 系统在不同的车型,往往赋予其不同的名称,如奔驰、奥迪称为 VSC,宝马称其为 DSC,丰田、雷克萨斯称其为 ESP。   (   )
7) ESP 则可以通过主动调控发动机的转速,并调整每个轮子的驱动力和制动力,来修正汽车的过度转向和转向不足。   (   )

8) 电子控制单元通过车轮速度传感器和横向偏摆率传感器来计算车辆的实际行驶方向。
（　　）

3. 问答题

1) 如何对 ESP 系统进行制动系统排气？

2) 简述 ESP 系统各传感器的检修方法及技术要点。

（二）技能考核

1. 制动力不足故障作业评分表（见表3-28）

表3-28　制动力不足故障作业评分表

基本信息	姓名		学号		班级		组别	
	规定时间	20min	完成时间		考核日期		总评成绩	
	序号	步骤	评分标准				标准分	得分
任务工单	1	考核准备	1. 安全检查2分； 2. 工具准备、清洁2分； 3. 专用工具设备准备1分，少一样扣1分				5	
	2	制动系统的检查调整	1. 检查制动踏板高度4分； 2. 检查制动储油罐液位4分； 3. 检查制动机构是否泄漏4分； 4. 检查制动软管是否有裂纹或其他损伤4分； 5. 检查制动传动机构是否有松动和摇摆4分				20	
	3	制动系统主要部件拆检	1. 检查制动主缸处是否渗漏10分； 2. 检查制动轮缸处是否渗漏10分； 3. 检查制动器的工作情况10分； 4. 检查制动蹄片与制动盘的间隙10分； 5. 检查制动助力装置10分				50	

续表

基本信息	姓名		学号		班级		组别	
	规定时间	20min	完成时间		考核日期		总评成绩	
任务工单	4	装复及整理	1. 工量具清洁、归位5分； 2. 场地清洁、整理10分				15	
	安全		1. 着工装5分； 2. 工具落地每次扣1分，扣完为止； 3. 操作过程中出现人身伤害或工具损坏扣5分				10	

2. 制动跑偏故障作业评分表（见表3-29）

表3-29 制动跑偏故障作业评分表

基本信息	姓名		学号		班级		组别	
	规定时间	20min	完成时间		考核日期		总评成绩	
任务工单		步骤	评分标准				标准分	得分
	1	考核准备	1. 安全检查2分； 2. 工具准备、清洁2分； 3. 专用工具设备准备1分，少一样扣1分				5	
	2	制动系统的检查调整	1. 检查左、右轮胎（重点在前轮）的气压是否一致5分； 2. 检查轮胎规格是否一致5分； 3. 检查制动液液位高度5分； 4. 检查制动系统中是否存在空气5分				20	
	3	制动系统主要部件的拆检	1. 检查制动蹄片厚度10分； 2. 检查制动盘跳动量10分； 3. 检查制动盘厚度10分； 4. 检查制动鼓厚度5分； 5. 检查制动鼓直径5分				40	
	4	装复及整理	1. 检查是否按标记装复、螺栓是否分次对角紧固到规定力矩12分，每项扣6分； 2. 检查制动盘、制动蹄片定位情况6分； 3. 工量具清洁、归位3分； 4. 场地清洁、整理4分，垃圾没分类、清洁不到位每项扣2分				25	
	安全		1. 着工装5分； 2. 工具落地每次扣1分，扣完为止； 3. 操作过程中出现人身伤害或工具损坏扣5分				10	

3．ESP 故障作业评分表（见表 3-30）

表 3-30　ESP 故障报警灯常亮故障作业评分表

基本信息	姓名		学号		班级		组别	
	规定时间	20min	完成时间		考核日期		总评成绩	
任务工单	序号	步骤	评分标准				标准分	得分
	1	考核准备	1. 安全检查 2 分； 2. 工具准备、清洁 2 分； 3. 专用工具设备准备 1 分，少一样扣 1 分				5	
	2	故障码的读取	1. 接通 VAS6150 进行故障查询 5 分； 2. 读取故障码 5 分； 3. 故障码的查询、分析 5 分； 4. 读取其他故障码 5 分				20	
	3	ESP 系统主要部件的拆检	1. 检查 ESP 系统 ECU 10 分； 2. 检查 ESP 系统传感器电压 10 分； 3. 检查 ESP 系统传感器电阻值 10 分； 4. 检查 ESP 系统线路 10 分				40	
	4	装复及整理	1. 故障诊断仪的连接 12 分； 2. 装好后故障码的读取情况 6 分； 3. 工量具清洁、归位 3 分； 4. 场地清洁、整理 4 分，垃圾没分类、清洁不到位每项扣 2 分				25	
安全			1. 着工装 5 分； 2. 工具落地每次扣 1 分，扣完为止； 3. 操作过程中出现人身伤害或工具损坏扣 5 分				10	

学习单元四
汽车电器典型故障诊断与检测

项目一 汽车灯光、雨刮故障诊断与检测

汽车照明系统是汽车的三大安全件之一，是最主要的主动式安全装置。如轿车大灯，它是保障汽车安全运行的重要部件，前照灯的灯照距离越远，配光特性越好，汽车行驶的安全性能就越高。目前，汽车照明系统正在经历着重要变革，不但 HID 和 LED 光源得到了更广泛的应用，而且汽车照明系统也日益智能化，并且在智能化的范围不断延伸，这对汽车维修人员提出了更高的要求。本项目学生将通过两个典型故障案例的学习，加深对汽车灯光和雨刷系统工作原理的认识，提升电路图的识读和分析能力，并掌握灯光与雨刷系统故障检测和诊断的方法。

任务一 汽车前照灯不亮故障诊断与检测

一辆 2016 款上汽大众 1.8T 途安 L 型汽车，车主反映他的车远光灯和近光灯不亮，请根据车辆的灯光控制原理，借助诊断仪和电路图分析故障产生的原因，对灯光系统进行检测和故障诊断，帮助车主排除故障。

学习目标

通过学习，应能：

1. 使用诊断仪对车辆进行故障码读取，对大灯开关进行测量值的读取，对灯光系统进行作动器诊断；
2. 查阅正确年份和车型电路图，并对灯光系统电路进行分析，找出故障产生的可能原因；
3. 借助万用表、示波器等工具对灯光系统进行检测及故障诊断，排除故障。

（一）知识准备

1. 基本结构

众所周知，现在汽车上配备的灯光和信号系统功能呈现多样化。例如2016款途安L型轿车提供了基于MQB平台的三种不同的大灯版本：卤素大灯、氙气大灯和LED大灯。本学习任务中途安L型轿车前照灯选用的是卤素大灯。

资源4-1 汽车灯光信号系统演示

1）开关结构及电路

在本学习任务中，途安L型轿车的车灯开关由蓄电池直接供电，它的状态由J519（车载电网控制单元）随时监控，如图4-1所示。当车灯开关的接通位置发生变化或开关本身及线路出现故障时，都会被J519监控到，如图4-2所示。

应急车灯控制：在点火开关打开时，J519检测到一个错误的组合信号，灯光控制进入应急状态，将自动接通停车灯和近光灯。

2）大灯结构及电路

途安L型轿车前部大灯模块的组成如图4-3所示，集成了近/远光灯、转向灯、日间行车灯/驻车灯，由BCM直接控制，如图4-4所示。该大灯在所有传统结构大灯的基础上，新增了灯泡过热监控功能。驾驶员可通过组合仪表和信息娱乐系统显示屏的"车辆菜单"查看损坏的灯泡。卤素大灯装配有一个手动照明距离调节装置，通过车灯旋钮上的电位计进行调整。

图4-1 途安L型轿车灯光开关电路示意图

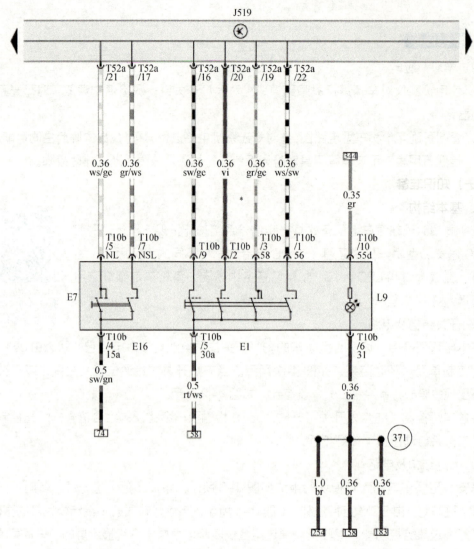

图 4-2 途安 L 型轿车灯光开关电路（E1 为灯光开关）

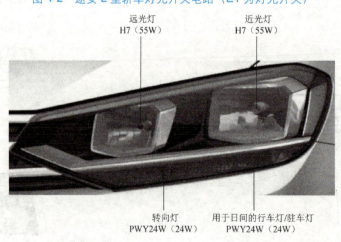

图 4-3 途安 L 型轿车前部大灯的组成

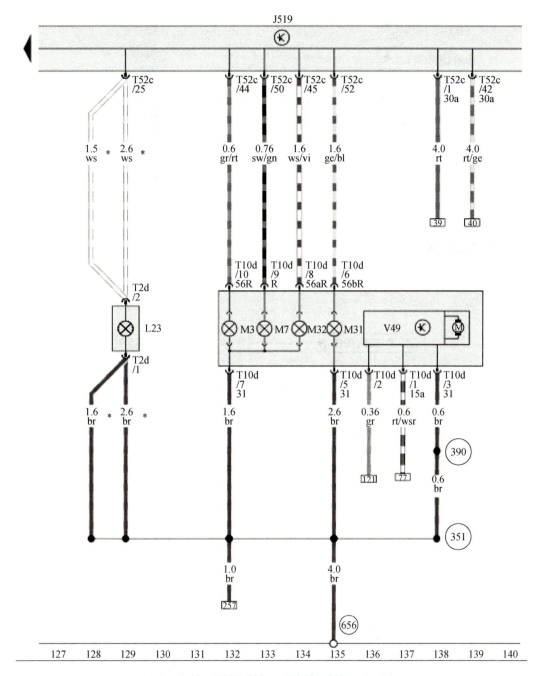

图 4-4 途安 L 型轿车前部大灯电路（M31 为远光灯）

2. 控制电路

在传统灯光控制电路中，灯光是由开关直接控制的，现代汽车的灯光以控制单元控制居多。在本任务中，途安 L 型轿车的外部灯光控制为 BCM 控制，如图 4-5 所示，灯光开关作为控制单元 J519 的信号输入，前照灯作为输出执行器。

资源 4-2 传统汽车灯光信号系统控制电路

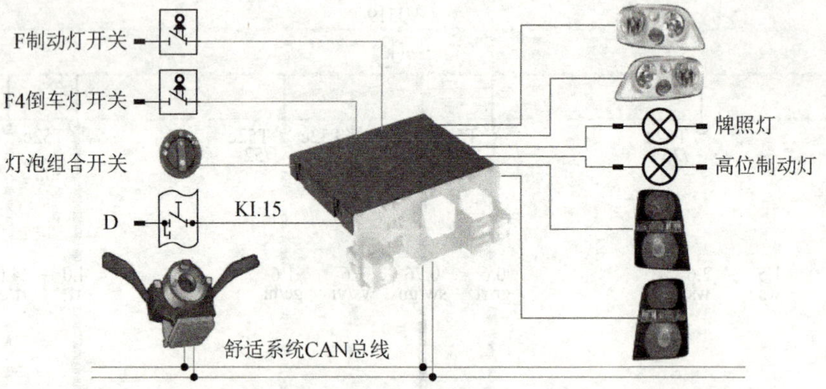

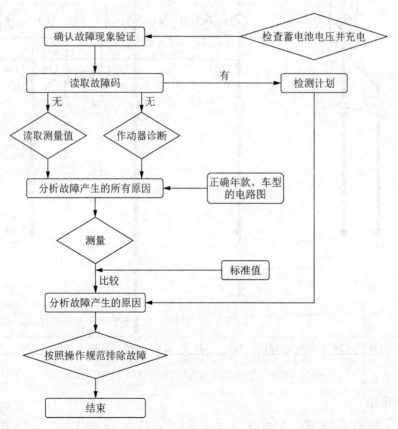

图4-5 途安的外部灯光控制

(二) 诊断思路

图4-6所示为汽车电器故障的诊断流程,本任务中的前照灯故障可以按照本流程进行检测和诊断。

图4-6 汽车电器故障诊断流程

(三) 案例分析

1. 情境回顾

一辆2016款上汽大众1.8T途安L型轿车车主反映他的车远光灯和近光灯不亮,请根据车辆的灯光控制原理，借助诊断仪和电路图分析故障产生的原因，并对灯光系统进行检测和故障诊断，帮助车主排除故障。

2. 故障现象确认

检查蓄电池电压正常（如果电压不足要对车辆蓄电池进行充电）。确认当灯光开关旋转至大灯挡位时近光灯不亮，远光灯也不工作，超车灯可以正常工作，没有其他故障现象。

3. 故障诊断与排除

（1）通过诊断仪读取车辆的故障码，无灯光系统相关故障码。如果没有故障码，也可以通过诊断仪手动添加的检测计划对灯光系统进行检测，图4-7所示。

图 4-7　手动添加检测计划

（2）因为没有灯光系统相关的故障码，故通过引导型功能读取车载电网控制单元J519中灯光开关的测量值（见图4-8），正常情况下灯光旋转开关的测量值如表4-1所示。该车大灯旋转开关旋转至大灯开关时读取到的测量值为"4"，结合电路图可知，没有读取到大灯开关信号，说明大灯开关存在故障。通过引导型功能中的执行元件测试远光灯（见图4-9）和近光灯正常，故判断远光灯和近光灯执行电路不存在故障。

图 4-8　读取灯光开关测量值

表 4-1　灯光旋转开关的测量值

灯光旋转开关位置	关闭挡	自动大灯挡	小灯挡	近光灯挡
测量值	1	2	4	8

图 4-9　远光灯作动器诊断

(3) 测量。

根据图 4-10 所示的开关电路，对各端子进行测量发现，灯光开关旋转至大灯挡位，大灯开关 T10b/1 端子的电压为 12V，正常；J519 单元的 T52a/22 端子的电压为 0V，不正常。判断开关 E1 到 J519 单元的大灯信号线断路，经检查发现故障产生的原因是开关端触点回退。

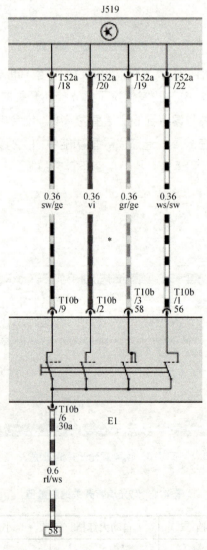

图 4-10　途安 L 型轿车大灯开关电路

(4) 使用线束维修工具将灯光开关中大灯线束触点复位,经验证故障现象消失,故障排除。

(四) 任务工单

汽车前照灯不亮故障诊断与测量任务工单见表 4-2。

表 4-2　汽车前照灯不亮故障检修工单

姓名		班级		学号		组别	
车型		远光灯类型		作业单号		日期	
故障现象描述							
诊断仪操作记录	读取故障码						
	测量值读取						
	作动器诊断结果记录						
故障原因分析							

测量结果记录	测量点	标准值	测量值

故障点及故障原因	
故障排除及验证结果	

任务二　汽车雨刮器不工作故障诊断与检测

情境导入

一辆 2013 款上汽大众 1.8T 帕萨特轿车车主反映他的爱车雨刮器功能异常，无高速挡位（高速挡时仍以低速挡运行）。请根据车辆的雨刮器控制原理，借助诊断仪和电路图分析故障产生的原因，并对雨刮系统进行检测和故障诊断，帮助车主排除故障。

学习目标

通过学习，应能：

1. 使用诊断仪对车辆进行故障码读取，对雨刮器开关进行测量值的读取，对雨刮器进行作动器诊断；

2. 查阅正确年份和车型的电路图，并对雨刮器工作电路进行分析，找出故障产生的可能原因；

3. 借助万用表、示波器等工具对雨刮器进行检测及故障诊断，排除故障。

（一）知识准备

1. 雨刮电动机结构

以帕萨特雨刮电动机为例，传统雨刮电动机结构原理如图 4-11 所示。将帕萨特雨刮电动机拆解后发现，其电枢有三个炭刷，与接地炭刷正对的是低速供电，与接地炭刷成 120°的是高速供电。电动机的高低速不是靠串入电阻实现，而是通过改变炭刷位置实现的。

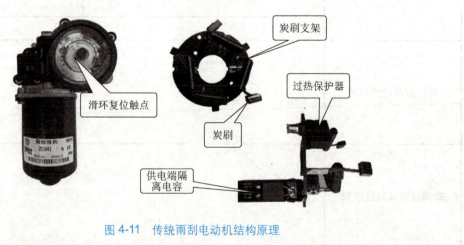

图 4-11　传统雨刮电动机结构原理

2. 雨刮控制电路

传统雨刮系统是由雨刮开关直接控制雨刮电动机工作的，本任务中帕萨特雨刮开关是由控制单元控制工作的。帕萨特雨刮及车窗玻璃清洗泵控制电路如图 4-12 所示。J400（雨刮电动机控制单元）上的 lin 线，并非是 Lin 总线，只是雨刮电动机的复位信号线。J400 针脚定义：1 是高速挡供电，2 是低速挡供电，3 是复位信号，4 是接地。J368 为雨刮供电继电器，J369 为高低速切换继电器。复位信号线上，由 J519 给出约 12V 的高电位信号，雨刮器停止工作时，该信号经复位滑环触点接地，拉低为低电位，此时 J519 切断雨刮供电继电器 J368 的控制，J400 断电，雨刮片停止在复位位置。当雨刮手柄处于低速或高速连续运转挡位时，J519 不理会复位信号，仅当雨刮手柄位于关闭、间歇及点动挡位时，复位信号才被采纳。因此，当此信号线对地短路时，点动及间歇挡位无法运行，而雨刮低速和高速挡均正常运转，但手柄拨至"OFF"位置，雨刮立即停止，无法复位。

资源 4-3　传统电动刮水器电路工作原理

维修提示：雨刮电动机控制单元 J400 和车窗雨刮电动机 V 是作为一个整体安装的，不能单独更换。如果需要更换雨刮电动机控制单元 J400，必须先在 J519 中读出旧的雨刮电动机控制单元 J400 的编码，然后对新的雨刮电动机控制单元 J400 用该数值进行编码。

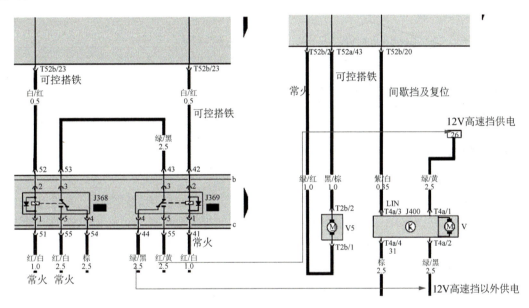

图 4-12　帕萨特雨刮器及车窗玻璃清洗泵控制电路

【扩展资源】本任务中车型为大众帕萨特，大众汽车雨刮系统的操作与维护在教学资源中进行展示。

（二）诊断思路

图 4-13 所示为汽车电器故障的诊断流程，本任务中的雨刮系统故障可以按照本流程图进行检测和诊断。

资源 4-4　雨刮器系统的操作与维护

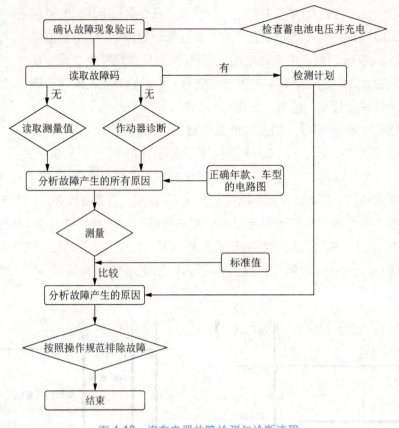

图 4-13　汽车电器故障检测与诊断流程

(三) 案例分析

1. 情境回顾

一辆 2013 款上汽大众 1.8T 帕萨特轿车，车主反映雨刮器功能异常，无高速挡位（高速挡时仍以低速挡运行）。请根据车辆的雨刮器控制原理，借助诊断仪和电路图分析故障产生的原因，对雨刮系统进行检测和故障诊断，帮助车主排除故障。

2. 故障现象确认

检查蓄电池电压正常（如果电压不足要对车辆蓄电池进行充电）。确认车辆雨刮器无高速挡，没有其他故障现象。

3. 故障诊断排除

(1) 通过诊断仪读取车辆的故障码，无雨刮器的相关故障码。

(2) 根据图 4-12 雨刮系统控制电路分析可知，雨刮器低速挡工作正常，高速挡时仍以低速挡运行，判断继电器 J368 正常而继电器 J369 没有工作。

测量发现，打开高速挡时，继电器 J369 的 2 号端子电压为 0V，说明 J519 控制正常。拆下继电器 J369，检测线圈阻值无穷大，说明继电器 J369 线圈断路。

(3) 更换继电器 J369，经验证故障现象消失，故障排除。

(四)任务工单

汽车雨刮器无高速挡故障诊断与测量任务工单见表 4-3。

表 4-3 汽车雨刮器无高速挡故障与测量任务工单

姓名		班级		学号		组别	
车型				作业单号		日期	

故障现象描述	

诊断仪操作记录	读取故障码	
	测量值读取	
	作动器诊断结果记录	

故障原因分析	

测量结果记录	测量点	标准值	测量值

故障点及故障原因	

故障排除及验证结果	

考核与评价

（一）理论考核

1. 选择题

1) 在检测控制单元时，应防止静电放电，其原因是（　　）。
   - A. 静电放电会损坏集成电路片
   - B. 静电放电会造成人身伤害
   - C. 静电放电会影响检测结果
   - D. 静电放电会烧保险

2) 蓄电池容量的计量单位是（　　）。
   - A. 千瓦/小时
   - B. 安培·小时
   - C. 千瓦
   - D. 安培

3) 对于新途安 L 型轿车后窗加热不工作故障的排除，下列描述不正确的是（　　）。
   - A. 可以通过数据块读取后窗加热开关的工作状态
   - B. 可以诊断和测试后窗加热电路
   - C. 不需要发动机运行状态，就可以检测后窗加热功能是否正常

4) 如果氙气大灯照射行程装置出了故障，则（　　）。
   - A. 大灯照射行程控制电动机自动地把大灯设置在最高位置上
   - B. 大灯照射行程控制电动机自动地把大灯设置在最低位置上
   - C. 大灯照射行程控制电动机自动地把大灯设置在中间位置上
   - D. 以上皆有可能

5) 使用大灯校正装置调整大灯光束时，应（　　）。
   - A. 先调上下，再调左右
   - B. 先调左右，再调上下
   - C. 先调左边，再调右边
   - D. 先调右边，再调左边

6) 长度保持不变的情况下，导线的截面积越大，其阻值（　　）。
   - A. 不变
   - B. 越大
   - C. 越小
   - D. 都可能

7) 以发动机控制单元为例，在接地点的故障检查期间，描述不正确的是（　　）。
   - A. 不带负载测量发动机控制单元插座正、负极侧电压，这种测量可能不准确
   - B. 在测量电压过程中，应加载负载并优先考虑用 DSO 做接地点电压测量
   - C. 不带负载测量发动机控制单元插座正、负极侧电压，这种测量方法可以准确地测量电压
   - D. 在检测接触不良或接地点连接松动的情况时，使用万用表没有采用 DSO 的测量方法好

8) 途观大灯开关上的 AUTO 表示什么意思？（　　）
   - A. AUTO 表示自动大灯，带有随动大灯
   - B. 带有自动泊车
   - C. 带有主动巡航系统

2. 判断题

1) 途观后雾灯受点火开关、雾灯开关和后备厢开关控制。　　　　　　　　　（　　）

2) 读取故障代码后，根据需求可查读相关测量值（数据块），分析判断故障成因，测量值应在负载条件下查读。　　　　　　　　　　　　　　　　　　　　　　　　（　　）

3) 目前大众全新灯光采用的是占空比供电方式，可对所有灯光亮度做 10%～100% 之间的任意调整。　　　　　　　　　　　　　　　　　　　　　　　　　　　（　　）

4) PWM 占空比是脉冲宽度调制的英文缩写。　　　　　　　　　　　　　（　　）

5) 灯泡冷监控的功能能够检查灯泡及电路短路和断路。　　　　　　　　　（　　）

6) 车辆电器设备接地端连接松动时，会导致线路电阻增大，所以用电器设备的输出功率也会增加。　　　　　　　　　　　　　　　　　　　　　　　　　　　　（　　）

3. 简答题

1) 汽车大灯的类型有哪些？它们的控制方式有何区别？

2) 通过诊断仪读取测量值和作动器诊断的目的是什么？

（二）技能考核

1. 汽车前照灯不亮故障检测与诊断（见表4-4）

表4-4 汽车前照灯不亮故障检测与诊断作业评分表

基本信息	姓名		学号		班级		组别	
	规定时间	50min	完成时间		考核日期		总评成绩	
	序号	步骤		评分标准			标准分	得分
任务工单	1	前期准备		1. 叶子板布、三件套、尾排、挡位等，缺少一项扣1分； 2. 未检查蓄电池电压并充电扣2分			5	
	2	故障现象确认		未对故障现象进行验证并检查有无其他现象扣5分			5	
	3	诊断仪操作		1. 不能正确连接诊断仪诊断线扣5分； 2. 不能正确读取故障码扣10分； 3. 不能正确选择与故障相关的数据流扣5分； 4. 不能正确执行作动器诊断扣5分			25	
	4	电路图识读		1. 未能找到故障部位电路图扣5分； 2. 未能正确分析电路图扣5分			10	
	5	故障原因分析		故障原因分析思路不清晰扣5分			10	
	6	测量，正确记录测量值并正确分析得出结论		1. 未能正确选择和使用工具、仪器每次扣5分； 2. 未能正确记录测量值并正确分析得出结论扣5分			25	
	7	故障排除及验证		1. 未能排除故障扣4分； 2. 有故障码的未清除故障码扣2分； 3. 故障排除后未验证扣4分			10	
	安全操作			1. 着工装4分，衣服和工作鞋各占2分； 2. 工具落地每次扣1分，扣完为止； 3. 操作过程中出现人身伤害或工具损坏扣5分			10	
评语：								

2. 汽车雨刮器不工作故障检测与诊断（见表4-5）

表4-5 汽车雨刮器不工作故障检测与诊断作业评分表

<table>
<tr><td rowspan="2">基本信息</td><td>姓 名</td><td></td><td>学号</td><td></td><td>班级</td><td></td><td>组别</td><td></td></tr>
<tr><td>规定时间</td><td>50min</td><td>完成时间</td><td></td><td>考核日期</td><td></td><td>总评成绩</td><td></td></tr>
<tr><td rowspan="8">任务工单</td><td>序号</td><td colspan="2">步骤</td><td colspan="4">评分标准</td><td>标准分</td><td>得分</td></tr>
<tr><td>1</td><td colspan="2">前期准备</td><td colspan="4">1. 叶子板布、三件套、尾排、挡位等，缺少一项扣1分；
2. 未检查蓄电池电压并充电扣2分</td><td>5</td><td></td></tr>
<tr><td>2</td><td colspan="2">故障现象确认</td><td colspan="4">未对故障现象进行验证并检查有无其他现象扣5分</td><td>5</td><td></td></tr>
<tr><td>3</td><td colspan="2">诊断仪操作</td><td colspan="4">1. 不能正确连接诊断仪诊断线扣5分；
2. 不能正确读取故障码扣10分；
3. 不能正确选择与故障相关的数据流扣5分；
4. 不能正确执行作动器诊断扣5分</td><td>25</td><td></td></tr>
<tr><td>4</td><td colspan="2">电路图识读</td><td colspan="4">1. 未能找到故障部位电路图扣5分；
2. 未能正确分析电路图扣5分</td><td>10</td><td></td></tr>
<tr><td>5</td><td colspan="2">故障原因分析</td><td colspan="4">故障原因分析思路不清晰扣5分</td><td>10</td><td></td></tr>
<tr><td>6</td><td colspan="2">测量，正确记录测量值并正确分析得出结论</td><td colspan="4">1. 未能正确选择和使用工具、仪器每次扣5分；
2. 未能正确记录测量值并正确分析得出结论扣5分</td><td>25</td><td></td></tr>
<tr><td>7</td><td colspan="2">故障排除及验证</td><td colspan="4">1. 未能排除故障扣4分；
2. 有故障码的未清除故障码扣2分；
3. 故障排除后未验证扣4分</td><td>10</td><td></td></tr>
<tr><td colspan="3">安全操作</td><td colspan="4">1. 着工装4分，衣服和工作鞋各占2分；
2. 工具落地每次扣1分，扣完为止；
3. 操作过程中出现人身伤害或工具损坏扣5分</td><td>10</td><td></td></tr>
<tr><td colspan="8">评语：</td></tr>
</table>

项目二　汽车空调系统故障诊断与检测

项目描述

汽车空调已成为汽车必备的舒适功能之一，而且空调正朝着智能化、自动化方向发展。手动空调、半自动空调与自动空调结构和控制原理有着很大的区别，对汽车维修人员提出了更高的要求。本项目学生将通过一个典型故障案例的学习，加深对汽车空调系统工作原理的认识，提升电路图的识读和分析能力，掌握空调系统故障检测和诊断的方法。

任务一　汽车空调不制冷故障诊断与检测

情境导入

一辆2016款上汽大众1.8T途观轿车，车主反映他的爱车自动空调不制冷，请根据车辆空调控制原理，借助诊断仪和有关设备工具分析故障产生的原因，对空调系统进行检测和故障诊断，帮助车主排除故障。

学习目标

通过学习，应能：

1. 使用诊断仪对车辆进行故障码读取，对空调运行指标进行测量值的读取；
2. 借助空调压力测试仪、空调温度测试仪等工具对灯光系统进行检测及故障诊断，排除故障。

（一）知识准备

1. 空调系统部件常见故障及检修方法

1）压缩机

目前应用的压缩机类型主要有带电磁离合器的定排量压缩机、带电磁离合器的变排量（内调节）压缩机和带N280调节阀的变排量（外调节）压缩机。在进行故障分析时应根据类型具体分析。

资源4-5　汽车空调系统组成压缩机的组成与原理

如图4-14所示，压缩机有可能出现外壳泄漏、活塞损坏和阀门损坏的故障形式，当活塞损坏或者阀门损坏时，压缩机的功率下降。用空调维修工作站压力表进行诊断时，可测得发动机怠速时的压力波动尤为明显。

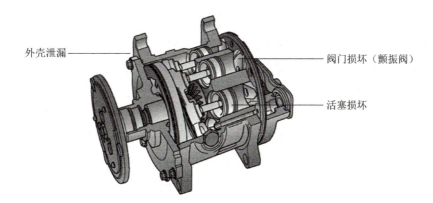

图 4-14　压缩机的损坏形式

对于带有电磁离合器的压缩机，还应考虑是否是由于电磁离合器故障导致的压缩机不工作，常见的电磁离合器故障主要有因磨损导致的离合器间隙过大和电磁线圈的短路、断路等故障。对于长时间没有使用的压缩机，还应考虑轴承的密封可能发生了损坏。

对于带有 N280 调节阀的压缩机，除了常规原因外，还可能发生因为压缩机卡住而触发过载保护，出现这种情况说明在制冷循环中有金属屑，制冷剂和制冷剂油可能因此而热过载。因此，在系统中还可能存在化学分解了的制冷剂。在这种情况下，为了避免制冷剂储备和空调维修工作站中过滤器的污染，应立即用一个专门的抽吸装置将制冷剂注入一个 R 瓶中，并且必须冲洗空调。N280 电磁阀被卡住会导致压缩机的功率调节失效。

2）冷凝器和风扇

对于冷凝器来讲，最可能的故障形式是散热不良，可能的原因有以下几种：

（1）风扇故障或运转方向错误；

（2）冷凝器前部脏污或堵塞；

（3）冷凝器与冷却系统散热器之间由于脏污或接触导致的传热。

除此之外还应考虑冷凝器的泄漏以及堵塞等故障。

资源 4-6　空调冷凝器视频

3）储液干燥器

储液干燥器的作用是储存一定量的制冷剂并对制冷剂进行干燥。它的故障形式主要有三种。

（1）干燥剂吸水达到饱和状态，这会导致多余水分随制冷剂一起循环，当水分积累到一定量，在到达膨胀阀时会突然结冰堵塞制冷循环，引起制冷效率急剧下降。当结冰融化后，制冷循环又会恢复，一直重复这种循环。

资源 4-7　空调储液干燥罐视频

（2）过滤元件的堵塞或部分堵塞，这会导致在储液干燥器处形成膨胀阀效应，导致储液干燥器到蒸发器之间的高压管路压力和温度降低，制冷剂不能以充分的液体状态喷射到蒸发器中，从而降低制冷效率。

（3）由于制冷剂不足导致储液干燥器内液位过低，在空调系统大负荷工作时有可能会有大量的气态制冷剂从出液口排出，降低空调系统的制冷效率。

4) 检修阀

如图4-15所示,在制冷循环的高低压管路上各有一个检修阀,用于制冷循环的检测和制冷剂的充放。检修阀在拆卸后必须更换,并且在拆装时要注意使用专用工具及按规定力矩拧紧。此外每次必须更换检修阀的阀盖或内部的O形圈。

5) 膨胀阀

图4-16所示为带有外部隔膜盒的膨胀阀的故障形式,膨胀阀在制造过程中已完成喷射量的基本设置,并且与蒸发器的尺寸相适应。如果封闭在气囊中的气体泄漏,则膨胀阀自动补足。诊断时,在拆卸状态下,膨胀阀在进气口必须有通道。

资源4-8 内平衡式膨胀阀的工作原理

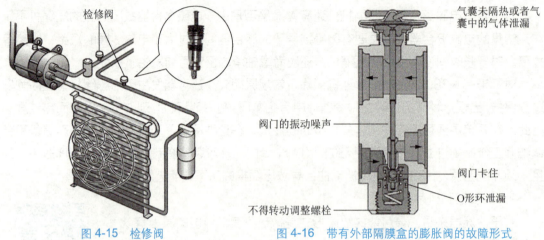

图4-15 检修阀　　　图4-16 带有外部隔膜盒的膨胀阀的故障形式

如果在特别炎热的地方使用膨胀阀,则对阀门或气囊必须进行隔热,过高的温度会引起喷射量的提高。在极端情况下,压缩机吸入侧的液体比例过高,并可能导致压缩机损坏,当出现振动噪声时,必须更换膨胀阀。

图4-17所示为带有内置隔膜盒的膨胀阀的故障形式。封盖的O形环可能发生泄漏,在这种情况下,需对封盖周围进行润滑。出现图4-17所示的其他故障时,必须更换膨胀阀。同带有外部隔膜盒的膨胀阀一样,在炎热地区使用时,膨胀阀也必须进行隔热。

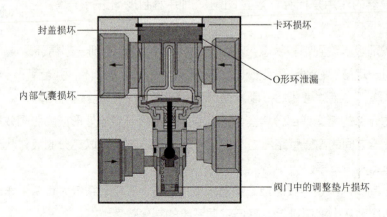

图4-17 带有内置隔膜盒的膨胀阀的故障原因

6）蒸发器

图 4-18 所示为蒸发器发生故障的可能原因。空调冷凝水排水口可能被吸入的物质所堵塞。如果一辆车的热交换器泄漏或者曾经泄漏，蒸发器表面可能被散热器防冻保护材料所污染，表面变得黏糊，污垢和灰尘黏附其上，导致蒸发器表面堵塞。行驶时间较长并且空气湿度较高时，出现结冰现象有时是正常的，空气进气逐渐下降，且乘客车厢内的制冷功率降低，行驶停顿一段时间后，冰融化。

蒸发器快速结冰时，可能出现以下导致压缩机损坏的故障：

（1）膨胀阀没有隔热。膨胀阀卡住，一直喷射过多的制冷剂。

（2）压缩机中的内部调节阀故障，当低压过低时压缩机不再进行调节。

（3）对于带有防冻节温器的较老车型，其毛细管没有插入蒸发器，带有离合器的压缩机不能关闭。

（4）蒸发器后面的温度传感器为空调的控制单元提供错误数据或者未插入到外壳中时，压缩机的输送功率没有进行正确调节。最低蒸发器的温度取决于传感器 G263 的温度信息。

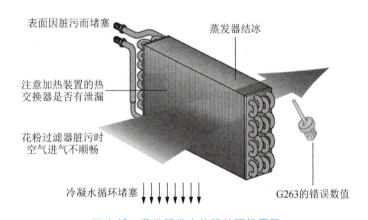

图 4-18 蒸发器发生故障的可能原因

2. 制冷剂压力检测与诊断

如图 4-19 所示，利用压力表，通过制冷循环回路上的高低压检修阀可以对空调制冷循环高低压管路中的制冷剂压力进行测量。制冷剂的压力应符合一定的规律。

汽车经过长时间停放，在发动机静止时连接压力表，高压压力表和低压压力表的压力是一样的，因为膨胀阀/节流阀的压力已经相互补偿，且压力必须与蒸汽压力表（参见压力表上的刻度）相符。起动压缩机时，特别是低压必须明显不断下降；空调运行时，压力值必须与蒸汽压力表基本一致。

如果实际的测量值与上述规律不符，空调系统可能存在故障。下面介绍几种典型的空调系统压力异常情况，以及产生故障的可能原因。

1）高压过高

如图 4-20 所示，空调系统高压过高的原因主要是制冷剂中的热量不能充分散发到大气中去，其主要是由散热风扇不工作或工作异常、冷凝器表面脏污、冷凝器与散热器发生接触以及高压传感器故障等因素导致的。

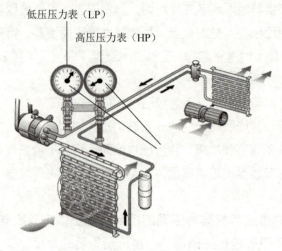

图 4-19　用压力表测量制冷循环的压力

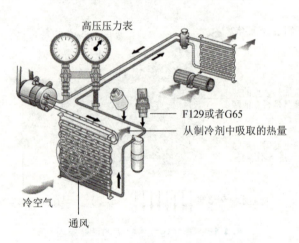

图 4-20　空调系统高压过高示意图

2）低压过高

如图 4-21 所示，造成空调系统低压过高的原因可能有：

（1）压缩机不运转或运转不良，压缩机没有功率输出，相当于空调系统没有工作，高低压之间就不会有压力差。

（2）制冷剂量过少，当系统中由于制冷剂量不足而导致膨胀阀喷射量过少时，就会引起蒸发器后方温度偏高，根据温度压力曲线，低压的压力也会偏高。

（3）储液干燥器中有狭窄部分，在储液干燥器故障部分已经解释过，不再赘述。

（4）蒸发器出风口温度传感器故障，当蒸发器的出风口温度传感器 G263 为空调的控制单元提供一个过低的温度时，压缩机断开，空调的制冷效果差，低压因此升高。

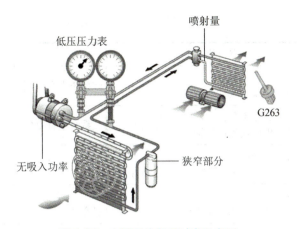

图 4-21 空调系统低压过高示意图

3) 低压过低

如图 4-22 所示,造成空调系统低压过低的原因可能有:

(1) 压缩机不停止调节或者在蒸发器结冰时不关闭。

(2) 膨胀阀或节流阀关闭或堵塞。

(3) 电气设备故障,根据系统类型,当蒸发器过冷导致低压过低时,压缩机必须关闭或停止调节。如果因出现机械或电气故障而不能实现关闭或停机,则在不利的运行条件下会损毁压缩机。

(4) 制冷剂几乎耗光,当制冷循环中只剩下气态制冷剂时,低压会很低,并且温度会很高。

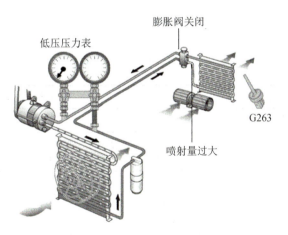

图 4-22 空调系统低压过低示意图

4) 其他压力异常情况诊断(见表 4-6)

表 4-6　其他压力异常情况诊断

歧管压力表显示	空调故障现象	制冷系统可能原因
高压侧压力偏低 低压侧压力偏低	1. 制冷不足； 2. 出现连续的气泡	系统中有渗漏：制冷剂渗漏、制冷剂不足
低压侧压力太高 高压侧压力太高	1. 制冷不足； 2. 出现连续的气泡	系统中有空气
低压侧压力太低 高压侧压力太低	1. 制冷不足； 2. 从储液干燥器到蒸发器之间有结霜	储液干燥器阻塞：制冷剂不循环
低压侧压力太高 高压侧压力太高	1. 制冷不足； 2. 低压管路有结霜或露水	膨胀阀故障：膨胀阀开度过大、低压管路制冷剂过量
高压侧压力偏高 低压侧压力偏高	1. 制冷不足； 2. 看不到气泡	1. 制冷剂过量； 2. 冷凝器散热不良：散热器堵塞、风扇运转不良
低压侧压力太高 高压侧压力太低	无冷气	压缩机故障：内部密封不良
低压侧有时为真空	间歇性不制冷	系统中有水分：在膨胀阀管口结冰，循环暂时停止，但当冰融化后，系统又恢复正常
低压侧指示真空 高压侧压力偏低	从储液干燥器到蒸发器之间有结霜，不制冷	系统中有水或管路堵塞：制冷剂不循环

3. 空调压缩机关闭条件

大众汽车空调控制单元会在特定的情况下关闭压缩机，可通过故障码读取到压缩机关闭代码，见表 4-7。当空调出现压缩机不工作故障时，可以通过读取压缩机关闭代码确定压缩机异常关闭的原因并进行故障检测和诊断。

表 4-7　空调压缩机关闭代码

压缩机关闭代码	代码产生原因
0——未探测到关闭条件	
1——剩余压力	制冷剂压力太高，视制冷剂压力而定的极限值：压力≥32bar 时关闭，压力≤24bar 时打开
2——基本设置未执行	执行中出现故障
3——剩余压力	制冷剂压力太低，视制冷剂压力而定的极限值：压力小于等于 1.4bar 时关闭，压力大于等于 2.0bar 时打开
4——当前没有预计读数	—
5——发动机运行时间小于 1s	未识别到发动机起动
6——ECON 运行模式	已按下"ECON"按钮或未按下空调按钮
7——空调关闭	风扇切换至 0 挡
8——外部温度	外部温度太低。外部温度低于 1.5℃或控制单元通过 CAN 未获当前数值或获取的数值失真时关闭，外部温度高于 2.5℃时打开

续表

压缩机关闭代码	代码产生原因
9——当前没有预计读数	—
10——电压不足	车载电压太低，低于9.5 V
11——发动机温度指示灯熄灭	发动机温度高于118℃（根据软件版本已关闭）
12——由发动机控制单元通过CAN关闭	原因可能在于发动机温度不正常、冷却液控制单元故障或变速器强制降挡
13——过电压	车载电压太高，电压（接线端15或接线端30）高于16V
14——蒸发器可能结冰的温度	蒸发器温度太低
15——无车辆代码或车辆代码错误	—
16——激活压缩机	至控制阀的激活路径中的故障：例如断路/对蓄电池正极短路
17——压力传感器	无压力传感器信号或信号失真（脉冲宽度调制信号）
18——在静止状态时车速为0	发动机转速大于3 000r/min且车速小于15km/h的时间达到3s后关闭1min
19——负荷管理	通过CAN从车载电网控制单元关闭（除霜再次生成该代码）

（二）诊断思路

该款途观车装备的是带橡胶过载保护皮带轮的外部调节式变排量压缩机，无电磁离合器。图4-23所示为该款途观车空调不制冷故障的诊断流程。

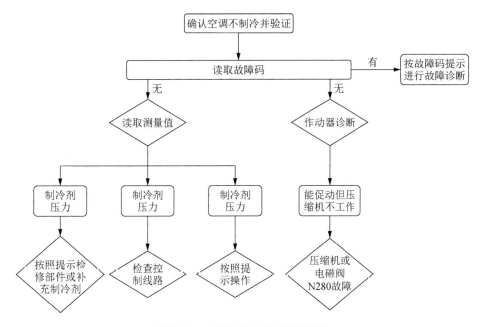

图4-23 空调不制冷故障诊断流程

（三）案例分析

1. 情境回顾

一辆 2016 款上汽大众 1.8T 途观轿车车主反映他的爱车自动空调不制冷，请根据车辆空调控制原理，借助诊断仪和有关设备工具分析故障产生的原因，并对空调系统进行检测和故障诊断，帮助车主排除故障。

2. 故障现象确认

首先确认故障现象为空调不制冷、压缩机不工作，无其他故障现象。

3. 故障诊断排除

（1）通过诊断仪读取车辆的故障码，空调控制单元中存在故障代码 90AE14，即"高压传感器，断路/对地短路"，如图 4-24 所示。

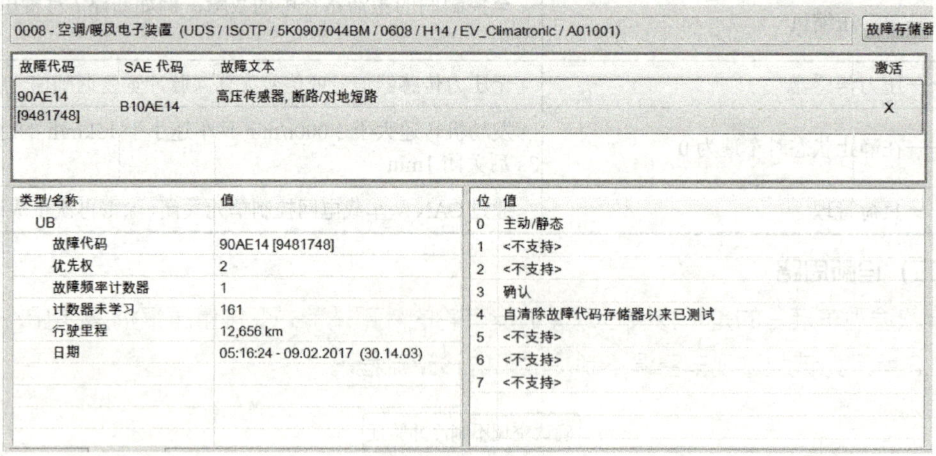

图 4-24　空调故障码

（2）如图 4-25 和图 4-26 所示，通过诊断仪读取测量值，压缩机关闭，要求测量值为"制冷剂压力传感器故障"，导致压缩机停止工作；由"压缩机电流""压缩机转速""外部空气温度""车内温度"及"蒸发器后的温度"测量值分析压缩机工作情况，可以判断压缩机没有工作。

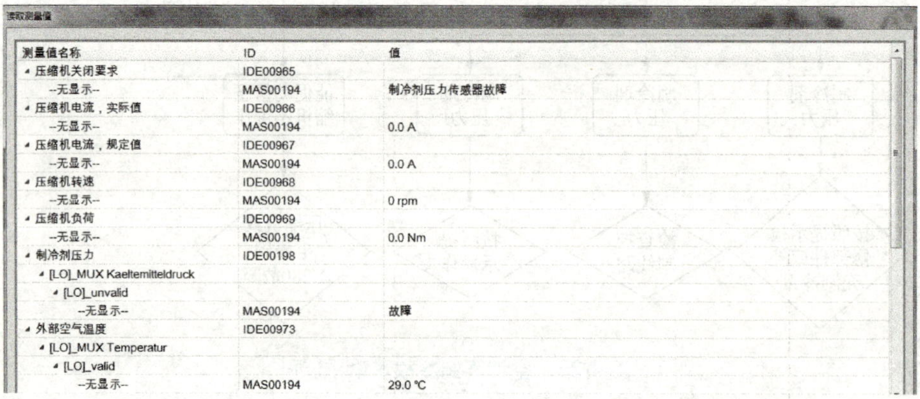

图 4-25　空调数据流 1

图 4-26 空调数据流 2

如图 4-27 所示，通过执行元件测试发现，空调因存在压缩机传感器故障，故无法促动空调压缩机调节阀 N280。

（3）通过上面一系列的测试，基本判断空调压缩机高压传感器存在故障。

（4）更换空调压缩机高压传感器，清除故障码后故障消失。

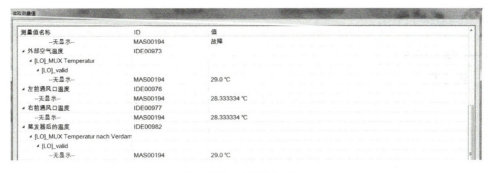

图 4-27 空调压缩机执行元件测试

（四）任务工单

汽车空调不制冷故障诊断与测量任务工单见表 4-8。

表 4-8 汽车空调不制冷故障诊断与测量任务工单

姓名		班级		学号		组别	
车型				作业单号		日期	
故障现象描述							
诊断仪操作记录	读取故障码						
	测量值读取						
	作动器诊断结果记录						
故障原因分析							
测量结果记录	测量点		标准值		测量值		
故障点及故障原因							
故障排除及验证结果							

考核与评价

(一) 理论考核

1. 选择题

1) 即使按下 A/C 按钮，空调系统也没有启动的原因可能是（　　）。

   A. 发动机没有起动

   B. 风扇被关闭

   C. 车外的温度低于大约 3℃ (38 °F)

   D. 由于发动机冷却液温度过低，压缩机被暂时关闭

2) 在空调系统中，甲说绝对压力 = 表压力 +1，乙说绝对压力 = 表压力 −1。（　　）

   A. 甲对　　　　　　B. 乙对　　　　　　C. 甲乙都对　　　　　　D. 甲乙都不对

3) 桑塔纳 Vista 空调系统在更换冷凝器后，应向制冷系统补充多少冷冻油？（　　）

   A. 0mL　　　　　B. 50mL　　　　　C. 20mL　　　　　D. 5mL

4) 空调系统中干燥剂的作用是什么？（　　）

   A. 清洁制冷剂　　　　　　　　　　B. 过滤制冷剂

   C. 干燥制冷剂　　　　　　　　　　D. 上述答案均正确

5) 低压压力保护开关可以（　　），决定压缩机是否工作。

   A. 检测泄漏量

   B. 检测制冷剂状态

   C. 检测系统压力

   D. 检查制冷温度

6) 下列元件中不可能是自动空调的传感器的是（　　）。

   A. 车速传感器　　　　　　　　　　B. 车内温度传感器

   C. 阳光传感器　　　　　　　　　　D. 车外温度传感器

7) 造成空调制冷剂不足故障的原因是（　　）。

   A. 冷凝器散热不佳　　　　　　　　B. 压缩机不工作

   C. 电磁离合器故障　　　　　　　　D. 制冷剂软管破损

8) 上汽大众空调制冷剂充放仪，通常是在管路的哪侧加入制冷剂？（　　）

   A. 起动车辆，开启空调，从高压、低压侧充注

   B. 不起动车辆，从高压、低压侧充注

   C. 起动车辆，从高压侧充注

   D. 不起动车辆，从低压侧充注

9) 空调系统能完成以下各项运作过程，除了（　　）。

   A. 使未被压缩的制冷剂在系统中循环

   B. 从空气中移走热量和湿气

C. 使制冷剂通过蒸发箱和冷凝器进行循环
D. 为蒸发器和冷凝器传送潜热能

2. 判断题

1）有些车辆的空调系统工作还受冷却水热敏开关控制，当冷却水温度过高时，切断压缩机电磁离合器，空调系统停止工作。（   ）

2）膨胀阀开启过大会造成节流效应减少、制冷性能差。（   ）

3）在 R134a 空调系统中误加注 R12 制冷剂会造成系统在一定压力下冰堵。（   ）

4）电子温度计用于测量空调出风口的温度和湿度，与维修数据对比判定空调制冷效果是否合格。（   ）

5）制冷剂纯度低于 95%，进行净化作业；高于 95%，不执行净化操作过程。（   ）

6）抽真空时间一般不少于 60min。（   ）

7）从高压侧向系统注入制冷剂时，千万不能起动发动机，而且充注时不能拧开低压手动阀。（   ）

8）检查冷凝器散热片表面是否脏污，若脏污，则用高压压缩空气冲洗。（   ）

9）检查蒸发器散热片表面是否脏污，若脏污，则用软毛刷刷洗，不要用水清洗。（   ）

10）检查蒸发器散热片表面有无变形、破损、裂纹等。若有变形、破损、裂纹，会影响制冷剂的汽化效果，导致其吸热能力下降，使空调出风温度变高，故需更换蒸发器。（   ）

11）检查管路接头处有无松动和泄漏，若有松动，则予以拧紧；若拧紧后还有泄漏，则必须更换管子。（   ）

12）只有制冷回路高压侧压力在 0.22～32MPa 时，电磁离合器才处于接通状态，空调系统正常工作。（   ）

3. 简答题

1）简述汽车自动空调的诊断。

2）简述使用 SVW6415 充注和回收制冷剂的步骤。

(二) 技能考核

空调不制冷故障检测与诊断作业评分表见表4-9。

表4-9 空调不制冷故障检测与诊断作业评分表

基本信息	姓名		学号		班级		组别	
	规定时间	50min	完成时间		考核日期		总评成绩	
	序号	步骤	评分标准				标准分	得分
任务工单	1	前期准备	1. 叶子板布、三件套、尾排、挡位等，缺少一项扣1分； 2. 未检查蓄电池电压并充电扣2分				5	
	2	故障现象确认	未对故障现象进行验证及检查有无其他现象扣5分				5	
	3	诊断仪操作	1. 不能正确连接诊断仪诊断线扣5分； 2. 不能正确读取故障码扣10分； 3. 不能正确选择与故障相关的数据流扣5分； 4. 不能正确执行作动器诊断扣5分				25	
	4	空调压力检测	1. 未能检测高压压力扣5分； 2. 未能检测低压压力扣5分				10	
	5	故障原因分析	故障原因分析思路不清晰扣5分				10	
	6	测量, 正确记录测量值并正确分析得出结论	1. 未能正确选择和使用工具、仪器每次扣5分； 2. 未能正确记录测量值并正确分析得出结论扣5分				25	
	7	故障排除及验证	1. 未能排除故障扣4分； 2. 有故障码的未清除故障码扣2分； 3. 故障排除后未验证扣4分				10	
	安全操作		1. 着工装4分，衣服和工作鞋各占2分； 2. 工具落地每次扣1分，扣完为止； 3. 操作过程中出现人身伤害或工具损坏扣5分				10	
评语：								

项目三　汽车车窗、门锁故障诊断与检测

 项目描述

现在汽车车窗和门锁的控制都是以控制单元为核心的控制方式，车窗与门锁的开关和执行电动机是控制单元的输入和输出部分，而且功能非常智能，这对汽车维修人员提出了更高的要求。本项目学生将通过两个典型故障案例的学习，加深对汽车车窗和门锁系统工作原理的认识，提升电路图的识读和分析能力，掌握车窗与门锁系统故障检测和诊断的方法。

任务一　汽车车窗不能升降故障诊断与检测

 情境导入

一辆 2014 款上汽大众 1.8T 帕萨特轿车，车主反映他的爱车驾驶员侧车窗一键上升功能失效，请根据车辆的车窗控制原理，借助诊断仪和电路图分析故障产生的原因，并对车窗系统进行检测和故障诊断，帮助车主排除故障。

 学习目标

通过学习，应能：

1. 使用诊断仪对车辆进行故障码读取，对车窗开关进行测量值的读取，对车窗进行作动器的诊断；
2. 查阅正确年份和车型电路图，并对车窗系统电路进行分析，找出故障产生的可能原因；
3. 借助万用表、示波器等工具对灯光系统进行检测及故障诊断，排除故障。

（一）知识准备

1. 基本结构

2014 款帕萨特轿车车窗具有点动升降和一键升降功能。

1）电动车窗系统的组成

电动车窗系统主要由车窗、车窗玻璃升降器、电动机和开关等装置组成，如图 4-28 所示。

每一扇车门上都有一个车窗升降电动机。车窗升降电动机驱动一根在其上安装了车窗玻璃的拉索系统，

资源 4-9　交臂式

资源 4-10　绳轮式

243

如图 4-29 所示。车窗升降电动机是由相关车门控制单元单独控制的。

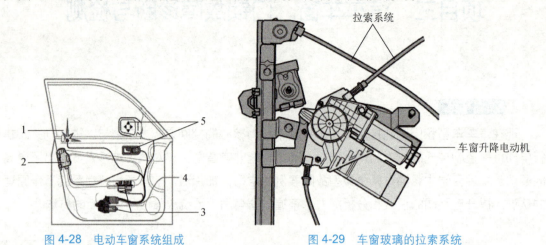

图 4-28 电动车窗系统组成

图 4-29 车窗玻璃的拉索系统

1—中央门锁指示灯；2—中央门锁装置；
3—车窗玻璃升降器；4—数据总线；
5—后视镜调节器

2）开关结构

帕萨特驾驶员侧车窗开关分解如图 4-30 所示，车窗共有四个挡位，即手动上升、手动下降、自动上升和自动下降。

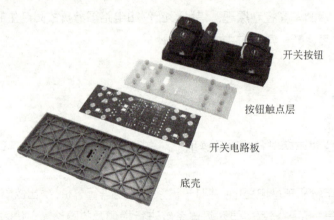

图 4-30 帕萨特车窗开关分解

2. 电动车窗系统的工作原理

传统车窗升降是由车窗开关直接控制车窗升降电动机实现的，本任务中的帕萨特轿车车窗是由控制单元进行控制工作的。车窗升降器通过不同电阻与上拉电阻串联实现不同的分压电压，控制单元识别不同的分压值判断出开关的五种不同开关状态（关闭、自动上升、手动上升、自动下降、手动下降），并给出相应的输出指令，如图 4-31 所示。

车门控制单元是通过以下方式识别车窗升降开关的不同挡位信号的：

（1）控制单元信号端在开关未闭合时始终保持一个的固定电压值。

资源 4-11 电动车窗控制电路

（2）开关闭合时，控制单元信号端与地接通。

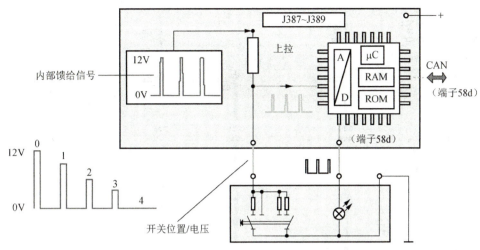

图 4-31　电动车窗升降的工作原理

（3）由于不同挡位的接地端电阻阻值不同（见图 4-32），导致不同挡位接通时控制单元测量得到的电压值大小不同。

（4）通过电压变化大小来判断实际开关位置。

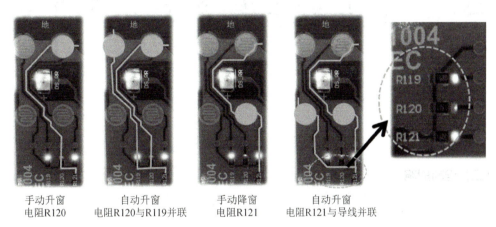

图 4-32　开关升降时各挡位电阻示意图

经过实测，三个电阻阻值分别为：R119=770Ω，R120=1 796Ω，R121=160Ω。手动升窗时 R120 工作，自动升窗时 R119 和 R120 并联工作，手动降窗时 R121 工作，自动升窗时 R121 与导线并联（并联后电阻接近 0Ω）。计算测量可知，车窗升降时各挡位阻值和电压值见表 4-10。

表 4-10　车窗开关各挡位阻值和电压值

挡位	静止	手动上升	手动下降	自动上升	自动下降
阻值 /Ω	/	1 800～1 900	160～180	0	500～600
电压 /V	12	7	2	0	4

主驾驶侧车窗开关电路如图 4-33 所示。

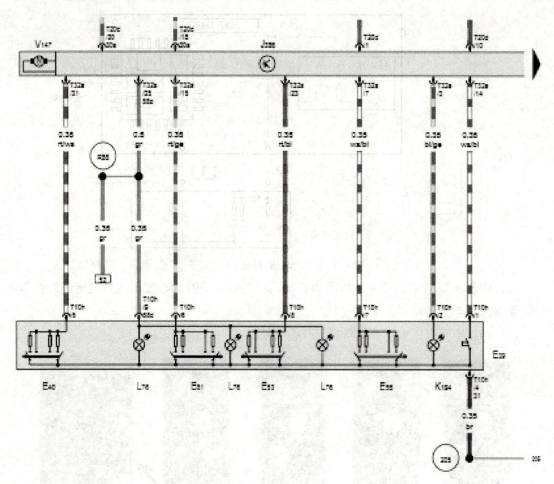

图 4-33　主驾驶侧车窗开关电路

（二）诊断思路

图 4-34 所示为汽车电器故障的诊断流程，本任务中的车窗升降故障可以按照本流程图进行检测和诊断。

（三）案例分析

1. 情境回顾

一辆 2014 款上汽大众 1.8T 帕萨特轿车，车主反映他的爱车驾驶员侧车窗一键上升功能失效，请根据车辆的车窗控制原理，借助诊断仪和电路图分析故障产生的原因，对车窗系统进行检测和故障诊断，帮助车主排除故障。

2. 故障现象确认

检查蓄电池电压正常（如果电压不足要对车辆蓄电池进行充电），确认故障现象为驾驶员侧车窗无自动上升，无其他相关故障现象。

3. 故障诊断排除

（1）车窗无自动上升，首先怀疑车窗无基本设定，对车窗进行手动基本设定（手动上升到顶部位置不松开按钮静止几秒），功能没有恢复。

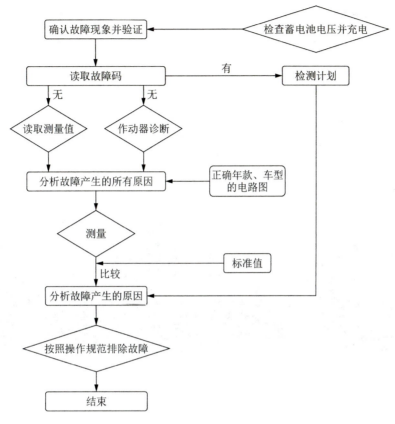

图 4-34 汽车电器故障诊断流程

（2）通过诊断仪读取车辆故障码，无车窗相关故障码。因为其他挡位功能正常，排除控制单元、开关和车窗升降电动机的供电搭铁故障。

（3）因为没有车窗相关的故障码，故通过引导型功能读取驾驶员侧车窗控制单元 J386 中车窗升降器按钮的测量值，手动上升、自动下降、手动下降挡位功能正常（见图 4-35），没有读取到自动上升开关信号（见图 4-36），说明车窗开关存在故障。通过引导型功能中的执行元件测试，车窗升降功能正常，判断车窗升降电动机执行电路不存在故障。

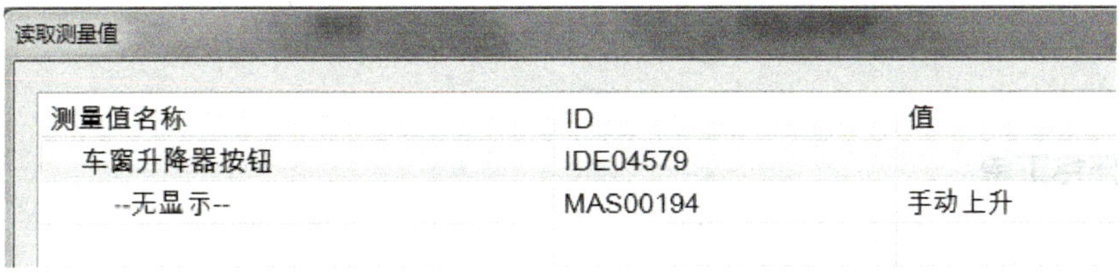

图 4-35 车窗手动上升、自动下降、手动下降挡位测量值

读取测量值

测量值名称	ID	值
车窗升降器按钮	IDE04579	
--无显示--	MAS00194	未按下

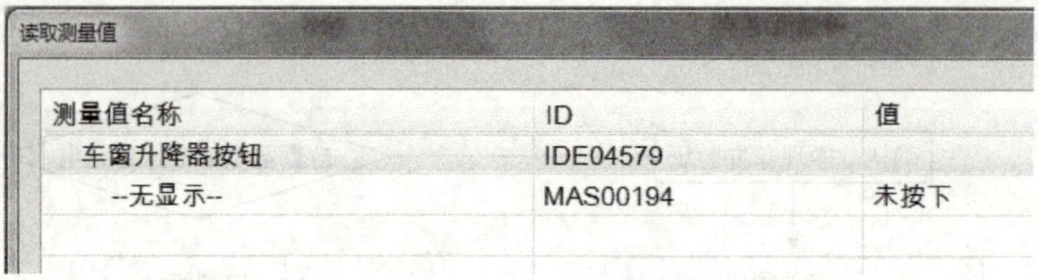

图 4-36　车窗自动上升测量值

（4）测量。如图 4–37 和图 4–38 所示，拆下车窗开关，检测车窗开关 4# 和 5# 端子之间的电阻值，测得车窗开关手动上升挡位电阻 1.8kΩ、自动下降挡位电阻 0.3Ω、手动下降挡位电阻 160Ω 均正常，测得车窗开关自动上升挡位电阻依然为 1.8kΩ，判断车窗开关内部电阻 R119 断路。

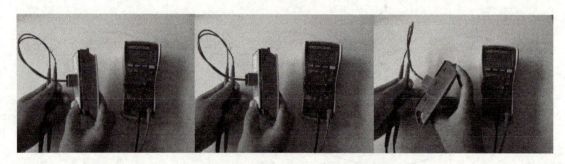

图 4-37　车窗开关手动上升、自动下降、手动下降挡位电阻

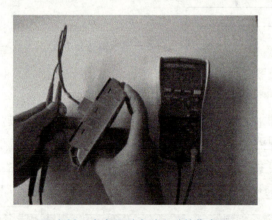

图 4-38　车窗开关自动上升挡位电阻

（5）更换车窗升降开关，经验证故障现象消失，故障排除。

（四）任务工单

汽车车窗升降故障诊断与测量任务工单见表 4–11。

表 4-11 汽车车窗升降故障诊断与测量任务工单

姓名		班级		学号		组别	
车型		车窗开关类型		作业单号		日期	
故障现象描述							
诊断仪操作记录	读取故障码						
	测量值读取						
	作动器诊断结果记录						
故障原因分析							
测量结果记录	测量点		标准值		测量值		
故障点及故障原因							
故障排除及验证结果							

任务二 汽车门锁功能失效故障诊断与检测

情境导入

一辆 2013 款上汽大众 1.8T 帕萨特轿车,车主反映他的爱车驾驶员侧车门无法闭锁。请根据车辆的门锁控制原理,借助诊断仪和电路图分析故障产生的原因,对门锁系统进行检测和故障诊断,帮助车主排除故障。

学习目标

通过学习,应能:
1. 使用诊断仪对车辆进行故障码读取;
2. 查阅正确年份和车型的电路图,并对门锁控制电路进行分析,找出故障产生的可能原因;
3. 借助万用表、示波器等工具对门锁系统进行检测及故障诊断,排除故障。

(一)知识准备

1. 门锁的功能

中控门锁系统一般有两种类型,一种是打开所有车门,另一种是打开单个车门,这些功能都可以通过"引导型功能—匹配"等途径设置。

中央门锁操作：

（1）门锁无线遥控器，如图 4-39 所示。

（2）车内所有车门上的闭锁/开锁按钮，如图 4-40 所示。

（3）驾驶员车门锁芯（应急上锁）。

（4）无钥匙进入和起动授权系统。

图 4-39　门锁无线遥控器

2. 门锁的结构

门锁装置可以通过机械锁锁上每扇车门，并且向车门控制单元发出瞬间锁状态信号。如图 4-41 所示，前车门的门锁装置内有 5 个微动开关，后车门的门锁装置内有 3 个微动开关。每个门锁装置中都有一个马达（电动机）来实现闭锁和保险功能。车门控制单元控制门锁装置，并且为它提供电源。

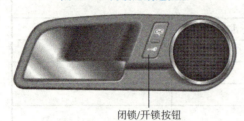

图 4-40　车内闭锁/开锁按钮

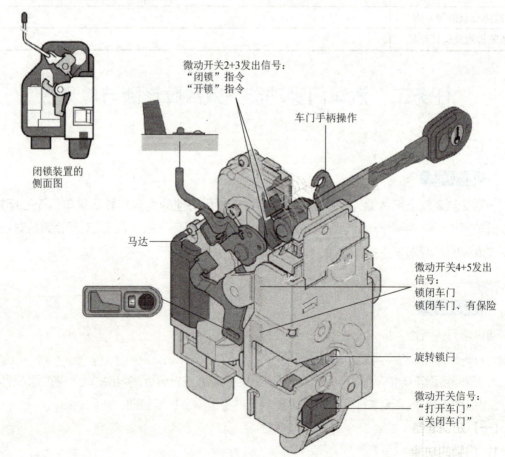

图 4-41　门锁装置的结构

1) 识别车门打开和关闭

在车门打开和钥匙进入卡槽状态时，微动开关 1 是关着的；当车门关闭时，该开关是开着的，如图 4-42 所示。

2) 识别门锁闭锁和开启命令

钥匙的旋转运动是由门锁传送的。塑料凸轮按钥匙旋转方向控制微动开关 2 和 3，通过其中一个微动开关门控单元得到闭锁的命令，通过另一个微动开关得到开门命令，如图 4-43 所示。

3) 识别保险功能有效和无效

在锁合单元内部有一个连杆和一个塑料臂，它们是由一个电动机驱动的，用于打开及锁合门锁。此外在有效的保险功能下它脱离开门把手和安全销。

通过微动开关 4 和 5，系统识别一个锁合命令是否被执行。

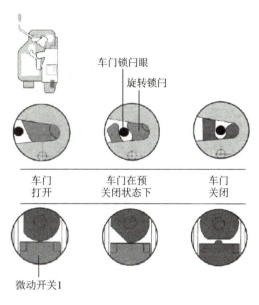

图 4-42 识别车门打开和关闭

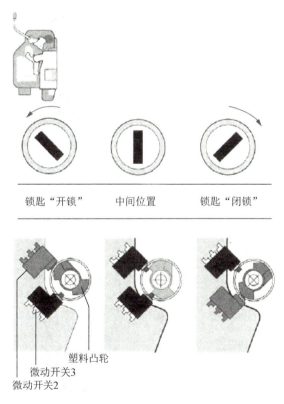

图 4-43 识别门锁上锁和开启命令

如果打开门锁，连杆运行至下面位置，这样开关 4 被关闭，舒适系统识别车门打开，如图 4-44 所示。

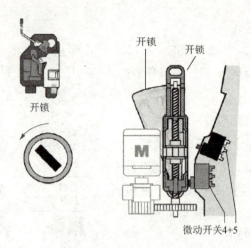

图 4-44　舒适系统识别车门打开

如果给出"带保险锁合"命令,那么连杆运行至上面,微动开关 4 打开,微动开关 5 关闭,安全锁由连杆机械地脱开,系统识别到车门锁合并具有保险功能,如图 4-45 所示。

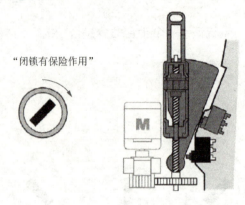

图 4-45　识别到车门锁合并具有保险功能

如果执行"不带保险锁合"命令,那么连杆运行至上面位置又复位,这样塑料臂急速回位并关闭开关 5,连杆又脱离开安全销与门把手,系统识别到车门锁合且不具有保险功能,如图 4-46 所示。

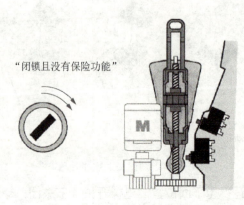

图 4-46　识别到车门锁合且不具有保险功能

【扩展资源】电动门锁更换见视频资源。

资源 4-12　更换中央电动门锁

(二) 诊断思路

图 4-47 所示为汽车电器故障的诊断流程，本任务中的门锁系统故障可以按照本流程图进行检测和诊断。

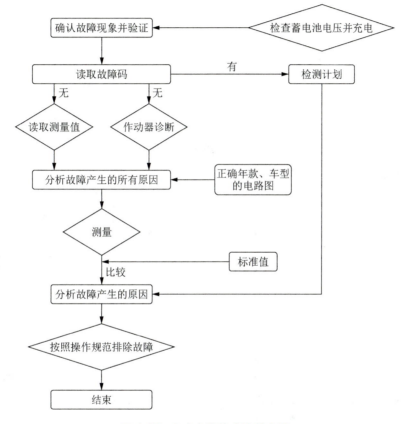

图 4-47　汽车电器故障诊断流程

(三) 案例分析

1. 情境回顾

一辆 2013 款上汽大众 1.8T 帕萨特轿车，车主反映他的爱车驾驶员侧车门无法闭锁。请根据车辆的门锁控制原理，借助诊断仪和电路图分析故障产生的原因，对门锁系统进行检测和故障诊断，帮助车主排除故障。

2. 故障现象确认

检查蓄电池电压正常（如果电压不足要对车辆蓄电池进行充电）。确认车辆存在驾驶员侧车门无法锁闭故障，通过遥控器或驾驶员侧开锁 / 闭锁按钮可以对其他车门、油箱盖及后备厢进行控制，但驾驶员侧门锁无反应。

3. 故障诊断排除

（1）通过诊断仪读取车辆的故障码，无门锁相关故障码。

（2）因为门锁遥控器和驾驶员侧开锁/闭锁按钮可以控制其他车门门锁，从门锁控制电路（见图4-48）中看，故障应该在驾驶员侧门锁控制电路或门锁模块中。

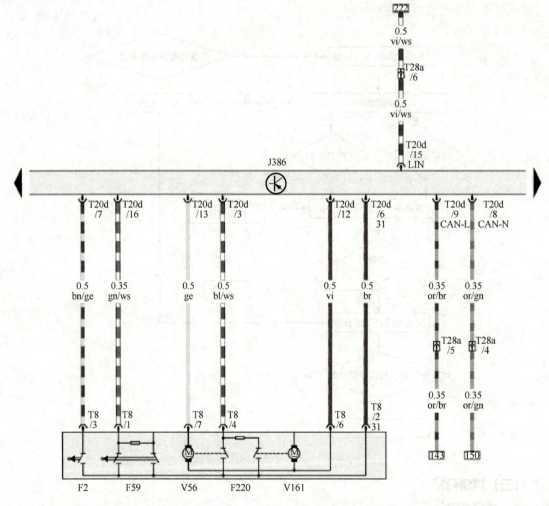

图4-48 帕萨特门锁控制电路

（3）测量发现遥控门锁开闭时，J386的T8/7和T8/6能够测得正常电压，因此得出故障原因为驾驶员侧门锁模块损坏。

（4）更换驾驶员侧门锁模块，经验证故障现象消失，故障排除。

（四）任务工单

汽车遥控功能失效故障诊断与测量任务工单见表4-12。

表 4-12　汽车遥控功能失效故障诊断与测量任务工单

姓名		班级		学号		组别	
车型		车窗开关类型		作业单号		日期	
故障现象描述							
诊断仪操作记录	读取故障码						
	测量值读取						
	作动器诊断结果记录						
故障原因分析							

测量结果记录	测量点	标准值	测量值

故障点及故障原因	
故障排除及验证结果	

考核与评价

（一）理论考核

1．选择题

1）对于开关的诊断描述不正确的是（　　）。

　　A．能够自诊断的控制单元上的所有开关几乎都可以通过诊断程序进行检查，当开关断开时，诊断仪中可能会显示"断开""未促动""未动作"等状态

　　B．在各控制单元中，存储了开关状态变化特定值，控制单元通过检测开关输入端电阻值是否发生变化，就能判断开关目前的状态

　　C．若自诊断期间开关测量值没有明显变化或只有偶发变化，则必须用测试仪器检

查开关和线路状态

　　D. 在各控制单元中，存储了开关状态变化特定值，控制单元通过检测开关输入端电压值是否发生变化，就能判断开关目前的状态

2）电路中的保险、易熔线或断路器的作用是（　　）。

　　A. 使电路开路　　B. 使蓄电池空耗　　C. 过载保护　　D. 降低电压

3）车辆电器设备接地端连接松动造成电阻增大时，用电设备（　　）。

　　A. 工作电压升高，电流升高　　　　B. 工作电压升高，电流不变

　　C. 工作电压下降，电流下降　　　　D. 工作电压下降，电流升高

4）对于新途安后窗加热不工作故障的排除，下列描述不正确的是（　　）。

　　A. 可以通过数据块读取后窗加热开关的工作状态

　　B. 可以用"最终控制诊断"测试后窗加热电路

　　C. 不需要知道发动机运行状态，就可以检测后窗加热功能是否正常

2. 判断题

1）途观后雾灯受点火开关、雾灯开关和后备厢开关控制。　　　　　　　　（　）

2）当驾驶员锁住车门时，其他车门也同时锁住。　　　　　　　　　　　　（　）

3）当车速达到一定数值时，能自动将所有的车门锁锁定。　　　　　　　　（　）

4）除中央控制外，乘员仍可利用车门的机械式弹簧锁开关车门。　　　　　（　）

5）所有车门可以通过前右或前左侧门上的钥匙来同时关闭和打开。　　　　（　）

6）当钥匙已经从点火开关中拔出而且车门也锁住时，车门不能用门锁控制开关打开。
　　　　　　　　　　　　　　　　　　　　　　　　　　　　　　　　　　（　）

7）一些高级车辆中，在用钥匙或遥控器将门锁打开或锁止时，电动车窗会自动打开或关闭。　　　　　　　　　　　　　　　　　　　　　　　　　　　　　　　　（　）

8）为防止车内儿童擅自打开车门，只有当中央门锁系统在"开锁"状态时，儿童安全锁闩才能退出。　　　　　　　　　　　　　　　　　　　　　　　　　　　（　）

9）驾驶员和乘员的车门都关上，且点火开关断开后，电动车窗仍可动作60s。（　）

3. 简答题

1）简述制冷系统管路的检修内容。

2）结合如图4-49所示电路图，简单叙述车门控制单元是如何识别车窗升降开关E40的不同挡位信号的。

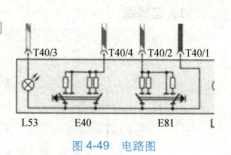

图4-49　电路图

（二）技能考核

1. 汽车车窗不能升降故障检测与诊断（见表4-13）

表4-13 汽车车窗不能升降检测与诊断作业评分表

基本信息	姓名		学号		班级		组别	
	规定时间	50min	完成时间		考核日期		总评成绩	
任务工单	序号	步骤		评分标准			标准分	得分
	1	前期准备		1. 叶子板布、三件套、尾排、挡位等，缺少一项扣1分 2. 未检查蓄电池电压并充电扣2分			5	
	2	故障现象确认		未对故障现象进行验证并检查有无其他现象扣5分			5	
	3	诊断仪操作		1. 不能正确连接诊断仪诊断线扣5分； 2. 不能正确读取故障码扣10分； 3. 不能正确选择与故障相关的数据流扣5分； 4. 不能正确执行作动器诊断扣5分			25	
	4	电路图识读		1. 未能找到故障部位电路图扣5分； 2. 未能正确分析电路图扣5分			10	
	5	故障原因分析		故障原因分析思路不清晰扣10分			10	
	6	测量，正确记录测量值并正确分析得出结论		1. 未能正确选择和使用工具、仪器每次扣5分； 2. 未能正确记录测量值并正确分析得出结论扣5分			25	
	7	故障排除及验证		1. 未能排除故障扣4分； 2. 有故障码的未清除故障码扣2分； 3. 故障排除后未验证扣4分			10	
安全操作				1. 着工装4分，衣服和工作鞋各占2分； 2. 工具落地每次扣1分，扣完为止； 3. 操作过程中出现人身伤害或工具损坏扣5分			10	
评语：								

2. 汽车门锁功能失效故障检测与诊断（见表4-14）

表4-14 汽车门锁功能失效故障检测与诊断作业评分表

基本信息	姓名		学号		班级		组别	
	规定时间	50min	完成时间		考核日期		总评成绩	
任务工单	序号	步骤		评分标准			标准分	得分
	1	前期准备		1. 叶子板布、三件套、尾排、挡位等，缺少一项扣1分 2. 未检查蓄电池电压并充电扣2分			5	
	2	故障现象确认		未对故障现象进行验证并检查有无其他现象扣5分			5	
	3	诊断仪操作		1. 不能正确连接诊断仪诊断线扣5分； 2. 不能正确读取故障码扣10分； 3. 不能正确选择与故障相关的数据流扣5分； 4. 不能正确执行作动器诊断扣5分			25	
	4	电路图识读		1. 未能找到故障部位电路扣5分； 2. 未能正确分析电路图扣5分			10	
	5	故障原因分析		故障原因分析思路不清晰扣10分			10	
	6	测量，正确记录测量值并正确分析得出结论		1. 未能正确选择和使用工具、仪器每次扣5分； 2. 未能正确记录测量值并正确分析得出结论扣5分			25	
	7	故障排除及验证		1. 未能排除故障扣4分； 2. 有故障码的未清除故障码扣2分； 3. 故障排除后未验证扣4分			10	
		安全操作		1. 着工装4分，衣服和工作鞋各占2分； 2. 工具落地每次扣1分，扣完为止； 3. 操作过程中出现人身伤害或工具损坏扣5分			10	

评语：

项目四　汽车车载网络系统故障诊断与检测

项目描述

现代汽车是以控制单元为核心的高度自动化系统，控制单元之间的通信就是通过车载网络系统实现的。能够对车载网络系统进行检测和故障诊断，已成为汽车维修人员的一项基本技能。本项目通过对两个典型故障的分析，使学生能够运用所学知识对车载网络系统进行基本的检测和故障诊断，以提升学生诊断汽车故障的能力。

任务一　汽车 CAN 总线通信故障诊断与检测

情境导入

一辆 2016 款上汽大众 1.8T 途观轿车，发生碰撞导致 ABS 模块插头损坏，在 4S 店更换 ABS 线束插头后车主反映车辆能够正常起动但仪表 ABS 指示灯亮，连接诊断仪发现车辆存在"ABS 控制单元无通讯"故障码，初步判断驱动 CAN 总线故障，请利用所学知识对故障进行诊断和检测。

学习目标

通过学习，应能：
1. 使用诊断仪对车辆进行故障码读取；
2. 借助万用表、示波器，利用所学知识对驱动 CAN 总线进行检测及故障诊断，排除故障。

（一）知识准备

现在汽车大量使用了车载网络系统，CAN 数据总线占据了重要地位。CAN 总线系统分为高速 CAN（500Kb/s）和低速 CAN（100Kb/s）。从大众最新的 MQB 平台凌渡网络拓扑图 4-49 中可以看到，该车辆已经取消了低速 CAN，全部采用高速 CAN。本任务中途观 ABS 控制单元位于驱动总线中。

1. 驱动 CAN 总线系统组成

如图 4-50 所示，CAN 数据总线由一个控制器、一个收发器、两个数据传输终端以及两条数据传输线组成。除了数据传输线，其他元件都置于控制单元内部，控制单元的功能不变。

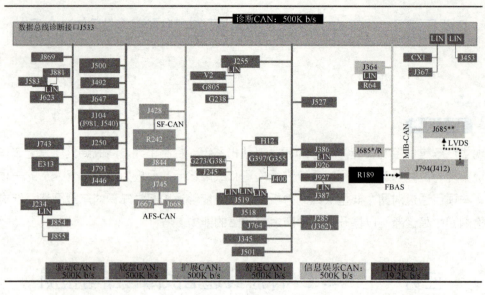

图 4-49 凌渡网络拓扑图

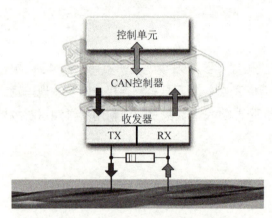

图 4-50 驱动 CAN 总线系统组成示意图

1) CAN 控制器

CAN 控制器接收由控制单元中的微电脑传来的数据,并对这些数据进行处理并将其传往 CAN 收发器。同样,CAN 控制器也接收由 CAN 收发器传来的数据,对这些数据进行处理并将其传往控制单元中的微电脑。

2) CAN 收发器

CAN 收发器本身兼具接收与发送功能。它将 CAN 控制器传来的数据化为电信号并将其送入数据传输线。同样,它也为 CAN 控制器接收和转化数据。

3) 数据传输终端

数据传输终端是一个电阻器,它防止数据在线终端被反射,以回声的形式返回,这会影响数据的传输。终端电阻直接决定了驱动 CAN 总线系统能否正常工作。驱动 CAN 总线的终端电阻约为 60Ω。

4) 数据传输线

数据传输线是双向的,其作用是对数据进行传输。两条线分别被称为 CAN 高线和 CAN 低线,数据总线并没有指定的数据接收者,数据在数据总线中传输,被所有控制单元接收和计算。

2. 驱动 CAN 标准波形

驱动系统 CAN 数据总线上采用差动数据传送,可以增强传送的安全性。为了在数据传送时达到高安全性,CAN 数据总线系统都具有之前提及的带有差动数据传送的双绞线性质。

导线可分为 CAN 高线和 CAN 低线。当在显性和隐性状态间变换时,CAN 导线会有电压差。

如图 4-51 所示,在静止状态时,两种电线对信号水平拥有相同的默认设置。在驱动系统 CAN 数据总线中,这种设置大约在 2.5V。静止状态也称作隐性状态,其能通过在联网中连接的任何控制单元进行变换。在活动状态(显性状态)时,这种结果会导致驱动系统 CAN 数据总线的高线电压至少增加到 3.5V(2.5V+1V=3.5V),CAN 低线电压将会下降到最大为 1.5V(2.5V-1V=1.5V)。

因此,在隐性状态时,CAN 高线与 CAN 低线之间的电压差是 0V;在显性状态下,电压差至少是 2V。

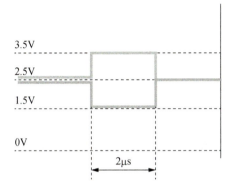

图 4-51 驱动 CAN 标准波形

图 4-52 展示了一个真正的 CAN 波形,该波形由收发器生成,并用数字存储示波器(DSO)进行记录。不同电平间的组合信号模型表现了 2.5V 隐性电平的特性。CAN 高线的显性电压大约为 3.5V,CAN 低线的呈性电压大约为 1.5V。

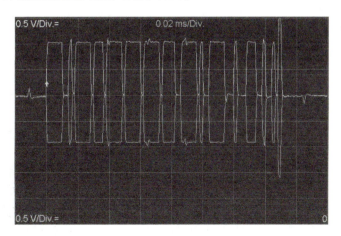

图 4-52 驱动 CAN 采集波形

(二)诊断思路

图 4-53 所示为驱动 CAN 总线系统故障的诊断流程,本任务中的 CAN 总线系统故障可以按照本流程图进行检测和诊断。

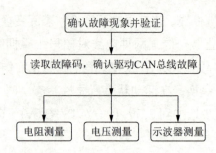

图 4-53 驱动 CAN 总线系统故障诊断流程

（三）案例分析

1. 情境回顾

一辆 2016 款上汽大众 1.8T 途观车，发生碰撞导致 ABS 模块插头损坏，在 4S 店更换 ABS 线束插头后车主反映车辆能够正常起动但仪表 ABS 指示灯亮，连接诊断仪发现车辆存在"ABS 控制单元无通讯"故障码，初步判断驱动 CAN 总线故障，请利用所学知识对故障进行测量和诊断。

2. 故障现象确认

检查蓄电池电压正常（如果电压不足要对车辆蓄电池进行充电），仪表 ABS 故障指示灯亮。

3. 故障诊断排除

1）读取故障码

通过诊断仪读取车辆的故障码，车辆存在"ABS 控制单元无通讯"故障码。在仪表控制单元中通过引导型功能读取总线活动状态可知，驱动 CAN 处于激活状态，表明驱动 CAN 正在工作，如图 4-54 所示。

2）电阻检测

检测驱动 CAN 总线终端电阻为 55.2Ω，正常，如图 4-55 所示。

资源 4-13 驱动 CAN 总线终端电阻测量

图 4-54 途观总线活动状态　　图 4-55 检测驱动 CAN 总线终端电阻

3）电压测量

检测驱动 CAN 总线高线电压为 2.82V（见图 4-56）、低线电压为 2.16V（见图 4-57），正常。

资源 4-14 驱动 CAN 总线电压检测

图 4-56 检测驱动 CAN 总线高线电压

图 4-57 检测驱动 CAN 总线低线电压

4)示波器检测

连接示波器,读取示波器波形,发现 ABS 控制单元波形倒置,如图 4-58 所示。经检查发现维修工在更换 ABS 插头时 CAN 高线和 CAN 低线位置插反,导致 ABS 控制单元无法通信。

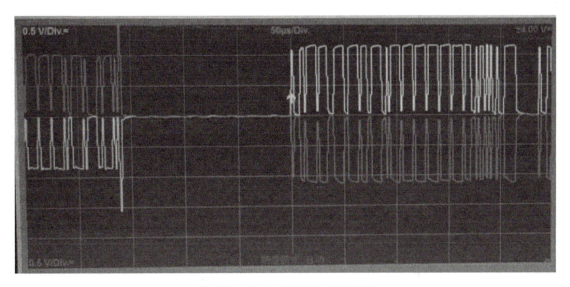
图 4-58 驱动 CAN 总线故障波形

5)故障排除

使用线束维修工具将 ABS 控制单元插头中 CAN 高线和 CAN 低线复位,清除故障码,经验证故障现象消失,故障排除。

(四)任务工单

汽车 CAN 总线通信故障诊断与测量任务工单见表 4-15。

表4-15 汽车CAN总线通信故障诊断与测量任务工单

姓名		班级		学号		组别	
车型			远光灯类型	作业单号		日期	

故障现象描述			
诊断仪操作记录	读取故障码		
	测量值读取		
	作动器诊断结果记录		
故障原因分析			
测量结果记录		测量点	测量值
	终端电阻测量		
	电压测量	CAN高线	
		CAN低线	
驱动CAN总线波形采集（请绘出你采集的波形）			
故障点及故障原因			
故障排除及验证结果			

考核与评价

(一) 理论考核

1. 选择题

1) 在进行 CAN 总线线束维修时，以下说法正确的有（　　）。
   A. 两个线束修理点之间至少要超过 100mm
   B. 两个线束修理点之间至少要超过 50mm
   C. 修理点未绞合线束段的长度不得超过 50mm
   D. 修理点未绞合线束段的长度不得超过 100mm

2) 驱动 CAN 数据总线的数据传送速率是多少？（　　）
   A. 100Kb/s　　　B. 300Kb/s　　　C. 500Kb/s　　　D. 1Mb/s

3) 下列关于车辆上总线描述正确的是（　　）。
   A. 舒适 CAN 低线是橙棕色　　　　B. CAN 总线都是两根平行导线
   C. 驱动 CAN 高线是橙黑色　　　　D. Lin 总线是单线

4) 处于睡眠模式下舒适总线高、低线电压分别是多少？（　　）
   A. 0 V, 5 V　　　B. 12 V, 5 V　　　C. 0 V, 12 V　　　D. 12 V, 0 V

5) 以下哪一项有关 Lin 数据总线的叙述是正确的？（　　）
   A. Lin 总线的传输速率为 1～100Kb/s
   B. 一个 Lin 主控制单元最多能和 16 个从属控制单元进行数据交换
   C. Lin 线波形信号显性电平为 0V
   D. Lin 线波形信号隐性电平为 12V

6) 下列对驱动系统 CAN 的叙述不正确的是（　　）。
   A. 由 15 号线激活　　　　　　　B. 采用双线式数据总线
   C. 可以工作在单线工作模式　　　D. 传输速率为 500Kb/s

7) 如果电压降到 12.2V 以下，不属于车载网络系统控制单元所采取的措施是（　　）。
   A. 提高发动机怠速转速　　　　　B. 接通后窗加热装置
   C. 关闭座椅加热装置　　　　　　D. 降低空调压缩机功率

8) 在舒适系统 CAN 总线中，下列哪些动作不能识别到唤醒命令。（　　）
   A. 打开点火开关
   B. 激活闪烁报警装置
   C. 车门、后备厢盖、车前盖和点火钥匙的状态发生变化
   D. 外部照明关闭

9) 下列对车载网络系统控制单元功能叙述不正确的是（　　）。
   A. 外后视镜和后窗加热控制的主要目的是防止蓄电池电量不足
   B. 后座椅靠背监控功能主要考虑到乘员的安全性

　　　　C. 当发动机盖接触开关打开时，前风窗雨刮器仍能进行工作

　　　　D. 后窗雨刮器控制功能主要是为了提高驾驶员的行车安全

10) 关于驱动 CAN 网络信号电压的描述中，正确的是（　　）。

　　　　A. CAN 高线的基本电压为：2.5V　　　　B. CAN 低线的基本电压为：3.5V

　　　　C. CAN 高线的信号电压为：3.5V　　　　D. CAN 低线的信号电压为：1.5V

11) CAN 驱动总线的数据传递速率是多少？（　　）

　　　　A. 10Kb/s　　　　B. 100Kb/s　　　　C. 250Kb/s　　　　D. 500Kb/s

12) LIN 总线线束的基本色是（　　）。

　　　　A. 红色　　　　B. 棕色　　　　C. 橙色　　　　D. 紫色

13) LIN 网络的主要特征之一是使用（　　）作为传输媒介。

　　　　A. 同轴电缆　　　　B. 双绞铜线　　　　C. 光缆　　　　D. 单根铜线

2. 简答题

1) 请画出高速 CAN 总线的标准波形，并标注相关电位与时间。

2) 简述 CAN-BUS 总线使用双绞线工作的原因及如何检修。

（二）技能考核

1. 汽车 CAN 总线通信故障检测与诊断（见表 4-16）

表 4-16　汽车 CAN 总线通信故障检测与诊断作业评分表

基本信息	姓　名		学号		班级		组别	
	规定时间	50min	完成时间		考核日期		总评成绩	
任务工单	序号	步骤		评分标准			标准分	得分
	1	前期准备		1. 叶子板布、三件套、尾排、挡位等，缺少一项扣 1 分； 2. 未检查蓄电池电压并充电扣 2 分			5	
	2	故障现象确认		未对故障现象进行验证并检查有无其他现象扣 5 分			5	
	3	诊断仪操作		1. 不能正确连接诊断仪诊断线扣 5 分； 2. 不能正确读取故障码扣 10 分； 3. 不能正确选择与故障相关的数据流扣 5 分； 4. 不能正确执行作动器诊断扣 5 分			25	
	4	电路图识读		1. 未能找到故障部位电路图扣 5 分； 2. 未能正确分析电路图扣 5 分			10	
	5	故障原因分析		故障原因分析思路不清晰扣 10 分			10	
	6	测量，正确记录测量值并正确分析得出结论		1. 未能正确选择和使用工具、仪器每次扣 5 分； 2. 未能正确记录测量值并正确分析得出结论扣 5 分			25	
	7	故障排除及验证		1. 未能排除故障扣 4 分； 2. 有故障码的未清除故障码扣 2 分； 3. 故障排除后未验证扣 4 分			10	
安全操作		1. 着工装 4 分，衣服和工作鞋各占 2 分； 2. 工具落地每次扣 1 分，扣完为止； 3. 操作过程中出现人身伤害或工具损坏扣 5 分					10	
评语：								

附录 1

ICS 43.180

R16

中华人民共和国国家标准

GB/T 18344-2016

代替 GB/T 18344-2001

汽车维护、检测、诊断技术规范

Specification for the inspection and maintenance of motor vehicle

GB/T 18344—2016

汽车维护、检测、诊断技术规范

1. 范围

本标准规定了汽车维护的分级和周期、维护作业要求以及质量保证。本标准适用于以汽油或柴油为燃料的在用汽车。挂车可参照执行。

2. 规范性引用文件

下列文件对于本文件的应用是必不可少的。凡是注日期的引用文件，仅注日期的版本适用于本文件；凡是不注日期的引用文件，其最新版本（包括所有的修改单）适用于本文件。

GB 3847—2018《车用压燃式发动机和压燃式发动机汽车排气烟度排放限值及测量方法》

GB/T 5624—2005《汽车维修术语》

GB 7258—2012《机动车运行安全技术条件》

GB 18285—2018《点燃式发动机汽车排气污染物排放限值及测量方法（双怠速法及简易工况法）》

GB 18565—2016《道路运输车辆综合性能要求和检验方法》

3. 术语和定义

GB 7258—2012 和 GB/T 5624—2005 界定的以及下列术语和定义适用于本文件。为了便于使用，以下重复列出了 GB 7258—2012 和 GB/T 5624—2005 中的某些术语和定义。

3.1 汽车 motor vehicle

由动力驱动，具有四个或四个以上车轮的非轨道承载的车辆，主要用于：

——载运人员和／或货物（物品）；

——牵引载运货物（物品）的车辆或特殊用途的车辆；

——专项作业。

[GB 7258-2012，定义 3.2]

3.2 挂车 trailer

设计和制造上需由汽车或拖拉机牵引，才能在道路上正常使用的无动力道路车辆，包括牵引杆挂车、中置轴挂车和半挂车，用于：

——载运货物；

——专项作业。

[GB 7258-2012，定义 3.3]

3.3 日常维护 daily maintenance

以清洁、补给和安全性能检视为中心内容的维护作业。

[GB/T 5624-2005，定义 2.3.1.3.1]

3.4 一级维护 elementary maintenance

除日常维护作业外，以润滑、紧固为作业中心内容，并检查有关制动、操纵等系统中的安全部件的维护作业。

[GB/T 5624-2005，定义 2.3.1.3.2.1]

GB/T 18344—2016

3.5 二级维护 complete maintenance

除一级维护作业外，以检查、调整制动系统、转向操纵系统、悬架等安全部件，并拆检轮胎，进行轮胎换位，检查调整发动机工作状况和汽车排放相关系统等为主的维护作业。

[GB/T 5624-2005，定义 2.3.1.3.2.2]

4. 汽车维护的分级和周期

4.1 维护分级

汽车维护分为日常维护、一级维护和二级维护。

4.2 维护周期

4.2.1 日常维护周期

日常维护周期为出车前、行车中和收车后。

4.2.2 一级维护周期和二级维护周期

4.2.2.1 汽车一级维护、二级维护周期的确定应以行驶里程间隔为基本依据，行驶里程间隔执行车辆维修资料等有关技术文件的规定。

4.2.2.2 对于不便用行驶里程间隔统计、考核的汽车，可用行驶时间间隔确定一级维护和二级维护周期。

4.2.2.3 道路运输车辆一级维护、二级维护推荐周期参见附录 A。

5. 汽车维护作业要求

5.1 日常维护

日常维护作业项目及技术要求见表 1。

表 1 日常维护作业项目及技术要求

序号	作业项目	作业内容	技术要求	维护周期
1	车辆外观及附属设施	检查、清洁车身	车身外观及客车车厢内部整洁，车窗玻璃齐全、完好	出车前或收车后
		检查后视镜，调整后视镜角度	后视镜完好，无损毁，视野良好	出车前
		检查灭火器、客车安全锤	灭火器配备数量及放置位置符合规定，且在有效期内。客车安全锤配备数量及放置位置符合规定	出车前或收车后
		检查安全带	安全带固定可靠、功能有效	出车前或收车后
		检查风窗玻璃刮水器	刮水器各挡位工作正常	出车前
2	发动机	检查发动机润滑油、冷却液液面高度，视情况补给	油（液）面高度符合规定	出车前
		制动系统自检	自检正常，无制动报警灯闪亮	出车前
3	制动	检查制动液液面高度，视情况补给	液面高度符合规定	出车前
		检查行车制动、驻车制动	行车制动、驻车制动功能正常	出车前
4	车轮及轮胎	检查轮胎外观、气压	轮胎表面无破裂、凸起、异物刺入及异常磨损，轮胎气压符合规定	出车前、行车中
		检查车轮螺栓、螺母	齐全完好，无松动	出车前

续表

序号	作业项目	作业内容	技术要求	维护周期
5	照明、信号指示装置及仪表	检查前照灯	前照灯完好、有效，表面清洁，远近光变换正常	出车前
		检查信号指示装置	转向灯、制动灯、示廓灯、危险报警灯、雾灯、喇叭、标志灯及反射器等信号指示装置完好有效，表面清洁	出车前
		检查仪表	工作正常	出车前、行车中

注："符合规定"指符合车辆维修资料等有关技术文件的规定，以下同。

5.2 一级维护

一级维护基本作业项目及技术要求见表 1 及表 2。

表 2 一级维护基本作业项目及技术要求

序号	作业项目	作业内容	技术要求
1	发动机	空气滤清器、机油滤清器和燃油滤清器	清洁或更换	按规定的里程或时间清洁或更换滤清器。滤清器应清洁，衬垫无残缺，滤芯无破损。滤清器安装牢固，密封良好
2		发动机润滑油及冷却液	检查油（液）面高度，视情况更换	按规定的里程或时间更换润滑油、冷却液，油(液)面高度符合规定
3	转向系统	部件连接	检查和校紧万向节、横直拉杆、球头销和转向节等部位连接螺栓、螺母	各部件连接可靠
4		转向器润滑油及转向助力油	检查油面高度，视情况更换	按规定的里程或时间更换转向器润滑油及转向助力油，油面高度符合规定
5	制动系统	制动管路、制动阀及接头	检查制动管路、制动阀及接头，校紧接头	制动管路、制动阀固定可靠，接头紧固，无漏气（油）现象
6		缓速器	检查、校紧缓速器连接螺栓、螺母，检查定子与转子间隙，清洁缓速器	缓速器连接紧固，定子与转子间隙符合规定，缓速器外表、定子与转子间清洁，各插接件与接头连接可靠
7		储气筒	检查储气筒	无积水及油污
8		制动液	检查液面高度，视情况更换	按规定的里程或时间更换制动液，液面高度符合规定
9	传动系统	各连接部位	检查和校紧变速器、传动轴、驱动桥壳、传动轴支承等部位连接螺栓、螺母	各部位连接可靠，密封良好
10		变速器、主减速器和差速器	清洁通气孔	通气孔通畅

续表

序号	作业项目	作业内容	技术要求
11	车轮	车轮及半轴的螺栓、螺母	校紧车轮及半轴的螺栓、螺母	扭紧力矩符合规定
12		轮辋及压条挡圈	检查轮辋及压条挡圈	轮辋及压条挡圈无裂损及变形
13	其他	蓄电池	检查蓄电池	液面高度符合规定,通气孔畅通,电桩、夹头清洁、牢固,免维护蓄电池电量状况指示正常
14		防护装置	检查侧防护装置及后防护装置,校紧螺栓、螺母	完好有效,安装牢固
15		全车润滑	检查、润滑各润滑点	润滑嘴齐全有效,润滑良好。各润滑点防尘罩齐全完好。集中润滑装置工作正常,密封良好
16		整车密封	检查泄漏情况	全车不漏油、不漏液、不漏气

5.3 二级维护

5.3.1 二级维护基本要求

5.3.1.1 二级维护作业流程参见附录 B。

5.3.1.2 二级维护作业项目包括基本作业项目和附加作业项目,在二级维护作业时一并进行。

5.3.1.3 二级维护前应进行进厂检测,依据进厂检测结果进行故障诊断并确定附加作业项目。二级维护作业过程中发现的维修项目也作为附加作业项目。

5.3.1.4 二级维护作业过程中应进行过程检验。

5.3.1.5 二级维护作业完成后应进行竣工检验,竣工检验合格的车辆由维护企业签发维护竣工出厂合格证。

5.3.1.6 二级维护检测使用的仪器设备应符合相关国家标准和行业标准的规定,计量器具及设备应计量检定或校准合格并在有效期内。

5.3.2 二级维护进厂检测

5.3.2.1 进厂检测包括规定的检测项目以及根据驾驶员反映的车辆技术状况确定的检测项目,二级维护规定的进厂检测项目见表 3。

5.3.2.2 检测项目的技术要求应符合国家有关的技术标准和车辆维修资料等相关规定。

5.3.2.3 进厂检测时应记录检测数据或结果,并据此进行车辆故障诊断。

表 3 二级维护规定的进厂检测项目

序号	检测项目	检测内容	技术要求
1	故障诊断	车载诊断系统(OBD)的故障信息	装有车载诊断系统(OBD)的车辆,不应有故障信息
2	行车制动性能	检查行车制动性能	采用台架检验或路试检验,应符合 GB 7258—2012 相关规定
3	排放	排气污染物	汽油车采用双怠速法,应符合 GB 18285—2018 相关规定。柴油车采用自由加速法,应符合 GB 3847—2018 相关规定

5.3.3 二级维护基本作业项目

5.3.3.1 二级维护基本作业项目及技术要求见表1、表2及表4。

5.3.3.2 车辆维修资料中与本标准规定的二级维护基本作业项目相同的部分,依据本标准中相对应的条款执行;车辆维修资料中与本标准规定的二级维护基本作业项目不同的部分,依据车辆维修资料的有关条款执行。车辆维修资料中有特殊维护要求的系统、总成和装置(如免维护蓄电池、免维护轮毂等),其维护作业项目按车辆维修资料的规定执行。

表4 二级维护基本作业项目及技术要求

序号		作业项目	检测内容	技术要求
1	发动机	发动机工作状况	检查发动机起动性能和柴油发动机停机装置	起动性能良好,停机装置功能有效
			检查发动机运转情况	低、中、高速运转稳定,无异响
2		发动机排放机外净化装置	检查发动机排放机外净化装置	外观无损坏,安装牢固
3		燃油蒸发控制装置	检查外观,检查装置是否畅通,视情况更换	碳罐及管路外观无损坏,密封良好,连接可靠,装置畅通无堵塞
4		曲轴箱通风装置	检查外观,检查装置是否畅通,视情况更换	管路及阀体外观无损坏,密封良好,连接可靠,装置畅通无堵塞
5		增压器、中冷器	检查、清洁中冷器和增压器	中冷器散热片清洁,管路无老化,连接可靠,密封良好。增压器运转正常,无异响,无渗漏
6		发电机、起动机	检查、清洁发电机和起动机	发电机和起动机外表清洁,导线接头无松动,运转无异响,工作正常
7		发动机传动带(链)	检查空压机、水泵、发电机、空调机组和正时传动带(链)磨损及老化程度,视情况调整传动带(链)松紧度	按规定里程或时间更换传动带(链)。传动带(链)无裂痕和过量磨损,表面无油污,松紧度符合规定
8		冷却装置	检查散热器、水箱及管路密封	散热器、水箱及管路固定可靠,无变形、堵塞、破损及渗漏。箱盖接合表面良好,胶垫不老化
			检查水泵和节温器工作状况	水泵不漏水、无异响,节温器工作正常
9		火花塞、高压线	检查火花塞间隙、积炭和烧蚀情况,按规定里程或时间更换火花塞	无积炭和严重烧蚀现象,电极间隙符合规定
			检查高压线外观及连接情况,按规定里程或时间更换高压线	高压线外观无破损,连接可靠
10		进、排气歧管,消声器,排气管	检查进、排气歧管,消声器,排气管	外观无破损、无裂痕,消声器功能良好

续表

序号	作业项目		检测内容	技术要求
11	发动机	发动机总成	清洁发动机外部,检查隔热层	无油污、无灰尘,隔热层密封良好
			检查、校紧连接螺栓、螺母	油底壳、发动机支撑、水泵、空压机、涡轮增压器、进排气歧管、消声器、排气管、输油泵和喷油泵等部位连接可靠
12		储气筒、干燥器	检查、紧固储气筒,检查干燥器功能,按规定里程或时间更换干燥剂	储气筒安装牢固,密封良好。干燥器功能正常,排水阀通畅
13		制动踏板	检查、调整制动踏板自由行程	制动踏板自由行程符合规定
14		驻车制动	检查驻车制动性能,调整操纵机构	功能正常,操纵机构齐全完好、灵活有效
15		防抱死制动装置	检查连接线路,清洁轮速传感器	各连接线及插接件无松动,轮速传感器清洁
16	制动系统	鼓式制动器	检查制动间隙调整装置	功能正常
			拆卸制动鼓、轮毂、制动蹄,清洁轴承、支承销和制动底板等零件	清洁,无油污,轮毂通气孔通畅
			检查制动底板、制动凸轮轴	制动底板安装牢固,无变形、无裂损。凸轮轴转动灵活,无卡滞和松旷现象
			检查轮毂内外轴承	滚柱保持架无断裂,滚柱无缺损、脱落,轴承内外圈无裂损和烧蚀
			检查制动摩擦片、制动蹄及支承销	摩擦片表面无油污、裂损,厚度符合规定。制动蹄无裂纹及明显变形,铆接可靠,铆钉沉入深度符合规定。支承销无过量磨损,与制动蹄轴承孔衬套配合无明显松旷
			检查制动蹄复位弹簧	复位弹簧不得有扭曲、钩环损坏、弹性损失和自由长度改变等现象
			检查轮毂、制动鼓	轮毂无裂损,制动鼓无裂痕、沟槽、油污及明显变形
			装复制动鼓、轮毂、制动蹄,调整轴承松紧度,调整制动间隙	润滑轴承,轴承位涂抹润滑脂后再装轴承。装复制动蹄时,轴承孔均应涂抹润滑脂,开口销或卡簧固定可靠。制动摩擦片与制动鼓摩擦面应清洁,无油污。制动摩擦片与制动鼓配合间隙符合规定。轮毂转动灵活且无轴向间隙。锁紧螺母、半轴螺母及车轮螺母齐全,扭紧力矩符合规定

续表

序号	作业项目		检测内容	技术要求
17	制动系统	盘式制动器	检查制动摩擦片和制动盘磨损量	制动摩擦片和制动盘磨损量应在标记规定或制造商要求的范围内,其摩擦工作面不得有油污、裂纹、失圆和沟槽等损伤
			检查制动摩擦片与制动盘间的间隙	制动摩擦片与制动盘之间的转动间隙符合规定
			检查密封件	密封件无裂纹或损坏
18	转向系统	转向器和转向传动机构	检查制动钳	制动钳安装牢固,无油液泄漏。制动钳导向销无裂纹或损坏
			检查部件技术状况	转向节臂、转向器摇臂及横直拉杆无变形、裂纹和拼焊现象,球销无裂痕、不松旷,转向器无裂损和漏油现象
19		转向盘最大自由转动量	检查、调整转向盘最大自由转动量	最高设计车速不小于100km/h的车辆,其转向盘的最大自由转动量不大于15°,其他车辆不大于25°
20	行驶系统	车轮及轮胎	检查轮胎规格型号	轮胎规格型号符合规定,同轴轮胎的规格和花纹应相同,公路客车(客运班车)、旅游客车、校车和危险货物运输车的所有车轮及其他车辆的转向轮不得装用翻新的轮胎
			检查轮胎外观	轮胎的胎冠、胎壁不得有长度超过25mm或深度足以暴露出帘布层的破裂和割伤以及凸起、异物刺入等影响使用的缺陷。具有磨损标志的轮胎,胎冠的磨损不得触及磨损标志;无磨损标志或标志不清的轮胎,乘用车和挂车胎冠花纹深度应不小于1.6mm;其他车辆转向轮的胎冠花纹深度应不小于3.2mm,其余轮胎冠花纹深度应不小于1.6mm
			轮胎换位	根据轮胎磨损情况或相关规定,视情况进行轮胎换位
			检查、调整车轮前束	车轮前束值符合规定
21		悬架	检查悬架弹性元件,校紧连接螺栓、螺母	空气弹簧无泄漏、外观无损伤,钢板弹簧无断片、缺片、移位和变形,各部件连接可靠。U形螺栓、螺母扭紧力矩符合规定
			检查减震器	减震器稳固有效,无漏油现象,橡胶垫无松动、变形及分层
22		车桥	检查车桥、车桥与悬架之间的拉杆和导杆	车桥无变形、表面无裂痕,油脂无泄漏,车桥与悬架之间的拉杆和导杆无松旷、移位和变形
23	传动系统	离合器	检查离合器工作状况	离合器接合平稳,分离彻底,操作轻便,无异响、打滑、抖动及沉重等现象
			检查、调整离合器踏板自由行程	离合器踏板自由行程符合规定

续表

序号	作业项目		检测内容	技术要求
24	传动系统	变速器、主减速器、差速器	检查、调整变速器	变速器操纵轻便、挡位准确，无异响、打滑及乱挡等异常现象，主减速器、差速器工作无异响
			检查变速器、主减速器、差速器润滑油液面高度，视情况更换	按规定的里程或时间更换润滑油，液面高度符合规定
25		传动轴	检查防尘罩	防尘罩无裂痕、损坏，卡箍连接可靠，支架无松动
			检查传动轴及万向节	传动轴无弯曲，运转无异响。传动轴及万向节无裂损、不松旷
			检查传动轴承及支架	轴承无松旷，支架无缺损和变形
26	灯光导线	前照灯	检查远光灯发光强度，检查、调整前照灯光束照射位置	符合 GB 7258—2012 规定
27		线束及导线	检查发动机舱及其他可视的线束及导线	插接件无松动、接触良好。导线布置整齐、固定牢靠，绝缘层无老化、破损，导线无外露。导线与蓄电池桩头连接牢固，并有绝缘层
28	车架车身	车架和车身	检查车架和车身	车架和车身无变形、断裂及开焊现象；连接可靠，车身周正；发动机罩锁扣锁紧有效；车厢铰链完好，锁扣锁紧可靠，固定集装箱箱体、货物的锁止机构工作正常
			检查车门、车窗启闭和锁止	车门和车窗应启闭正常，锁止可靠。客车动力启闭门的车内应急开关及安全顶窗机件齐全且完好有效
29		支撑装置	检查、润滑支撑装置，校紧连接螺栓、螺母	完好有效，润滑良好，安装牢固
30		牵引车与挂车连接装置	检查牵引销及其连接装置	牵引销安装牢固，无损伤、裂纹等缺陷，牵引销颈部磨损量符合规定
			检查、润滑牵引座及牵引销锁止、释放机构，校紧连接螺栓、螺母	牵引座表面油脂均匀，安装牢固，牵引销锁止、释放机构工作可靠
			检查转盘与转盘架	转盘与转盘架贴合面无松旷、偏斜。转盘与牵引连接部件连接牢靠，转盘连接螺栓应紧，定位销无松旷、无磨损，转盘润滑
			检查牵引钩	牵引钩无裂纹及损伤，锁止、释放机构工作可靠

5.3.4 二级维护过程检验

二级维护过程中应始终贯穿过程检验，并记录二级维护作业过程或检验结果。维护项目的技术要求应符合技术标准和车辆维修资料等相关技术文件规定。

5.3.5 二级维护竣工检验

二级维护竣工检验项目及技术要求见表5,二级维护竣工检验应填写二级维护竣工检验记录单(参见附录C)。

表5 二级维护竣工检验项目及技术要求

序号	检验部位	检验项目	技术要求	检验方法
1	整车	清洁	全车外部、车厢内部及各总成外部清洁	检视
2		紧固	各总成外部螺栓、螺母紧固,锁销齐全有效	检查
3		润滑	全车各个润滑部位的润滑装置齐全,润滑良好	检视
4		密封	全车密封良好,无漏油、漏液和漏气现象	检视
5		故障诊断	装有车载诊断系统(OBD)的车辆,无故障信息	检测
6		附属设施	后视镜、灭火器、客车安全锤、安全带、刮水器等齐全完好,功能正常	检视
7	发动机及其附件	发动机工作状况	在正常工作温度状态下,发动机起动三次,成功起动次数不少于两次,柴油机三次停机均应有效,发动机低、中、高速运转稳定、无异响	路视或检视
8		发动机装备	齐全有效	检视
9	制动系统	行车制动性能符合	GB 7258—2012规定,道路运输车辆符合GB 18565—2016规定	路视或检测
10		驻车制动性能	符合GB 7258—2012规定	路视或检测
11	转向系统	转向机构	转向机构各部件连接可靠,锁止、限位功能正常,转向时无运动干涉,转向轻便、灵活,转向无卡滞现象	检视
			转向节臂、转向器摇臂及横直拉杆无变形、裂纹和拼焊现象,球销无裂纹、不松旷,转向器无裂损和漏油现象	
12		转向盘最大自由转动量	最高设计车速不小于100 km/h的车辆,其转向盘的最大自由转动量不大于15°,其他车辆不大于25°	检测
13	行驶系统	轮胎	同轴轮胎应为相同的规格和花纹,公路客车(客运班车)、旅游客车、校车和危险品运输车的所有车轮及其他机动车的转向轮不得装用翻新的轮胎,轮胎花纹深度及气压符合规定,轮胎的胎冠、胎壁不得有长度超过25 mm或深度足以暴露出帘布层的破裂和割伤以及凸起、异物刺入等影响使用的缺陷	检查、检测
14		转向轮横向侧滑量	—	检测
15		悬架	符合GB 7258—2012规定,道路运输车辆符合GB 18565—2016规定	检查
16			减震器稳固有效,无漏油现象,橡胶垫无松动、变形及分层	检查
17		车桥	无变形,表面无裂痕,密封良好	检视

续表

序号	检验部位	检验项目	技术要求	检验方法
18	离合器传动系统	离合器	离合器接合平稳,分离彻底,操作轻便,无异响、打滑、抖动和沉重等现象	路试
19		变速器、传动轴、主减速器	变速器操纵轻便、挡位准确,无异响、打滑及乱挡等	路试
			无异常现象,传动轴、主减速器工作无异响	
20	牵引连接装置	牵引连接装置和锁止机构	汽车与挂车牵引连接装置连接可靠,锁止、释放机构工作可靠	检查
21	照明、信号指示装置和仪表	前照灯	完好有效,工作正常,性能符合 GB 7258—2012 规定	检视、检测
22		信号指示装置	转向灯、制动灯、示廓灯、危险报警灯、雾灯、喇叭、标志灯及反射器等信号指示装置完好有效	检视
23		仪表	各类仪表工作正常	检视
24	排放	排气污染物	汽油车采用双怠速法,应符合 GB 18565—2016 规定。柴油车采用自由加速法,应符合 GB 7258—2012 规定	检测

6. 质量保证

6.1 汽车维护企业对竣工检验合格的汽车签发维护竣工出厂合格证。

6.2 汽车维护质量保证期,自维护竣工出厂之日计算,一级维护质量保证期为车辆行驶不少于 2 000km 或者 10 日,二级维护质量保证期为车辆行驶不少于 5 000 km 或者 30 日,以先达到者为准。

GB/T 18344—2016

附录 A
（资料性附录）
道路运输车辆一级维护、二级维护推荐周期

道路运输车辆一级维护、二级维护推荐周期见表 A.1。

表 A.1 道路运输车辆一级维护、二级维护推荐周期

适用车型		维护周期	
		一级维护行驶里程间隔上限值或行驶时间间隔上限值	二级维护行驶里程间隔上限值或行驶时间间隔上限值
客车	小型客车（含乘用车）（车长≤6m）	10 000km 或者 30 日	40 000 km 或者 120 日
	中型及以上客车（车长>6m）	15 000km 或者 30 日	50 000 km 或者 120 日
货车	轻型货车（最大设计总质量成≤3 500kg）	10 000km 或者 30 日	40 000 km 或者 120 日
	轻型以上货车（最大设计总质量成>3 500kg）	15 000 km 或者 30 日	50 000 km 或者 120 日
挂车		15 000 km 或者 30 日	50 000 km 或者 120 日
注：对于以山区、沙漠、炎热、寒冷等特殊运行环境为主的道路运输车辆，可适当缩短维护周期。			

GB/T 18344—2016

附录 B
（资料性附录）
二级维护作业流程图

二级维护作业流程见图 B.1。

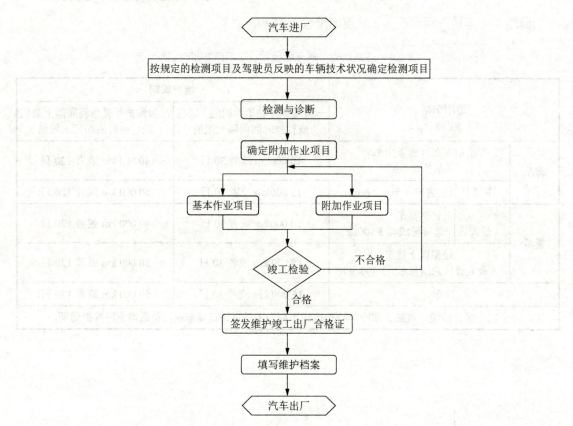

图 B.1　二级维护作业流程

附录 C
（资料性附录）

二级维护竣工检验记录单

托修方			车牌号			车型		
	项目	评价	项目		评价	项目		评价
外观状况	清洁		发动机装备			离合器		
	紧固		转向机构			变速器、传动轴、主减速器		
	润滑		轮胎			牵引连接装置和锁止机构		
	密封		悬架			前照灯		
	附属设施		减震器			信号指示装置		
	发动机工作状况		车桥			仪表		
故障诊断	车载诊断系统(OBD)故障信息		□无　□有　故障信息描述：_____					评价：
	转向盘最大自由转动量 /(°)		评价：		转向轮横向侧滑量 /(m·km⁻¹)	第一转向轴：		评价：
						第二转向轴：		评价：

		车轴	一轴	二轴	三轴	四轴	五轴	六轴
制动性能	台架	轴制动率 /%	结果					
			评价					
		制动不平衡率 /%	结果					
			评价					
	整车参数	项目	整车制动率 /%			驻车制动率 /%		
		结果						
		评价						
	路试	参数	制动距离 /m		MFDD/(m·s⁻²)		制动稳定性	
	初速度 /(km·h⁻¹)	结果						
		评价						

续表

	参数	灯高/mm 结果/cd	远光灯光强/cd		远光偏移/[mm·(10m)$^{-1}$]				近光偏移/[mm·(10m)$^{-1}$]		
				评价	垂直	评价	水平	评价	垂直	评价	水平	评价
前照灯性能	左外											
	左内											
	右外											
	右内											
排气污染物	汽油车	怠速	CO/%:		HC/(×10^{-6}):				评价:			
		高怠速	CO/%:		HC/(×10^{-6})				评价:			
	柴油车	自由加速	烟度值/BSU：① ② ③				平均/BSU：			评价：		

检验结论：

检验员签字： 年 月 日

注1：检验数据在"结果"栏填写。合格在"评价"栏画"○"，不合格在"评价"栏画"×"，无此项目填"—"。

注2：制动性能检验选择"台架"或"路试"。路试制动性能采用[制动距离]或[充分发出的平均减速度MFDD]评价。

附录2

上汽大众辉昂网络拓扑图

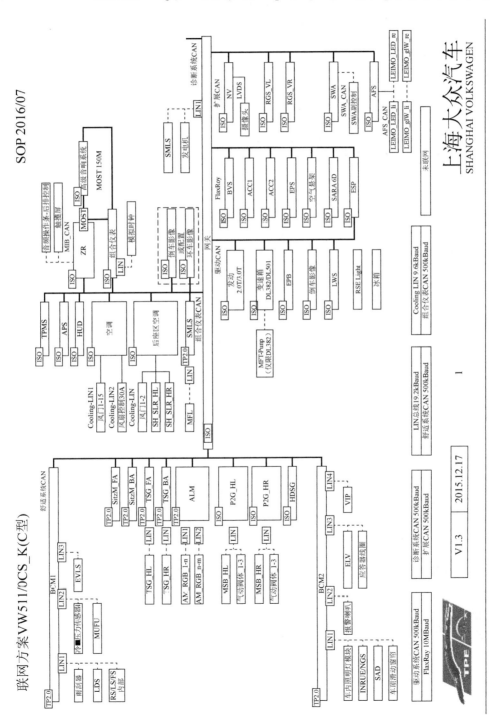

缩略语

CAN 控制单元
- AFS 高级前照灯系统
- ALM 环境照明灯模块
- APS 声学泊车系统
- BCM 车身控制模块
- EPB 电子驻车制动器
- HDSG 电尾行李箱盖控制单元
- HUD 平视显示器
- LED LED 电源模块
- LWS 转向角传感器
- NV 夜视
- P2G 多轮廓座椅
- RDK 胎压监测系统
- RGS 可逆式安全带预紧器
- SitzM 座椅记忆功能
- SMLS 转向柱模块开关
- SWA 换道辅助系统
- TPMS 胎压监测系统
- TSG 车门控制单元
- ZR 中央计算机信息娱乐系统

FlexRay 控制单元
- ACC 自适应巡航控制系统
- BVS 图像处理控制单元
- EPS 电控助力转向系统
- ESP 电子稳定程序
- SARA 传感器电子装置

LIN 控制单元
- AM_RGB 环境照明灯模块
- BDM 蓄电池数据模块
- ELV 电控转向柱锁
- EVLS 电动转向柱调节系统
- FS 湿度传感器
- FSA 车外湿度传感器
- INRUE 车内监控系统
- LDS 车灯旋钮开关
- LS 光线传感器
- MFL 多功能方向盘
- MSB 按键操作控制
- MUFU 多功能传感器(FSA+AQS)
- NGS 倾斜度传感器
- RS 雨量传感器
- SAD 滑动外翻装置
- SH 座椅加热装置
- SLR 座椅通风调节系统
- VIP 虚拟踏板
- AQS 空气质量传感器

其他
- BAP 操作和显示报告
- BA 副驾驶员侧
- CAN 控制局域网
- FA 驾驶员侧
- Hi 后部
- HL 左后
- HR 右后
- ISO ISO 15765 的 UDS 标准
- Li. 左侧
- LIN 本地互联网络
- LVDS 低压差分信号
- MDF 隐藏式持续远光灯
- MIB 模块化信息娱乐系统平台
- MOST 面向媒体的系统传输
- Re. 右侧
- RSE 后座娱乐系统
- SG 控制单元
- TP2.0 TP2.0 的 KWP2000
- VZE 交通标志识别系统
- WFS 防盗锁止系统
- VL 左前
- VR 右前

参 考 文 献

[1] 孔庆荣,李臣华,赵玉田. 汽车故障诊断与综合检测[M]. 北京:北京理工大学出版社,2017.

[2] 李春明. 汽车故障诊断方法与维修技术[M]. 北京:北京理工大学出版社,2016.

[3] 孙志刚. 汽车故障诊断与排除[M]. 北京:北京理工大学出版社,2017.

[4] 张宏坤. 汽车底盘检修[M]. 北京:北京理工大学出版社,2015.

[5] 王秀冰. 汽车故障诊断与检修技术[M]. 北京:中国地质大学出版社,2011.